MP3 CD

양대학교 국제교육원 편

한양 한국어 4

HANYANG KOREAN #4

한양 한국어는
외국인과 재외동포를 위한 한국어 통합 교재이다
이 책은 한국어 학습자들이 어휘와 문법 관용 표현을 배우고
듣기 말하기 읽기 쓰기 등의 통합 활동을 통해 의사소통 능력을 기르는 데 목표를 두었다

BY THE HANYANG UNIVERSITY INTERNATIONAL LANGUAGE INSTITUTE

한양대학교 출판부

인사말

전 세계적으로 한국어를 사용하는 인구는 약 7,500만 명 정도로 추산된다. 이는 영어, 중국어, 스페인어, 일본어, 독일어의 경우보다는 적지만, 프랑스어보다는 약간 많은 숫자이며, 세계적으로 대략 11위를 차지하고 있다.

그뿐만 아니라 전 세계적으로 한국 기업이 진출해 있고, 한국인들이 이민 가서 살고 있기 때문에 한국어는 이제 세계 여러 나라에서 사용되고 있다. 게다가 한류의 열풍으로 한국어교육의 수요가 중국, 일본, 대만, 말레이시아, 태국 등 아시아 국가에서 유럽, 남미 등으로 확산되고 있다. 예를 들면, 프랑스 일간지 르파리지앵의 보도에 따르면 최근 프랑스에 불고 있는 한류열풍으로 한국어 수업이 개설된 대학에 한국어 수업 등록 인원이 최대 3배까지 늘어났고, 또한 주불 한국문화원에는 4년 전에 500명 가량이었던 한국어를 배우는 학생 수가 현재 1300명으로 크게 증가했다. 이밖에도 매년 한국어능력시험 응시자 수도 크게 증가하고 있다. 이러한 추세를 반영하듯 세계 여러 나라에서 한국으로 유학을 오려고 하는 학생 수가 계속해서 증가하고 있다. 작년 통계에 따르면 국내에 유학 중인 외국인 학생 수는 8만 7천여 명에 달하고 있다. 게다가 교육부에서도 '스터디 코리아(Study Korea) 2020' 계획을 통하여 2020년까지 해외 유학생 20만 명을 국내에 유치할 계획이다. 따라서 앞으로 한국어의 수요와 위상은 계속해서 높아질 것으로 기대된다.

2012년에 본 국제어학원에서 한국어를 수강한 학생들의 국적은 총 40개국에 이르렀다. 이는 한국의 경제력과 학문과 문화 산업의 성장에 따른 결과라고 볼 수 있는데, 매우 뜻 깊은 일이 아닐 수 없다. 왜냐하면, 이것이야말로 5000년의 역사에 걸쳐 우리 민족이 가져 왔던 '널리 인간을 이롭게 한다'는 홍익인간의 이념이 조금씩 실현되고 있다는 증거이기 때문이다. 세계 곳곳에서 실용적인, 학문적인, 혹은 문화적인 측면에서 한국어 사용 능력의 중요성이 점점 증가하고 있는 것이다.

이러한 다양한 필요에 따라 한국어를 제2언어로 배우려고 하는 분들에게, 이번에 출판하는 중급 단계 교재 〈한양한국어4〉가 많은 도움이 될 것을 의심치 않는 바이다. 한양대학교 국제어학원은 오랫동안 한국어를 제2언어로 가르쳐 오신 전임 교수들을 필진으로 하여 2011년부터 내용과 형식에서 좀 더 학생들의 필요를 적절하게 잘 충족시켜 줄 수 있는 교재를 편찬하기에 이르렀다. 특히, 이번에 발간되는 〈한양한국어4〉는 의사소통 능력을 위한 통합형 교재로서 다양한 언어권의 학습자들이 한국어를 배우는 데 훌륭한 길잡이가 될 것이다. 좋은 교재 내용을 집필하신 이영숙, 조자현, 이경은 교수, 기획과 사업 추진에 헌신하신 이희자 팀장, 그리고 교재가 잘 제작되도록 사진 작업에 도움을 주신 이현국 선생님, 녹음에 수고해 주신 김정훈, 안정호, 최희정 선생님과 고운소리미디어에도 감사를 드린다. 끝으로 최고 품질의 교재를 만들 수 있도록 전폭적인 지지를 아끼지 않으신 한양대학교의 임덕호 총장님과 엄익상 출판부장께도 심심한 감사를 드리는 바이다. 이 책이 한국에서뿐 아니라 해외에서 한국어를 배우려고 하는 학습자들에게 좋은 안내자와 벗이 되기를 바라마지 않는다.

2013년 6월 10일

한양대학교 국제어학원장

교수 서원남

차 례

교수요목

과	단원명	주제	어휘	문법	과제
1	현대인의 여가 생활	여가 생활의 변화와 활동의 종류	① 여가 생활 목적 관련 어휘 ② 여가 활동 관련 어휘	① -는 바람에 ② -(으)랴 -(으)랴	① 여가 생활의 변화에 대해 듣고 말하기 ② 다양한 여가 활동에 대한 글 읽고 쓰기
		바람직한 여가생활의 방법	① 현대인의 생활 특성 관련 어휘 ② 여가 활동 효과 어휘	① -더니 ② -어/아 봤자	① 여가활동의 불만족에 대해서 듣고 말하기 ② 바람직한 여가 활용에 대한 글 읽고 쓰기
2	적성과 직업	적성과 직업	① 성격 관련 어휘 ② 직업의 종류와 적성 관련 어휘	① -(으)ㄹ 겸 -(으)ㄹ 겸(해서) ② -어/아 두다	① 선호하는 직업에 대한 대화문 듣고 말하기 ② 직업 선택에 대한 글 읽고 쓰기
		직업의 다양성	① 직업관 관련 어휘 ② 직장 부서 관련 어휘	① -(으)나 마나 ② -더라도	① 직업 선택에서 중요한 요인에 대해 듣고 말하기 ② 바람직한 직업관에 대한 글 읽고 쓰기
3	음식과 요리	한국음식의 종류와 음식 만들기	① 요리 관련 어휘 ② 한국 음식의 종류	① -(으)려거든 ② -고 보니	① 외국인이 좋아하는 한국 음식에 대해 듣고 말하기 ② 김치에 대한 글 읽고 쓰기
		음식 문화와 식습관	① 맛 관련 형용사 ② 양념의 종류	① -(으)ㄹ 지경이다 ② -(ㄴ/는)다니요?	① 식습관에 대해 듣고 말하기 ② 토착화 된 외래 음식에 대한 글 읽고 쓰기
4	생활 정보	주거 및 교통 관련 정보	① 주거 생활 관련 어휘 ② 교통 관련 어휘	① -었/았더니 ② -는 수도 있다	① 생활 관련 규칙에 대한 대화 듣고 말하기 ② 생활 정보에 대한 관련 글 읽고 쓰기
		다양한 생활 정보	① 공공기관 관련 어휘 ② 생활 시설 관련 어휘	① -(으)ㄴ/는 게 -(ㄴ/는)다고들 하다 ② -(으)ㄹ 바에야	① 공공기관 이용에 대해 듣고 말하기 ② 공공시설 이용 정보에 대한 글 읽고 쓰기
5	한국의 명소	서울의 테마별 명소와 볼거리	① 관광 관련 어휘 ② 서울 관련 어휘	① -길래 ② -(ㄴ/는)다고 하더니	① 서울에 관한 대화 듣고 말하기 ② 서울 소개에 대한 글 읽고 쓰기
		한국의 문화유산과 명소	① 문화유산 관련 어휘 ② 명소 탐방 관련 어휘	① -(으)ㄹ 건지 -(으)ㄹ 건지 ② (이)야말로	① 한국의 문화유산에 대해 듣고 말하기 ② 기행문 읽고 쓰기
6	세대 차이	세대 차이의 원인과 극복방법	① 세대 지칭 어휘 ② 세대 차이 관련 어휘	① -곤 하다 ② -지 않고서는 -(으)ㄹ 수 없다	① 세대별 생활 방식의 차이에 대해 듣고 말하기 ② 세대 차이의 원인과 극복방법에 대한 글 읽고 쓰기
		가치관의 변화와 세대 차이	① 세대 관계 어휘 ② 가치관 관련 어휘	① -(으)ㄹ 게 뻔하다 ② -기 마련이다	① 세대 간 갈등에 대해 듣고 말하기 ② 가치관의 변화에 대한 글 읽고 쓰기
7	옛날 이야기	옛날이야기의 구성과 기능	① 옛날이야기의 구성 관련 어휘 ② 옛날이야기의 내용 관련 어휘	① -는 둥 마는 둥 하다 ② 은/는 물론이고	① 옛날이야기의 특성에 대해 듣고 말하기 ② 옛날이야기의 교육적 가치에 대한 글 읽고 쓰기
		옛날이야기의 주제와 등장인물	① 옛날이야기의 주제 관련 어휘 ② 옛날이야기의 등장인물 관련 어휘	① 치고 ② 은/는커녕 / -기는커녕	① 옛날이야기의 주제에 대해 듣고 말하기 ② '개미와 베짱이'의 줄거리 바꿔 쓰기

<table>
<tr><th>과</th><th>단원명</th><th>주제</th><th>어휘</th><th>문법</th><th>과제</th></tr>
<tr><td rowspan="2">8</td><td rowspan="2">인간 관계</td><td>인간관계의 유형</td><td>① 관계 관련 어휘
② 인간관계 관련 감정 어휘</td><td>① -(으)ㄹ 수도 있다
② -(으)ㄴ 채(로)</td><td>① 인간관계의 어려움에 대해 듣고 말하기
② 인간관계를 맺는 방법에 대한 글 읽고 쓰기</td></tr>
<tr><td>인간관계의 중요성</td><td>① 인간관계 관련 어휘
② 인간관계 관련 표현</td><td>① -(으)ㄴ/는 척하다
② -어/아야</td><td>① 인간관계의 중요성에 대해 듣고 말하기
② 인간관계를 넓히는 방법에 대한 글 읽고 쓰기</td></tr>
<tr><td rowspan="2">9</td><td rowspan="2">정보 시대</td><td>정보 사회와 매체의 발달</td><td>① 정보 관련 어휘
② 매체 관련 어휘</td><td>① -(으)ㄴ/는걸요
② -었/았더라면</td><td>① 매체의 발달에 대해 듣고 말하기
② 정보화 시대 한글의 우수성에 대한 글 읽고 쓰기</td></tr>
<tr><td>인터넷의 장점과 단점</td><td>① 인터넷의 편리함 관련 어휘
② 인터넷의 문제점 관련 어휘</td><td>① -기엔 -지 않아요?
② -다시피</td><td>① 정보 사회의 특성에 대해 듣고 말하기
② SNS의 효율성과 부작용에 대한 글 읽고 쓰기</td></tr>
<tr><td rowspan="2">10</td><td rowspan="2">고민과 상담</td><td>고민 내용과 고민 해결 방법</td><td>① 고민 내용 관련 어휘
② 고민 관련 표현</td><td>① -(으)ㄴ/는 법이다
② -(ㄴ/는)다고 치다</td><td>① 연령별 고민 내용에 대해 듣고 말하기
② 고민 해결 방법에 대한 글 읽고 쓰기</td></tr>
<tr><td>상담과 조언</td><td>① 상담 관련 어휘
② 고민 극복 방법 관련 어휘</td><td>① -다가 보면
② -(으)ㄴ/는 데에는</td><td>① 상담 방법에 대해 듣고 말하기
② 상담 사례 읽고 조언하는 글 쓰기</td></tr>
<tr><td rowspan="2">11</td><td rowspan="2">전통 명절</td><td>한국의 명절</td><td>① 명절 관련 어휘
② 명절 풍속 관련 어휘</td><td>① 그렇다고 (해서) -(으)ㄹ 수는 없다
② -는 통에</td><td>① 한국의 명절 풍속에 대해 듣고 말하기
② 정월 대보름에 대한 글 읽고 쓰기</td></tr>
<tr><td>전통적인 명절 풍습과 현대의 명절 풍습</td><td>① 명절 풍습 관련 어휘
② 전통적인 사고방식 관련 어휘</td><td>① -다가는
② -(으)ㄹ 리가 없다</td><td>① 명절 풍습에 대해 듣고 말하기
② 명절 문화의 변화에 대한 글 읽고 쓰기</td></tr>
<tr><td rowspan="2">12</td><td rowspan="2">사건과 사고</td><td>사건 발생의 원인과 예방</td><td>① 범죄의 유형 관련 어휘
② 사건 발생의 원인 관련 어휘</td><td>① -다기에
② 에 따르면</td><td>① 범죄 사건에 대한 뉴스 듣고 말하기
② 사건 기사문 읽고 쓰기</td></tr>
<tr><td>사고의 종류와 예방</td><td>① 사고 종류 관련 어휘
② 사고 발생의 원인 관련 어휘</td><td>① -고 말다
② (으)로 인해</td><td>① 사고에 대한 뉴스 듣고 말하기
② 사고 기사문 읽고 쓰기</td></tr>
<tr><td rowspan="2">13</td><td rowspan="2">재미 있는 한국어</td><td>한국의 속담과 관용어</td><td>① 주제별 속담
② 신체 관련 관용어</td><td>① -(으)니/느니 만큼
② -(으)ㄴ/는 김에</td><td>① 한국의 속담과 관용어에 대해 듣고 말하기
② 한국 속담의 문화적 의미에 대한 글 읽고 쓰기</td></tr>
<tr><td>한국어의 의성어와 의태어</td><td>① 의성어
② 의태어</td><td>① -고 해서
② -(으)면서도</td><td>① 의성어와 의태어에 대해 듣고 말하기
② 한국 옛날이야기 읽고 자기 나라 옛날이야기 쓰기</td></tr>
<tr><td rowspan="2">14</td><td rowspan="2">역사 속의 인물</td><td>한국의 역사 속 인물</td><td>① 한국의 역사시대 관련 어휘
② 인물의 업적 관련 표현</td><td>① -기로는
② -는 대로</td><td>① 한국의 역사 속 인물에 대해 듣고 말하기
② 세종대왕 위인전 읽고 역사 인물 소개하는 글 쓰기</td></tr>
<tr><td>세계의 역사 속 인물</td><td>① 시대 관련 어휘
② 역사 인물의 특성 관련 표현</td><td>① -(으)려던 참이다
② (이)나마</td><td>① 세계의 역사 속 인물에 대해 듣고 말하기
② 노벨 위인전 읽고 화폐 인물 소개하기</td></tr>
<tr><td rowspan="2">15</td><td rowspan="2">미신</td><td>한국의 생활 속 미신</td><td>① 미신 관련 어휘
② 운세 관련 어휘</td><td>① -(으)ㄹ까 봐
② -지 않을 수 없다</td><td>① 미신에 대해 듣고 말하기
② 열두 띠에 대한 글 읽고 쓰기</td></tr>
<tr><td>관혼상제와 미신</td><td>① 생활 관련 미신
② 관혼상제 관련 미신</td><td>① -느니 차라리
② (으)로 봐서는</td><td>① 한국의 미신에 대해 듣고 말하기
② 생활 속 미신에 대한 글 읽고 쓰기</td></tr>
</table>

일러두기

〈한양한국어4〉는 외국인과 재외동포를 위한 한국어 통합교재이다. 이 책은 한국어 중급 학습자들이 중급 어휘와 문법, 관용 표현을 배우고, 듣기, 말하기, 읽기, 쓰기 등의 통합 활동을 통해 의사소통 능력을 기르는 데 목표를 두었다.

- 〈한양한국어4〉는 주 교재, 쓰기연습, 듣기용 CD로 이루어져 있다.
- 총 15과로 이루어져 있으며 각 과는 2개 항으로 구성하여 총 30개 항으로 구성하였다.
  그리고 한 항은 4시간 분량으로 구성하였다.
- 단원명은 주제 중심으로 설정하였다.
- 이 책에서는 먼저 학습 목표를 소개하고 수업 단계에 따라 도입과 준비, 어휘 제시와 연습, 문법 제시와 연습, 대화하기, 듣고 말하기, 읽고 말하기, 읽고 쓰기의 순으로 구성하였으며, 정리 및 확인 학습은 〈쓰기연습〉에서 이루어지도록 하였다.
- 부록에서는 〈듣기 지문〉, 〈듣기 해답〉, 〈어휘 색인〉, 〈문법 색인〉을 두어 교사와 학습자에게 도움이 되도록 하였다.

이 책의 단원별 구성 체제를 구체적으로 소개하면 다음과 같다.

제 1 과 현대인의 여가 생활 <1>

학습목표

주제	여가 생활의 변화와 활동의 종류
어휘	① 여가 생활 목적 관련 어휘 ② 여가 활동 관련 어휘
문법	① -는 바람에 ② -(으)랴 -(으)랴
과제	① 여가 생활의 변화에 대해 듣고 말하기 ② 바람직한 여가 활용에 대한 글 읽고 쓰기

도입과 준비

사교 / TV 시청 / 컴퓨터 게임 / 여행

1. 위의 그림은 무엇에 대한 내용인지 말해 봅시다.
2. 여러분은 여가 시간을 어떻게 보냅니까?

012 한양 한국어 4

학습목표

도입과 준비

■ **[도입과 준비]**에서는 각 단원의 학습 목표를 주제와 관련 어휘, 문법, 과제 활동 순으로 소개하였으며, 삽화나 사진, 그래픽을 통해 본 수업에 들어가기 전에 학습 목표를 환기시키며, 학습자들의 내적 동기를 강화할 수 있도록 하였다.

어휘 제시와 연습

■ [**어휘 제시와 연습**]에서는 각 단원의 주제와 관련한 핵심 어휘와 표현을 제시하고 다양한 유형을 통하여 어휘와 표현을 연습하도록 하였다.

어휘 제시와 연습

1. 여가의 목적에 대한 단어를 공부하고 문장을 완성해 봅시다.

피로 회복	자기 계발	활력소	친목 도모
기분 전환	건강 증진	재충전	스트레스 해소

1) 성공하려면 끊임없이 ________ 해야 한다.
2) 이번 체육대회는 회원들과의 ________ 위한 것이다.
3) 나는 ________ 하기 위해서 미용실에 가서 머리 모양을 바꿨다.
4) 여행은 지루한 생활을 즐거운 생활로 바꿔 주는 생활의 ________ 같다.
5) 주민들의 ________ 위해서 집 근처 공원에 체육시설을 만들 계획이라고 한다.

문법 제시와 연습

■ [**문법 제시와 연습**]에서는 목표 문법 항목에 대해 설명과 예문을 함께 제시하였으며, 문법 항목의 특징에 따라 형태 연습, 완성 연습, 상황 연습, 유의미한 연습 등이 다양하게 이루어질 수 있도록 하였다.

문법 제시와 연습

1. -는 바람에

동사 뒤에 붙어서 '그것 때문에'의 뜻을 나타낸다. 앞의 내용이 뒤에 일어나는 상황의 원인이나 이유가 됨을 표현하며, 앞 상황이 화자가 미리 생각하지 못한 부정적인 결과를 가져올 때 사용한다.

① 가: 왜 이렇게 늦었어요?
  나: 길이 막히는 **바람에** 늦었어요.
② 가: 어쩌다가 입원했어요?
  나: 눈길에서 미끄러지는 **바람에** 다리를 다쳤어요.

연습 1 '-는 바람에'를 사용해서 대화를 완성해 봅시다.

1) 가: 왜 비행기를 못 탔어요?
  나: ________________.
2) 가: 왜 교통사고가 났대요?
  나: 신호등이 ________________ 교통사고가 났대요.
3) 가: 왜 친구에게 돈을 빌렸어요?
  나: 지갑을 ________________ 점심 먹을 돈이 없어서 빌렸어요.

대화하기

■ [**대화하기**]에서는 주제와 관련된 적절한 대화문을 제시하여 실제 담화를 통해 의사소통 능력을 기르도록 도왔으며, 어휘 연습과 내용 이해를 하도록 하는 것은 물론 대화문과 관련된 질문에 자신의 의견을 말할 수 있도록 유도하였다.

대화하기

제니: 한솔 씨, 한국 사람들은 여가 활동으로 뭘 많이 해요?
한솔: 한국 사람들이 가장 선호하는 여가 활동은 여행인데, 실제로는 TV 시청을 하면서 휴식을 취하는 사람들이 더 많대요.
제니: 요즘은 다들 바쁘게 생활하니까 시간이 있어도 여가 생활을 즐기기가 힘든 것 같아요.
한솔: 그렇겠죠. 근데 제니 씨는 여가 시간에 보통 뭘 하면서 지내요?
제니: 저는 춤추는 걸 좋아해서 댄스 학원에 다니고 있는데, 며칠 전에 다리를 다치는 바람에 요즘은 못 가고 있어요.
한솔: 그래도 제니 씨는 여가 활동을 열심히 하시네요. 저는 여행을 하고 싶은데 학교 다니랴 취업 준비하랴 바빠서 여행은 꿈도 못 꿔요.
제니: 여가 활동을 하면 기분 전환도 되고 스트레스도 해소할 수 있으니까 아무리 바빠도 여가 시간을 가져 보세요.
한솔: 네, 앞으로는 시간을 내서 여가 활동을 해 볼게요.

1. 다음 질문에 대답해 봅시다.

1) 한국 사람들이 가장 선호하는 여가 활동은 무엇입니까?
2) 한솔은 요즘 왜 여가 활동을 못 하고 있습니까?
3) 제니는 여가 활동을 하면 무엇이 좋다고 했습니까?

듣고 말하기

■ [**듣고 말하기**]에서는 학습 목표와 관련된 실생활 대화문과 다양한 텍스트 유형을 통하여 한국어 이해 활동을 도왔으며, 듣기와 말하기는 물론 쓰기 활동과의 통합 활동을 유도하였다.

듣고 말하기

1. 다음 대화를 듣고 맞으면 O, 틀리면 X표 하십시오.

1) 남자는 지난주에 아파서 모임에 나가지 못했다. ( )
2) 한국인들은 여가 활동으로 등산을 가장 많이 한다. ( )

2. 다음 대화를 잘 듣고 질문에 대답하십시오.

1) 남자는 제주도에서 여행할 때 어떤 일이 있었습니까?

2) 오늘날 여가 생활이 다양해진 이유는 무엇입니까?

3. 다음을 잘 듣고 질문에 대답하십시오.

순위	10대	20대	30대	40대	50대
1	①	②	③	④	⑥
2	온라인게임	영화 관람	운동	⑤	산책
3	인터넷•컴퓨터	PC•온라인게임	음악 감상	운동	⑦
4	축구	축구	영화 관람	여행	노래 부르기
5	독서	인터넷•컴퓨터	낚시	낚시	음악 감상

1) ①번~⑦번까지 빈칸에 알맞은 말을 쓰십시오.

읽고 말하기

■ [**읽고 말하기**]에서는 각 단원의 주제와 관련된 생 자료를 제시하여 산문 읽기뿐만 아니라 다양한 읽기 텍스트를 통해 실제 생활에 필요한 읽기 활동이 되도록 하였다. 또한 읽기와 말하기 통합 활동을 유도하였으며, [읽고 쓰기] 단계의 수업 전 단계 기능을 하도록 하였다.

읽고 말하기

1. 다음을 읽고 질문에 대답해 봅시다.

서울 시민의 주말 여가 시간

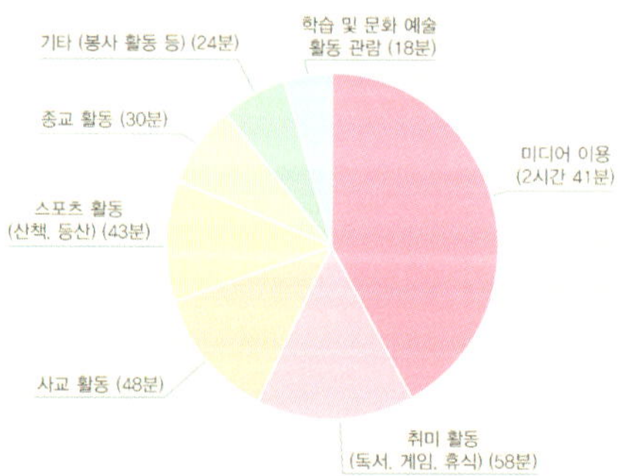

1) 서울 시민의 여가 생활에 대해 이야기해 봅시다.
2) 여러분의 주말 여가 생활은 어떤지 이야기해 봅시다.

2. 친구들은 어떤 여가 활동을 하는지 묻고 써 봅시다.

친구 이름	여가 활동			
	종류	장소	시간	비용

새 단어: 사교 미디어 종교

읽고 쓰기

■ [**읽고 쓰기**]에서는 단원의 주제와 관련된 내용의 수필이나 기사문, 안내문, 논설문 등의 산문을 제시하였으며, 읽기 텍스트는 작문 과제의 보기 글이 될 수 있도록 하여 쓰기 활동과의 통합 활동을 유도하였다.

읽고 쓰기

1. 다음 글을 읽고 질문에 대답해 봅시다.

가족과 함께 즐기는 여가 활동, 캠핑

최근 여가에 대한 관심이 높아지고 여가 활동이 다양해지면서 캠핑이 새로운 여가 활동으로 인기를 끌고 있다. 특히 회사와 학교에서 주 5일 근무와 주 5일 수업이 시작되면서 가족 캠핑을 즐기는 사람들이 크게 늘었는데, 캠핑을 즐기는 방법도 다양하다. 배낭 하나만 메고 대중교통을 이용해 캠핑을 떠나기도 하고 고급 캠핑카에 각종 캠핑용품을 싣고 경치 좋은 곳을 찾아다니기도 한다.

가족 캠핑이 늘면서 다양한 편의 시설을 갖춘 캠핑장도 빠르게 증가하고 있다. 과거의 캠핑장은 자갈밭의 야영 수준이었지만 요즘 새로 생기는 캠핑장들은 샤워실, 화장실, 취사실, 전기 시설, 놀이 시설, 운동 시설 등이 잘 갖추어져 있어서 누구나 편리하게 이용할 수 있다. 또 경치도 좋고 도시에서도 멀지 않은 곳에 저렴한 가격으로 이용할 수 있는 캠핑장이 많아 가족 캠핑을 즐기려는 사람들은 더욱 많아지고 있다.

캠핑이 가족들의 여가 활동으로 많은 사랑을 받는 이유는 가족이 다 함께 즐길 수 있는 여가 활동이기 때문이다. 평소에 학교 다니랴 회사 다니랴 바쁘게 생활하던 가족들은 캠핑을 하면서 여유를 즐기고 사랑을 키워 갈 수 있다. 함께 텐트를 치고 식사를 준비하고 좁은 텐트 안에서 부둥켜안고 자면서 집에서 느끼던 것과는 다른 행복감을 느낄 수 있다. 그뿐만 아니라 많은 대화를 하면서 서로의 고민과 생각도 이해할 수 있게 된다. 또 도시 생활에 익숙한 아이들은 계절마다 달라지는 자연을 경험하며 어린 시절의 추억을 쌓아 갈 수 있다.

캠핑은 바쁜 일상에서 벗어나 부모와 아이들이 함께 추억을 만들고 생활의

제1과 현대인의 여가 생활

이름: ____________

1 다음에서 알맞은 단어를 골라 빈칸에 쓰십시오.

여가 활력소 계발 여유 재충전 친목

1) 현대사회는 경쟁 사회여서 끊임없이 자기 ____________ 해야 한다.
2) 우리 회사는 사원들의 ____________ 도모하기 위해 매달 회식을 한다.
3) 그동안 생활에 ____________ 없어서 친구들에게 제대로 연락도 못 했다.
4) 여행을 하면 피곤하기는 하지만 생활의 ____________ 되어서 좋은 것 같다.
5) 요즘 학생들은 공부와 취업 준비로 바빠서 ____________ 활동 시간이 부족하다.

2 다음에서 알맞은 단어를 골라 빈칸에 쓰십시오.

상쾌하다 가입하다 해소하다 선호하다 즐기다 활용하다

1) 요즘 직장인들은 컴퓨터를 잘 ____________ 줄 알아야 한다.
2) 나는 대학교에 입학하면 여행 동아리에 ____________ 생각이다.
3) 산에 올라가서 맑은 공기를 마시면 기분이 ____________ 좋다.
4) 아직도 우리 사회에는 딸보다 아들을 ____________ 사람들이 많다.
5) 친구와 나는 그동안 쌓인 스트레스를 ____________ 위해 여행을 다녀왔다.

3 다음 단어나 표현을 넣어서 문장을 만드십시오.

1) 꿈도 못 꾸다: ____________
2) 휴식을 취하다: ____________
3) 시간에 쫓기다: ____________
4) 기분 전환을 하다: ____________

11

쓰기 연습

■ 〈**쓰기 연습**〉은 별책으로 구성하여 주 교재에서 배운 것을 최종적으로 정리하고 확인할 수 있도록 어휘와 표현 확인, 대화문 완성하기, 주어진 주제로 작문하기 등으로 구성하였다. 〈쓰기 연습〉은 수업 시간에 교사와 학습자들이 함께 공부할 수도 있고, 숙제로 활용할 수도 있다.

이 책은 중급 학습자들에게 한국에서의 일상생활에 필요한 의사소통 능력을 길러 주기 위해 만들었을 뿐만 아니라 한국에서 진학하고자 하는 학습자들에게도 유용하도록 교재 내용을 구성하였다. 아무쪼록 이 책이 한국어와 한국 문화를 배우고자 하는 이들에게 두루 활용되기를 기대한다.

제 1 과 현대인의 여가 생활 <1>

학습목표

주제	여가 생활의 변화와 활동의 종류
어휘	① 여가 생활 목적 관련 어휘 ② 여가 활동 관련 어휘
문법	① -는 바람에 ② -(으)랴 -(으)랴
과제	① 여가 생활의 변화에 대해 듣고 말하기 ② 다양한 여가 활용에 대한 글 읽고 쓰기

도입과 준비

사교

TV 시청

컴퓨터 게임

여행

1. 위의 그림은 무엇에 대한 내용인지 말해 봅시다.
2. 여러분은 여가 시간을 어떻게 보냅니까?

어휘 제시와 연습

1. 여가의 목적에 대한 단어를 공부하고 문장을 완성해 봅시다.

피로 회복	자기 계발	활력소	친목 도모
기분 전환	건강 증진	재충전	스트레스 해소

1) 성공하려면 끊임없이 __________ 해야 한다.
2) 이번 체육대회는 회원들과의 __________ 위한 것이다.
3) 나는 __________ 하기 위해서 미용실에 가서 머리 모양을 바꿨다.
4) 여행은 지루한 생활을 즐거운 생활로 바꿔 주는 생활의 __________ 같다.
5) 주민들의 __________ 위해서 집 근처 공원에 체육시설을 만들 계획이라고 한다.

2. 다음 여가 활동을 유형별로 연결해 봅시다.

1) 오락 활동 •	• 댄스, 노래, 게임 등
2) 사회 활동 •	• 봉사 활동, 종교 활동 등
3) 지식 활동 •	• 미술, 음악, 연극 관람 등
4) 예술 활동 •	• 독서, 글쓰기, 조사 활동 등
5) 스포츠 활동 •	• 테니스, 스키, 사이클, 등산, 수영 등

3. 다음 여가에 대한 표현을 공부하고 질문에 대답해 봅시다.

여가 시간을 가지다 — 여가를 활용하다 — 여가 생활을 하다 — 여가를 즐기다

1) 여가를 잘 즐기려면 어떻게 하는 것이 좋습니까?
2) 여러분은 일주일에 여가 시간을 얼마나 가집니까?
3) 여러분은 여가 생활을 잘 하고 있다고 생각합니까?
4) 여러분은 이번 주말에 여가를 어떻게 활용할 계획입니까?

문법 제시와 연습

1. -는 바람에

동사 뒤에 붙어서 '그것 때문에'의 뜻을 나타낸다. 앞의 내용이 뒤에 일어나는 상황의 원인이나 이유가 됨을 표현하며, 앞 상황이 화자가 미리 생각하지 못한 부정적인 결과를 가져올 때 사용한다.

① 가: 왜 이렇게 늦었어요?
나: 길이 막히**는 바람에** 늦었어요.

② 가: 어쩌다가 입원했어요?
나: 눈길에서 미끄러지**는 바람에** 다리를 다쳤어요.

연습 1 '-는 바람에'를 사용해서 대화를 완성해 봅시다.

1) 가: 왜 비행기를 못 탔어요?
나: ____.

2) 가: 왜 교통사고가 났대요?
나: 신호등이 ________________________ 교통사고가 났대요.

3) 가: 왜 친구에게 돈을 빌렸어요?
나: 지갑을 ____________________ 점심 먹을 돈이 없어서 빌렸어요.

4) 가: 오늘 왜 그렇게 피곤해 보여요?
나: 창문을 열고 ________________________ 감기에 걸렸어요.

5) 가: 요즘 왜 운동하러 안 나왔어요?
나: ____.

6) 가: 왜 지난번 문화수업에 안 갔어요?
나: ____.

연습 2 '-는 바람에'를 사용해서 다음에 대해 이야기해 봅시다.

1	약속 시간을 못 지킨 이유	
2	계획한 일을 하지 못한 이유	
3	친구가 다음 학기에 공부 못 하는 이유	

2. -(으)랴 -(으)랴

동사 뒤에 붙어서 '여러 가지 일을 하느라 애쓰고 바쁨'의 뜻을 나타낸다. 두 개 이상의 동사를 나열하여 그 행위 때문에 바쁘고, 힘들고, 정신없는 상황을 말할 때 쓰인다.

① 가: 결혼하니까 좋죠?

나: 네, 좋아요. 그런데 회사 다니**랴** 집안일 하**랴** 정신이 없어요.

② 가: 한국어 공부하기가 많이 힘들지요?

나: 수업 들**으랴** 발표 준비 하**랴** 너무 바빠요.

연습 1 '-(으)랴 -(으)랴'를 사용해서 대화를 완성해 봅시다.

1) 가: 주말에는 좀 한가하시죠?

나: ______________________________.

2) 가: 지난 방학에 어떻게 지냈어요?

나: ______________________________.

3) 가: 요즘 여가를 즐길 시간이 있나요?

나: ______________________________.

4) 가: 한국에서 혼자 생활하는 게 생각보다 많이 힘들죠?

나: ______________________________.

5) 가: 요즘 날마다 왜 집에 늦게 와요? 무슨 일이 있어요?

나: ______________________________.

6) 가: 어제 동호회에 왜 안 나왔어요? 다들 기다렸는데…….

나: ______________________________.

연습 2 '-(으)랴 -(으)랴'를 사용해서 다음에 대해 이야기해 봅시다.

1	인생에서 가장 바쁠 때와 그 이유	
2	하루 중에서 가장 바쁠 때와 그 이유	
3	가족 중에서 가장 바쁜 사람과 그 이유	
4	반 친구 중에서 가장 바쁜 사람과 그 이유	

대화하기

Track 1

제니: 한솔 씨, 한국 사람들은 여가 활동으로 뭘 많이 해요?

한솔: 한국 사람들이 가장 선호하는 여가 활동은 여행인데, 실제로는 TV 시청을 하면서 휴식을 취하는 사람들이 더 많대요.

제니: 요즘은 다들 바쁘게 생활하니까 시간이 있어도 여가 생활을 즐기기가 힘든 것 같아요.

한솔: 그렇겠죠. 근데 제니 씨는 여가 시간에 보통 뭘 하면서 지내요?

제니: 저는 춤추는 걸 좋아해서 댄스 학원에 다니고 있는데, 며칠 전에 다리를 다치는 바람에 요즘은 못 가고 있어요.

한솔: 그래도 제니 씨는 여가 활동을 열심히 하시네요. 저는 여행을 하고 싶은데 학교 다니랴 취업 준비하랴 바빠서 여행은 꿈도 못 꿔요.

제니: 여가 활동을 하면 기분 전환도 되고 스트레스도 해소할 수 있으니까 아무리 바빠도 여가 시간을 가져 보세요.

한솔: 네. 앞으로는 시간을 내서 여가 활동을 해 볼게요.

1. 다음 질문에 대답해 봅시다.

1) 한국 사람들이 가장 선호하는 여가 활동은 무엇입니까?
2) 한솔은 요즘 왜 여가 활동을 못 하고 있습니까?
3) 제니는 여가 활동을 하면 무엇이 좋다고 했습니까?

2. 다음 단어를 공부해 봅시다.

선호하다　　시청하다　　휴식을 취하다　　즐기다　　시간을 내다

1) 운전하다가 너무 졸릴 때는 잠깐 ____________ 것이 좋다.
2) 친구들을 만나고 싶지만 회사에 일이 많아서 ____________ 어렵다.
3) 여름에는 날씨가 덥기 때문에 사람들이 산보다 바다를 ____________.
4) 요즘 버스나 지하철에서 휴대전화로 TV를 ____________ 사람들이 많다.

3. 다음에 대해서 이야기해 봅시다.

1) 여러분의 여가 생활을 이야기해 봅시다.
2) 여러분 나라의 사람들이 즐기는 여가 활동은 무엇인지 이야기해 봅시다.

듣고 말하기

1. 다음 대화를 듣고 맞으면 O, 틀리면 X표 하십시오. Track 2

1) 남자는 지난주에 아파서 모임에 나가지 못했다. ( )

2) 한국인들은 여가 활동으로 등산을 가장 많이 한다. ( )

2. 다음 대화를 잘 듣고 질문에 대답하십시오. Track 4

1) 남자는 제주도에서 여행할 때 어떤 일이 있었습니까?

______________________________.

2) 오늘날 여가 생활이 다양해진 이유는 무엇입니까?

______________________________.

3. 다음을 잘 듣고 질문에 대답하십시오. Track 6

순위	10대	20대	30대	40대	50대
1	①	②	③	④	⑥
2	온라인게임	영화 관람	운동	⑤	산책
3	인터넷•컴퓨터	PC•온라인게임	음악 감상	운동	⑦
4	축구	축구	영화 관람	여행	노래 부르기
5	독서	인터넷•컴퓨터	낚시	낚시	음악 감상

1) ①번~⑦번까지 빈칸에 알맞은 말을 쓰십시오.

______________________________.

2) 현대인들이 여가 활동을 즐기지 못하는 이유는 무엇입니까?

______________________________.

3) 여러분의 취미는 무엇입니까? 그 취미 생활을 해서 좋은 점은 무엇입니까?

______________________________.

읽고 말하기

1. 다음을 읽고 질문에 대답해 봅시다.

서울 시민의 주말 여가 시간

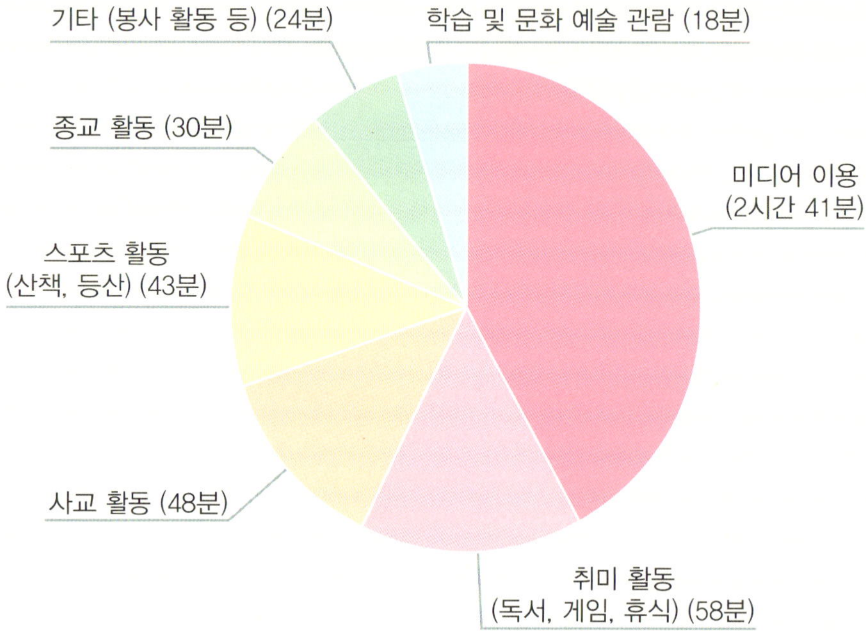

1) 서울 시민의 여가 생활에 대해 이야기해 봅시다.

2) 여러분의 주말 여가 생활은 어떤지 이야기해 봅시다.

2. 친구들은 어떤 여가 활동을 하는지 묻고 써 봅시다.

친구 이름	여가 활동			
	종류	장소	시간	비용

새 단어: 사교 미디어 종교

읽고 쓰기

1. 다음 글을 읽고 질문에 대답해 봅시다.

가족과 함께 즐기는 여가 활동, 캠핑

최근 여가에 대한 관심이 높아지고 여가 활동이 다양해지면서 캠핑이 새로운 여가 활동으로 인기를 끌고 있다. 특히 회사와 학교에서 주 5일 근무와 주 5일 수업이 시작되면서 가족 캠핑을 즐기는 사람들이 크게 늘었는데, 캠핑을 즐기는 방법도 다양하다. 배낭 하나만 메고 대중교통을 이용해 캠핑을 떠나기도 하고 고급 캠핑카에 각종 캠핑용품을 싣고 경치 좋은 곳을 찾아다니기도 한다.

가족 캠핑이 늘면서 다양한 편의 시설을 갖춘 캠핑장도 빠르게 증가하고 있다. 과거의 캠핑장은 자갈밭의 야영 수준이었지만 요즘 새로 생기는 캠핑장들은 샤워실, 화장실, 취사실, 전기 시설, 놀이 시설, 운동 시설 등이 잘 갖추어져 있어서 누구나 편리하게 이용할 수 있다. 또 경치도 좋고 도시에서도 멀지 않은 곳에 저렴한 가격으로 이용할 수 있는 캠핑장이 많아 가족 캠핑을 즐기려는 사람들은 더욱 많아지고 있다.

캠핑이 가족들의 여가 활동으로 많은 사랑을 받는 이유는 가족이 다 함께 즐길 수 있는 여가 활동이기 때문이다. 평소에 학교 다니랴 회사 다니랴 바쁘게 생활하던 가족들은 캠핑을 하면서 여유를 즐기고 사랑을 키워 갈 수 있다. 함께 텐트를 치고 식사를 준비하고 좁은 텐트 안에서 부둥켜안고 자면서 집에서 느끼던 것과는 다른 행복감을 느낄 수 있다. 그뿐만 아니라 많은 대화를 하면서 서로의 고민과 생각도 이해할 수 있게 된다. 또 도시 생활에 익숙한 아이들은 계절마다 달라지는 자연을 경험하며 어린 시절의 추억을 쌓아 갈 수 있다.

캠핑은 바쁜 일상에서 벗어나 부모와 아이들이 함께 추억을 만들고 생활의 여유를 찾을 수 있는 여가 활동이다. 가족들과 함께 어디로 캠핑을 갈지, 어떤 음식을 만들어 먹을지, 무엇을 하면서 지낼지 등을 생각하는 것만으로도 행복감을 느끼고 삶의 활력을 찾을 수 있다.

1) 요즘의 캠핑장은 옛날의 캠핑장과 어떻게 다릅니까?

2) 캠핑이 가족들의 여가 활동으로 많은 사랑을 받는 이유는 무엇입니까?

2. 가족과 함께했던 여가 활동 중 가장 기억에 남는 것에 대해 써 봅시다.

새 단어: 캠핑 인기를 끌다 근무 대중교통 캠핑카 각종 캠핑용품 편의 시설 캠핑장 증가하다 자갈밭 야영 갖추다 저렴하다 텐트 부둥켜안다 자연 일상 벗어나다

제 1 과

현대인의 여가 생활 <2>

학습목표

주제	바람직한 여가 생활의 방법
어휘	① 현대인의 생활 특성 관련 어휘　② 여가 활동 효과 어휘
문법	① -더니　② -어/아 봤자
과제	① 여가 활동의 불만족에 대해서 듣고 말하기 ② 바람직한 여가 활동에 대한 글 읽고 쓰기

도입과 준비

여가 활동의 목적

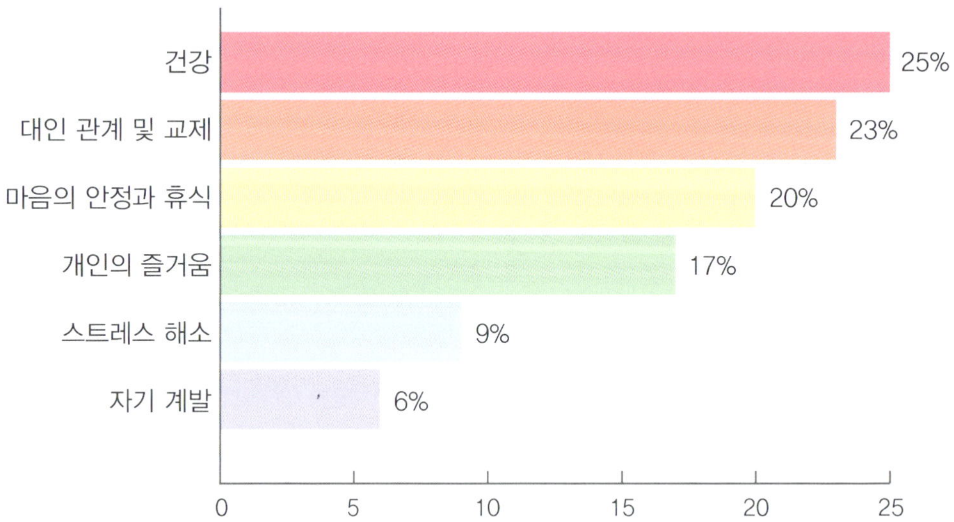

1. 위의 그림은 무엇에 대한 내용인지 말해 봅시다.
2. 여러분은 여가 활동으로 무엇을 합니까?

어휘 제시와 연습

1. 다음 현대인의 생활 특성에 대한 표현을 공부하고 문장을 완성해 봅시다.

시간에 쫓기다 피로가 쌓이다 마음의 여유가 없다	취미 생활을 즐기다 경제적 여유가 생기다 여가 활동에 관심이 많다

1) ____________ 때에는 푹 쉬면서 피로를 푸는 것이 좋다.

2) 지금은 돈이 없지만 앞으로 ____________ 여행을 자주 다니고 싶다.

3) 요즘 직장인들은 ____________ 식사를 제대로 못 하는 사람이 많다.

4) 어떤 사람은 돈과 시간은 있어도 ____________ 여가를 즐길 줄 모른다.

2. 다음 여가 산업 관련 단어를 공부해 봅시다.

여가 산업	여가 상품	여가 용품	여가 장소
관광업 숙박업 오락업	관광 영화 연극	등산 용품 캠핑 용품 여행 용품	골프장 스키장 수영장

3. 다음 여가 활동의 효과에 대한 표현을 공부하고 질문에 대답해 봅시다.

활력을 찾다 정보를 얻다 휴식을 취하다
인간관계를 넓히다 자유 시간을 활용하다

1) 휴식을 취할 때 방해가 되는 것은 무엇입니까?

2) 인간관계를 넓힐 수 있는 여가 활동에는 무엇이 있습니까?

3) 생활의 활력을 찾을 수 있는 여가 활동에는 무엇이 있습니까?

문법 제시와 연습

1. -더니

동사나 형용사 뒤에 붙어 이미 경험하여 알게 된 사실 때문에 어떤 상황이나 상태가 발생함을 나타낸다. 이때 앞 문장의 경험과 뒤 문장의 상황은 각각 원인과 결과, 또는 대조적인 내용일 수도 있는데 앞 문장과 뒤 문장의 주어는 같아야 하고 뒤 문장에는 미래 시제가 올 수 없다.

① 가: 올 겨울은 너무 춥지 않아요?
나: 작년에는 별로 안 춥**더니** 올해는 많이 춥네요.

② 가: 한솔 씨가 이번에 장학금을 받는다면서요?
나: 네. 공부를 열심히 하**더니** 시험을 아주 잘 봤나 봐요.

연습 1 '-더니'를 사용해서 대화를 완성해 봅시다.

1) 가: 은영 씨가 만든 음식이 정말 맛있죠?
나: 네. ______________________ 요리 실력이 많이 늘었어요.

2) 가: 제니 씨가 몸살이 나서 학교에 못 온대요.
나: ______________________.

3) 가: 마이클 씨가 눈이 나빠져서 안경을 쓰게 됐대요.
나: ______________________.

연습 2 '-더니'를 사용해서 대화를 완성해 봅시다.

1) 가: 제니 씨는 요즘에도 수영을 배우고 있어요?
나: 지난달까지는 열심히 ______________________.

2) 가: 날마다 그렇게 밤을 새워서 일하면 건강이 나빠질 텐데…….
나: 전에는 며칠 밤을 새워도 ______________________.

3) 가: 어제 고등학교 동창을 만났다고 했죠? 친구들이 많이 변했던가요?
나: 네. 학교 다닐 때는 ______________________.

연습 3 '-더니'를 사용해서 다음에 대해 이야기해 봅시다.

1) 지난 학기와 이번 학기의 차이점을 말해 봅시다.
2) 지난주와 이번 주의 날씨를 비교해서 말해 봅시다.
3) 어렸을 때 친한 친구가 어떻게 변했는지 말해 봅시다.

2. -어/아 봤자

주로 동사 뒤에 붙어 앞 문장의 상황이나 상태가 된다고 가정해도 아무 소용이 없음을 나타낸다. 뒤 문장에는 부정적인 결과를 예측하는 문장이 이어지며, 과거 시제의 문장은 올 수 없다.

① 가: 유명한 가수가 오늘 우리 학교에 온다고 하는데 같이 가 볼래요?
   나: 사람이 너무 많아서 **가 봤자** 얼굴 보기도 힘들 거예요.
② 가: 내일부터 시험이라면서 왜 공부는 안 하고 놀기만 해요?
   나: 시험 준비를 하나도 안 해서 지금 공부**해 봤자** 소용없어요.

연습 1 '-어/아 봤자'를 사용해서 대화를 완성해 봅시다.

1) 가: 우리 늦었는데 택시를 탈까요?
   나: ______________________________.
2) 가: 옷이 맞는지 한번 입어 보세요.
   나: ______________________________.
3) 가: 사진이 잘 안 나왔는데 다시 찍을까요?
   나: ______________________________.
4) 가: 그 여자가 그렇게 마음에 들면 고백해 보지 그래요?
   나: ______________________________.
5) 가: 머리가 많이 아프면 참지 말고 빨리 약을 먹지 그래요?
   나: ______________________________.

연습 2 '-어/아 봤자'를 사용해서 열심히 해도 소용없는 일에 대해 이야기해 봅시다.

운동을 하다	우산을 쓰다	뛰어가다	노래 연습을 하다

대화하기

Track 7

제니: 지난주까지는 날씨가 좀 쌀쌀하더니 오늘은 많이 풀렸네요.

한솔: 그러게요. 이제 정말 봄이네요. 이번 주에 남한강 근처로 자전거를 타러 가기로 했는데 날씨가 따뜻해져서 다행이에요.

제니: 한솔 씨는 자전거를 자주 타시나 봐요.

한솔: 네. 얼마 전에 자전거 동호회에 가입했는데 자전거를 타면 건강도 좋아지고 기분도 상쾌해져서 정말 좋아요. 제니 씨도 같이 갈래요?

제니: 저는 자전거를 잘 못 타서 가 봤자 재미없을 것 같아요.

한솔: 걱정하지 마세요. 자전거를 못 타는 사람들에게는 자전거 타는 방법을 가르쳐 주기도 해요.

제니: 근데 외국인도 가입할 수 있나요?

한솔: 물론이죠. 누구든지 가입할 수 있어요. 제니 씨가 우리 동호회에 들어오면 아마 다들 좋아할 거예요.

1. 다음 질문에 대답해 봅시다.

1) 한솔은 이번 주에 뭘 하기로 했습니까?
2) 한솔은 왜 자전거 동호회를 좋아합니까?
3) 제니는 왜 자전거 동호회가 재미없을 거라고 생각합니까?

2. 다음 단어를 공부하고 문장을 완성해 봅시다.

날씨가 풀리다　　동호회　　가입하다　　상쾌하다

1) 일기예보에서 이번 주말부터 ______________ 했다.
2) 우리 ______________ 예술을 사랑하는 사람들의 모임이다.
3) 많이 피곤했는데 목욕을 하고 나니까 기분이 ______________.
4) 이번 학기에 새로운 동아리에 ______________ 친구들을 많이 사귀었다.

3. 다음에 대해서 이야기해 봅시다.

1) 동호회 활동을 하면 어떤 점이 좋은지 이야기해 봅시다.
2) 여가 활동으로 어떤 동호회에 가입하고 싶은지 이야기해 봅시다.

듣고 말하기

1. 다음 대화를 듣고 맞으면 O, 틀리면 X표 하십시오. Track 8

1) 여자는 운동을 열심히 해도 살이 안 빠져서 운동을 그만두었다. ( )

2) 왕강은 동호회 활동을 하면서 생활의 활력이 생겼다. ( )

2. 다음 대화를 잘 듣고 질문에 대답하십시오. Track 10

1) 여자가 오빠에게 돈을 빌리려는 이유는 무엇입니까?

______________________________.

2) 남자가 여가 활동을 하기 싫어하는 이유는 무엇입니까?

______________________________.

3. 다음을 잘 듣고 질문에 대답하십시오. Track 12

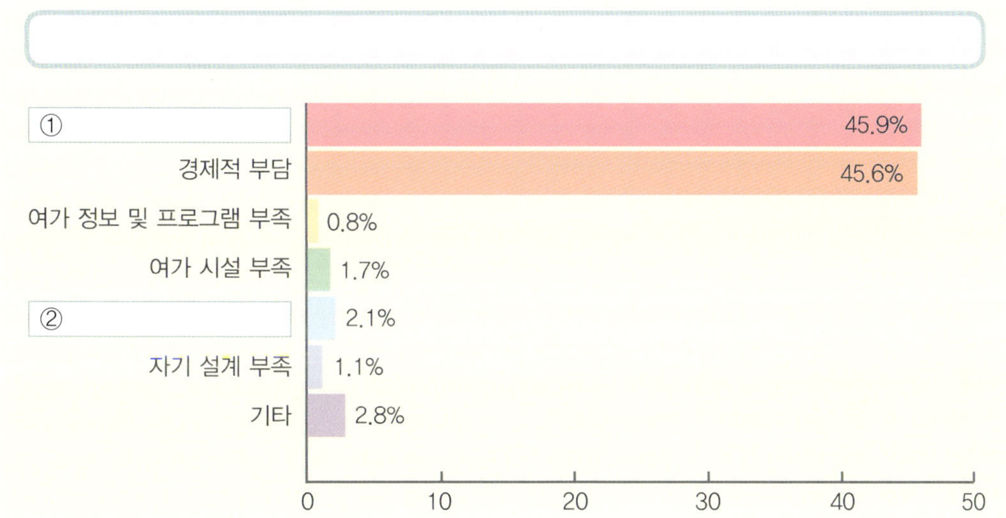

1) 위 빈칸 ①, ②에 들어갈 말은 무엇입니까?

① ______________ ② ______________

2) 들은 내용의 제목으로 맞는 것을 고르십시오.

☐ 여가 시간 활용 ☐ 여가 생활의 만족도

☐ 여가 생활의 다양성 ☐ 여가 생활의 불만족 이유

3) 여러분은 자신의 여가 활동에 만족하는지 만족하지 않는지 말해 봅시다.

______________________________.

읽고 말하기

1. 다음을 읽고 질문에 대답해 봅시다.

항목	예	아니요
① 땀 흘리는 활동을 좋아하지 않는다.	☐	☐
② 독서나 글쓰기 등의 활동을 좋아한다.	☐	☐
③ 주말에는 집에서 쉬는 것이 가장 좋다.	☐	☐
④ TV 시청이나 조용한 휴식 활동이 좋다.	☐	☐
⑤ 스포츠보다는 음악 감상을 하는 편이다.	☐	☐
⑥ 야외 활동보다는 실내 활동을 더 좋아한다.	☐	☐
⑦ 경기장에 가서 운동 관람하는 것을 싫어한다.	☐	☐
⑧ 혼자 있는 시간에 외로움보다는 자유를 느낀다.	☐	☐
⑨ 동호회 등 정기적인 모임에 나가는 것이 귀찮다.	☐	☐
⑩ 친구들과 어울려 노는 것보다 혼자 노는 것을 더 좋아한다.	☐	☐

결과 보기

※ '예'가 7개 이상이면 혼자 즐기기를 좋아하는 사람이고,
'예'가 3개 이하면 사람들과 어울리는 것을 좋아하는 사람입니다.

1) 여러분은 어떻게 여가를 보내는지 체크해 봅시다.

2) 여러분의 테스트 결과와 친구의 테스트 결과를 서로 비교해서 말해 봅시다.

2. 혼자 있기를 좋아하는 사람과 활동적인 것을 좋아하는 사람에게 적합한 여가 활동은 무엇인지 이야기해 봅시다.

	친구 이름	여가 활동 유형
혼자 있기를 좋아하는 사람		
활동적인 것을 좋아하는 사람		

새 단어: 땀을 흘리다 정기적 야외

읽고 쓰기

1. 다음 글을 읽고 질문에 대답해 봅시다.

현대인의 여가 생활

여가란 학교 생활이나 직장 생활에서 벗어나 개인이 자유롭게 쓸 수 있는 시간을 말한다. 경제가 발전하고 사회가 안정되면서 현대인들은 더 많은 여가 시간을 갖게 되었는데, 여가를 활용하는 방법은 사람마다 다르다. 혼자 자신이 좋아하는 일을 하기도 하고, 평소에 알고 지내던 친구나 동료들과 함께 지내기도 하며, 같은 취미를 갖고 있는 사람들과 동호회를 만들어 어울리기도 한다.

그렇다면 현대인들에게 여가는 어떤 의미를 가질까? 사람들은 여가 활동에서 행복과 재미를 느끼고 삶의 활력을 찾을 뿐만 아니라 일상생활에서 느끼는 스트레스를 해소하고 재충전의 기회를 갖는다. 평소에는 일하랴 공부하랴 바쁘게 살아가지만 주말이나 휴가 동안에는 복잡한 생활을 떠나 여가를 즐기고 싶어한다. 그러나 여가 시간이 생겼을 때 그 시간을 어떻게 보내야 할지 고민하는 사람들도 많다. 대부분의 직장인들은 여가를 효과적으로 활용하기보다는 집에서 잠을 자거나 텔레비전을 보면서 피로를 푸는 경우가 더 많다. 밖에 나가 봤자 더 피곤해질 거라고 생각하기 때문에 그냥 집에서 휴식을 취하는 것이다. 또 어떤 사람들은 다른 사람들과의 경쟁에서 지지 않기 위해 여가 시간에도 자기 계발을 하느라고 바쁘게 생활한다. 여가 시간을 가지면 그 시간만큼 경쟁 사회에서 뒤떨어질 수 있다고 생각하기 때문이다.

그러나 적당한 여가 시간 활용은 오히려 바쁜 현대인들에게 지치지 않는 에너지를 만들어 준다는 것을 알아야 한다. 여가 활동은 정신과 육체를 쉬게 하여 새로운 힘으로 열심히 일할 준비를 하게 한다. 그런 점에서 여가는 단순히 휴식 시간이나 남는 시간이 아니라 '삶의 질'을 높이는 중요한 요소이다. 그렇기 때문에 행복한 삶을 살기 위해서는 어떻게 하면 여가 시간을 의미 있게 보낼 수 있을지에 대해 생각해 보는 것이 중요하다.

1) 대부분의 직장인들은 여가를 어떻게 활용하고 있습니까?

2) 현대인들에게 적절한 여가 활용이 중요한 이유는 무엇입니까?

2. 현대인의 여가 생활에 대해 써 봅시다.

새 단어: 개인 자유롭다 발전하다 동료 어울리다 일상생활 직장인 효과적 피로 경쟁 지다 뒤떨어지다 오히려 지치다 에너지 육체 단순히 질 요소

제 2 과 적성과 직업 <1>

학습목표

주제	적성과 직업
어휘	① 성격 관련 어휘　② 직업의 종류와 적성 관련 어휘
문법	① -(으)ㄹ 겸 -(으)ㄹ 겸 (해서)　② -어/아 두다
과제	① 선호하는 직업에 대한 대화문 듣고 말하기 ② 직업 선택에 대한 글 읽고 쓰기

도입과 준비

가수

간호사

경찰관

소방관

1. 위의 그림은 무엇에 대한 내용인지 말해 봅시다.
2. 여러분은 어떤 일이 적성에 맞는지 이야기해 봅시다.

제2과

어휘 제시와 연습

1. 다음 성격 관련 단어를 공부하고 문장을 완성해 봅시다.

소극적이다	외향적이다	적극적이다
내성적이다	사교적이다	꼼꼼하다

1) 언니는 성격이 활발한데 동생은 ______________.
2) 나는 ______________ 성격이 아니어서 사람 사귀기를 힘들어한다.
3) 그는 책임감이 강하고 일을 ______________ 잘해서 상사가 좋아한다.
4) 토론에서 이기려면 ______________ 태도로 자신의 의견을 말해야 한다.

2. 다음 직업 관련 어휘를 공부하고 관련 직업에 번호를 써 봅시다.

1 사무직	2 전문직	3 서비스직	4 판매직	5 기능직

□ 변호사	□ 교사	□ 작가	□ 승무원
□ 회계사	□ 기자	□ 비서	□ 건축 설계사
□ 수의사	□ 영업 사원	□ 디자이너	□ 자동차 정비원

3. 다음 적성 유형과 내용을 보고 관련된 직업을 이야기해 봅시다.

적성 유형	내 용	관련 직업
언어 능력	말과 글을 잘 이해하고 사용할 수 있는 능력	
운동 능력	몸을 움직이고 동작을 익힐 수 있는 능력	
사무 능력	자료를 잘 정리하고 업무를 빠르게 처리하는 능력	
계산 능력	정확하고 빠르게 계산하는 능력	
기계 추리 능력	여러 가지 기계의 구조를 잘 이해하고 조작하는 능력	

문법 제시와 연습

1. -(으)ㄹ 겸 -(으)ㄹ 겸 (해서)

화자의 행동 목적이 두 가지 이상임을 나타낼 때 쓴다. '(무엇을) 하는 것과 아울러'의 뜻을 나타낸다. 받침이 있는 동사 뒤에는 '-을 겸', 받침이 없는 동사 뒤에는 '-ㄹ 겸'을 쓴다.

① 가: 도서관에 무슨 일로 갔다 왔어요?
   나: 공부도 **할 겸** 책도 빌**릴 겸** 해서 갔다 왔어요.

② 가: 이태원에는 무슨 일로 다녀왔어요?
   나: 친구도 만**날 겸** 쇼핑도 **할 겸** 다녀왔어요.

연습 1 '-(으)ㄹ 겸 -(으)ㄹ 겸 (해서)'을 사용해서 대화를 완성해 봅시다.

1) 가: 어제 왜 한강공원에 갔어요?
   나: ______________________.

2) 가: 이번 방학에 고향에 갈 거예요?
   나: ______________________.

3) 가: 왜 다니던 회사를 그만두려고 해요?
   나: ______________________.

4) 가: 휴일인데 왜 쉬지 않고 학교에 나왔어요?
   나: ______________________.

5) 가: 대학원에 가는 대신에 유학을 하기로 결심했다면서요?
   나: ______________________.

연습 2 '-(으)ㄹ 겸 -(으)ㄹ 겸 (해서)'을 사용해서 다음에 대해 이야기해 봅시다.

1	여행을 하는 목적	
2	한국에 유학을 온 목적	
3	한국 드라마를 보는 목적	
4	동아리 활동을 하는 목적	

2. -어/아 두다

동사와 결합하여 어떤 동작의 결과를 그대로 계속되게 한다는 의미이다. 주로 그 행동이 어떤 다른 일에 미리 대비하기 위한 것임을 보일 때 쓴다.

① 가: 회사에 지원하려면 먼저 뭘 준비해야 돼요?
나: 이력서하고 자기소개서를 **써 두면** 좋을 거예요.

② 가: 요리하기 전에 뭐부터 해야 돼요?
나: 야채를 미리 씻**어 두세요**.

연습 1 '-어/아 두다'를 사용해서 문장을 완성해 봅시다.

1) 이 우산은 저쪽에 (세우다) ________________.
2) 다음 주에 시험이 있으니까 미리 (준비하다) ________________.
3) 편지를 오래 전에 (쓰다) ________________ 아직 부치지 않았어요.
4) 취업에 필요한 정보를 (알다) ________________ 도움이 될 거예요.
5) 중요한 약속은 수첩에 (적다) ________________ 잊어버리지 않아요.

연습 2 '-어/아 두다'를 사용해서 대화를 완성해 봅시다.

1) 가: 이 코트를 어디에 걸까요?
나: ____.
2) 가: 먹다 남은 반찬은 어떻게 했어요?
나: ____.
3) 가: 다 읽은 책은 어떻게 하면 좋을까요?
나: ____.
4) 가: 전화번호를 잊어버리지 않으려면 어떻게 하는 것이 좋아요?
나: ____.

연습 3 취업을 하려고 하는데 무엇을 준비하면 좋을까요? '-어/아 두다'를 사용해서 이야기해 봅시다.

대화하기

Track 13

제니: 한솔 씨는 어렸을 때 꿈이 뭐였어요?

한솔: 어렸을 때는 작가가 되고 싶었는데 크면서 생각이 좀 바뀌었어요. 글 쓰는 일은 제 적성에 맞지 않는 것 같아서요.

제니: 한솔 씨는 성격도 활발하고 적극적이니까 영업 분야의 일을 하면 잘할 것 같은데요.

한솔: 저도 영업이 제 적성에 맞는 것 같아서 일도 배울 겸 경력도 쌓을 겸 이번에 영업직 인턴사원 모집에 지원해 보려고 해요.

제니: 취직하기 전에 좋은 경험이 되겠네요.

한솔: 근데 인턴사원이 되는 것도 하늘의 별 따기래요. 제가 합격할 수 있을지 모르겠어요.

제니: 한솔 씨는 성적도 좋고 자격증도 여러 개 있으니까 좋은 결과가 있을 거예요.

한솔: 저도 그렇게 되면 정말 좋겠어요. 그 회사는 특히 면접시험이 어렵다고 하니까 면접시험 준비를 열심히 해 두어야 할 것 같아요.

1. 다음 질문에 대답해 봅시다.

1) 한솔의 어렸을 때 꿈은 무엇이었습니까?
2) 제니는 한솔의 성격이 어떻다고 생각합니까?
3) 한솔은 왜 영업직 인턴사원 모집에 지원하려고 합니까?

2. 다음 단어를 공부하고 문장을 완성해 봅시다.

활발하다　　분야　　적성　　인턴사원　　자격증　　하늘의 별 따기

1) 대기업에 취직하는 것은 ____________ 어렵다.
2) 그 아이는 성격이 ____________ 친구들과 잘 어울린다.
3) 우리 회사에서는 올해 백여 명의 ____________ 뽑을 예정이다.
4) 돈을 많이 벌 수 있는 일보다 ____________ 맞는 일을 하고 싶다.

3. 다음에 대해서 이야기해 봅시다.

1) 여러분은 앞으로 무슨 일을 하고 싶습니까?
2) 여러분이 들어가고 싶은 회사는 어떤 회사입니까?

제 2 과

듣고 말하기

1. 다음 대화를 듣고 맞으면 O, 틀리면 X표 하십시오. Track 14

1) 남자는 유학 문제로 부모님과 의견이 맞지 않아서 고민이다. ( )

2) 검사 결과 수의사가 남자의 적성에 맞는 것으로 나타났다. ( )

2. 다음 대화를 잘 듣고 질문에 대답하십시오. Track 16

1) 남자와 여자는 지금 무엇에 대한 이야기를 하고 있습니까?

______________________________.

2) 남자는 아나운서가 되려면 무엇을 준비해야 한다고 했습니까? (2가지)

① ______________. ② ______________.

3. 다음을 잘 듣고 질문에 대답하십시오. Track 18

1) 들은 내용으로 맞지 않는 것을 고르십시오.

☐ 구직자들은 그룹 면접보다는 개인 면접을 선호한다.

☐ 구직자는 그룹 면접에서 자신을 더 잘 보여 줄 수 있다고 생각한다.

☐ 개인 면접을 선호하는 이유는 답변을 편하게 할 수 있기 때문이다.

☐ 구직자들은 개인 면접에서 객관적으로 평가를 받을 수 있다고 생각한다.

2) 구직자들이 가장 어려워하는 면접은 무엇입니까?

______________________________.

3) 자신이 선호하는 면접 방식과 그 이유를 말해 봅시다.

면접 방식	선호하는 이유
개인 면접	1. 2. 3.
그룹 면접	1. 2. 3.

읽고 말하기

1. 다음을 읽고 질문에 대답해 봅시다.

함께 일할 분을 찾습니다

- 모집 부분 : 영업
- 지원 자격 : 해외 영업에 결격 사항이 없는 자
  영어 회화가 가능한 자
- 접수 기간 : 1월 11일(화)~1월 24일(월)
- 제출 서류 : 이력서, 자기소개서
- 제출 방법 : 전자우편(hanyang@trade.com) 및 우편 접수
  ※우편 접수는 1월 24일 오후 5시까지 해야 함

(주) 한양 무역

1) 위의 회사는 어떤 일을 하는 회사입니까?

______________________________.

2) 위 회사에 채용되는 직원은 어떤 일을 하게 됩니까?

______________________________.

2. 여러분이 면접관과 수험생이 되어 이야기해 봅시다.

	외국인 강사	여행사 직원	무역 회사 직원
질문 내용	1. 2. 3.	1. 2. 3.	1. 2. 3.
합격 여부			
이유			

새 단어: 무역 자격 결격 사항 접수

읽고 쓰기

1. 다음 글을 읽고 질문에 대답해 봅시다.

대학 간판보다 적성 살려

서울의 명문대학 경영학과를 졸업한 한지혜 씨의 직업은 '메이크업 아티스트'다. 대학교 3학년 때부터 메이크업을 배우기 시작했다는 한 씨는 주변 동기들이 대기업 취직을 위해 스펙을 하나둘씩 쌓는 동안 혼자 메이크업 학원을 다니며 전문적인 메이크업 교육을 받았고 현재는 유명한 메이크업 전문업체에서 메이크업 아티스트로 일하고 있다.

하지만 한 씨가 처음 대학교에 입학했을 때는 한 씨도 다른 친구들처럼 대기업에 취직하는 것을 당연하다고 생각했다. 그래서 대학교 2학년 때는 외국어 실력도 쌓을 겸 전공 공부도 할 겸 프랑스에 있는 대학으로 유학을 갔는데, 유학을 하는 동안 경영학이 자신의 적성에 맞지 않는다고 생각했다. 그때부터 자신에게 맞는 일이 무엇인지 고민하기 시작했고 오래 전부터 화장에 관심이 많았던 한 씨는 메이크업 아티스트에 도전해 보기로 했다.

그러나 메이크업 아티스트가 되기 위한 과정은 쉽지 않았다. 처음에는 부모님의 반대가 심해서 생활비와 학원비를 직접 벌어서 해결해야 했다. 친구들도 좋은 대학의 좋은 학과에 다니던 한 씨가 왜 그렇게 힘든 길을 가려고 하는지 이해하지 못했다. 하지만 한 씨는 자신이 원하는 길을 가기 위해 끝까지 노력했고 지금은 실력 있는 메이크업 아티스트로 활동하고 있다. 자신이 해 준 화장을 고객들이 마음에 들어할 때 가장 큰 보람을 느낀다는 한 씨는 남들이 어떻게 생각하든지 자신이 좋아하는 일을 할 수 있어서 행복하다고 말한다.

요즘 대부분의 학생들은 좋은 직장에 취업하려면 대학교 때부터 많은 스펙을 쌓아 두어야 한다고 생각한다. 그렇지만 대학 생활에서 중요한 것은 스펙을 쌓는 것이 아니라 자신의 전공이 적성에 잘 맞는지, 자신의 전공과 적성을 살려 자신이 할 수 있는 일은 무엇인지를 생각하는 것이다. 한 씨가 취업에 성공할 수 있었던 것은 남들처럼 스펙 쌓기로 끝나지 않고 자신의 적성을 찾아 계발하기 위해 노력했기 때문이다.

1) 한 씨가 자신의 진로를 바꾼 이유는 무엇입니까?

2) 한 씨가 취업에 성공할 수 있었던 것은 무엇 때문입니까?

2. 자신의 진로와 그 진로를 선택하게 된 이유에 대해 써 봅시다.

새 단어: 간판　명문대학　메이크업 아티스트　주변　동기　대기업　스펙　전문업체
도전하다

제 2 과 적성과 직업 <2>

학습목표

주제	직업의 다양성
어휘	① 직업관 관련 어휘　　② 직장 부서 관련 어휘
문법	① -(으)나 마나　　② -더라도
과제	① 직업 선택에서 중요한 요인에 대해 듣고 말하기 ② 바람직한 직업관에 대한 글 읽고 쓰기

도입과 준비

최고의 직업은?

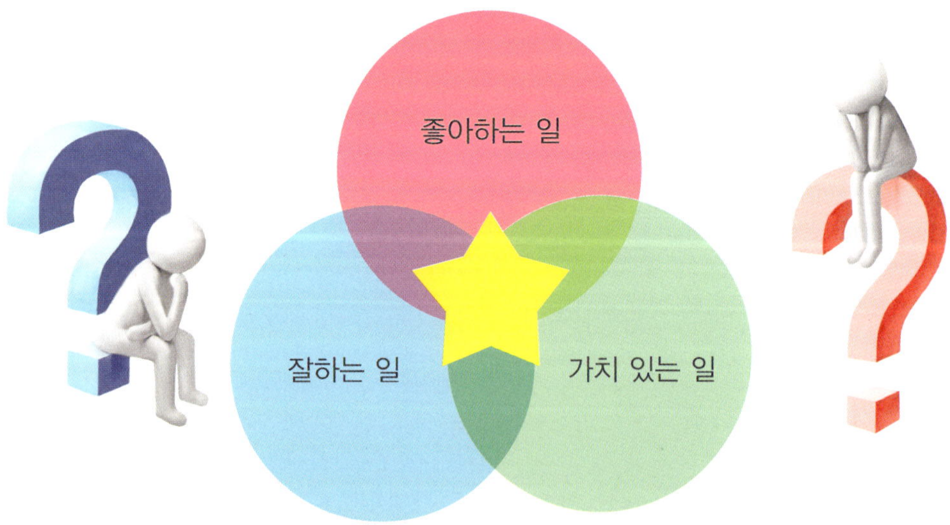

1. 위의 그림은 무엇에 대한 내용인지 말해 봅시다.
2. 미래에 유망한 직업은 무엇이라고 생각합니까?

어휘 제시와 연습

1. 다음 직업관 관련 표현을 공부하고 질문에 대답해 봅시다.

생계를 유지하다	꿈을 이루다	출세를 하다
능력을 발휘하다	사회적 지위를 얻다	사회에 봉사하다

1) 사회에 봉사할 수 있는 직업에는 어떤 것들이 있습니까?
2) 여러분은 꿈을 이루기 위해 어떤 노력을 하고 있습니까?
3) 여러분은 어떤 사람이 출세를 한 사람이라고 생각합니까?
4) 사회적 지위를 얻을 수 있는 직업과 돈을 많이 벌 수 있는 직업 중 무엇을 선택하겠습니까?

2. 회사 부서명을 공부하고 자신에게 맞는 부서는 어떤 부서인지 이야기해 봅시다.

총무부	회사의 전체적이고 일반적인 일을 담당한다.
기획부	회사의 전체적인 일을 계획하는 일을 담당한다.
영업부	회사에서 개발한 제품을 판매한다.
인사부	직원의 채용, 연수, 상벌, 승진 등을 담당한다.
회계부	회사의 돈을 관리하고 월급을 지급한다.
홍보부	회사를 널리 알리는 일을 한다.

3. 과거 · 현재 · 미래의 직업의 종류에 대해 이야기해 봅시다.

과거	버스 안내양	전화 교환원	타이피스트
현재	웨딩 플래너	프로게이머	외국어 교사
미래			

문법 제시와 연습

1. -(으)나 마나

동사와 결합하여 어떤 행위를 하든지 안 하든지 결과는 마찬가지여서 결론적으로는 그 행위를 할 필요가 없음을 나타낸다.

① 가: 이 옷이 저한테 잘 맞을까요?
나: 입어 보**나 마나** 잘 맞을 거예요.

② 가: 지금 가면 영화표가 있을까요?
나: 주말에는 사람이 많아서 가 보**나 마나예요**.

연습 1 '-(으)나 마나'를 사용해서 문장을 완성해 봅시다.

1) 아이들이 뛰어놀아서 청소를 (하다) ________ 금방 더러워질 거예요.
2) 예매율이 이렇게 높은 걸 보면 (보다) ________ 재미있는 영화일 거예요.
3) 이번 시험이 쉽다고 했으니까 (물어보다) ________ 분명히 합격했을 거예요.
4) 이 식당 음식은 다 맛있으니까 김치찌개도 (먹어 보다) ________ 맛있을 거예요.

연습 2 '-(으)나 마나'를 사용해서 대화를 완성해 봅시다.

1) 가: 한국 신문을 한번 읽어 보세요.
나: ________________________________.
2) 가: 그렇게 더우면 창문을 좀 열지 그래요?
나: ________________________________.
3) 가: 휴가철인데 아직 비행기표가 남아 있을까요?
나: ________________________________.
4) 가: 그 친구가 이번에 입사 시험에 합격할 수 있을까요?
나: ________________________________.

연습 3 '-(으)나 마나'를 사용해서 다음에 대해 이야기해 봅시다.

1) 남자와 여자가 말싸움을 하면 누가 이길까요?
2) 지금 유학을 포기하겠다고 하면 부모님께서 뭐라고 하실까요?
3) 여러분이 지금 결혼한다고 하면 여러분의 부모님은 찬성하실까요?

제2과

2. -더라도

동사나 형용사, 명사 뒤에 붙어 가정이나 양보의 뜻을 나타낸다. 앞 문장에는 가정하는 내용이 오기도 하고 현재 사실을 인정하는 내용이 오기도 한다. 뒤 문장에서는 과거형을 쓰지 않는다.

① 가: 비가 오면 여행을 취소할까요?
   나: 예매를 했으니까 비가 오**더라도** 갑시다.
② 가: 한솔 씨가 그 일을 잘할 수 있을까요?
   나: 한솔 씨는 꼼꼼하니까 무슨 일을 하**더라도** 잘할 수 있을 거예요.

연습 1 '-더라도'를 사용해서 대화를 완성해 봅시다.

1) 가: 방 청소하기가 너무 귀찮아요.
   나: ______________________________.
2) 가: 이번에 시험에 또 떨어지면 포기할 거예요.
   나: ______________________________.
3) 가: 주말에 많이 바쁘면 동아리 모임에 못 갈 것 같아요.
   나: ______________________________.
4) 가: 아침에 시간이 없어서 밥을 못 먹고 출근하는 날이 많아요.
   나: ______________________________.

연습 2 '-더라도'를 사용해서 문장을 완성해 봅시다.

1) 그는 누구를 (만나다) ____________ 반갑게 인사해요.
2) 기분이 나쁠 때는 무엇을 (먹다) ____________ 맛이 없어요.
3) 그 친구는 어디에 (가다) ____________ 사람들과 쉽게 친해져요.
4) 누가 제 나이를 (물어보다) ____________ 절대로 말하지 마세요.
5) 이 물건은 디자인이 예뻐서 어디에서 (팔다) ____________ 잘 팔릴 거예요.

연습 3 '-더라도'를 사용해서 다음의 친구에게 충고해 봅시다.

1	감기에 걸려서 식욕이 없는 친구	
2	일이 힘들어서 회사를 그만두려는 친구	
3	한국 생활이 힘들어서 고향에 돌아가고 싶어하는 친구	

대화하기

Track 19

제니: 한솔 씨, 요즘 은영 씨가 많이 바쁜가 봐요. 얼굴 보기가 힘드네요.

한솔: 네. 입사시험 날짜가 얼마 안 남아서 보나 마나 지금 도서관에서 공부하고 있을 거예요. 발등에 불이 떨어졌거든요.

제니: 취직 준비 하느라고 바빠서 안 보였군요. 근데 은영 씨는 어디에 지원한대요?

한솔: 오래 전부터 기자가 되고 싶어했으니까 방송국에 지원하겠죠.

제니: 방송국은 취업하기가 어려우니까 준비할 게 많겠네요. 그런데 한국 대학생들은 어떤 직업을 선호해요?

한솔: 얼마 전에 신문에서 보니까 연봉은 좀 낮더라도 안정적인 직업을 선호하는 사람들이 많다고 해요.

제니: 아, 그래서 공무원 시험을 준비하는 사람들이 많군요. 한솔 씨는 어떤 직업을 선택할 생각이에요?

한솔: 저는 제 적성을 살릴 수 있는 일을 하고 싶어요. 그러면 재미도 있고 보람도 느낄 수 있어서 좋을 것 같아요.

1. 다음 질문에 대답해 봅시다.

1) 은영은 지금 어디에서 뭘 하고 있습니까?
2) 한국 대학생들은 어떤 직업을 선호합니까?
3) 한솔은 어떤 일을 하고 싶어합니까?

2. 다음 단어를 공부하고 문장을 완성해 봅시다.

발등에 불이 떨어지다　　기자　　연봉　　전공을 살리다　　보람을 느끼다

1) 동생은 게을러서 ＿＿＿＿＿ 때까지 시험공부를 하지 않는다.
2) 나는 영문학 전공인데 ＿＿＿＿＿ 나중에 통역하는 일을 하고 싶다.
3) 부모들은 자녀가 훌륭한 사회인이 되었을 때 자식을 키운 ＿＿＿＿＿.
4) 지금 다니는 회사는 월급이 적어서 ＿＿＿＿＿ 더 높은 회사로 옮기고 싶다.

3. 다음에 대해서 이야기해 봅시다.

1) 여러분 나라의 대학생들이 선호하는 직업은 무엇입니까?
2) 적성에 맞지만 연봉이 적은 회사와 적성에 맞지 않지만 연봉이 많은 회사에 대한 여러분의 생각을 말해 봅시다.

듣고 말하기

1. 다음 대화를 듣고 맞으면 O, 틀리면 X표 하십시오. Track 20

1) 여자의 꿈은 초등학교 교장 선생님이 되는 것이다. ( )

2) 남자는 원하는 직업을 선택하면 직업 만족도가 높을 거라고 생각한다. ( )

2. 다음 대화를 잘 듣고 질문에 대답하십시오. Track 22

1) 기업에서 선호하는 사람은 어떤 사람입니까?

______________________________.

2) 기업에서 취업 재수생을 싫어하는 이유는 무엇입니까?

______________________________.

3. 다음을 잘 듣고 질문에 대답하십시오. Track 24

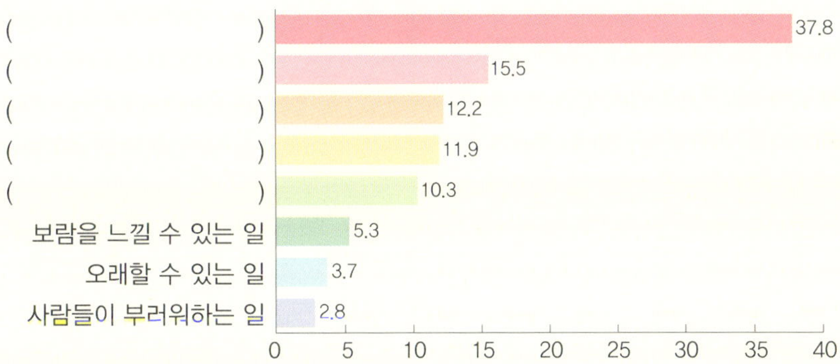

1) 들은 내용의 제목으로 맞는 것을 고르십시오.

☐ 직업 선택의 방법 ☐ 직업의 종류

☐ 직업 선택과 적성 ☐ 직업 선택할 때 고려 사항

2) 다음 중에서 ( ) 안에 들어갈 말을 고르고 번호를 쓰십시오.

① 내가 꿈꿔 온 일 ② 내가 즐겁게 할 수 있는 일 ③ 내가 잘할 수 있는 일
④ 많은 돈을 벌 수 있는 일 ⑤ 내가 발전할 수 있는 일

3) 여러분은 직업을 선택할 때 무엇을 가장 중요하게 생각합니까?

______________________________.

읽고 말하기

1. 다음을 읽고 이야기해 봅시다.

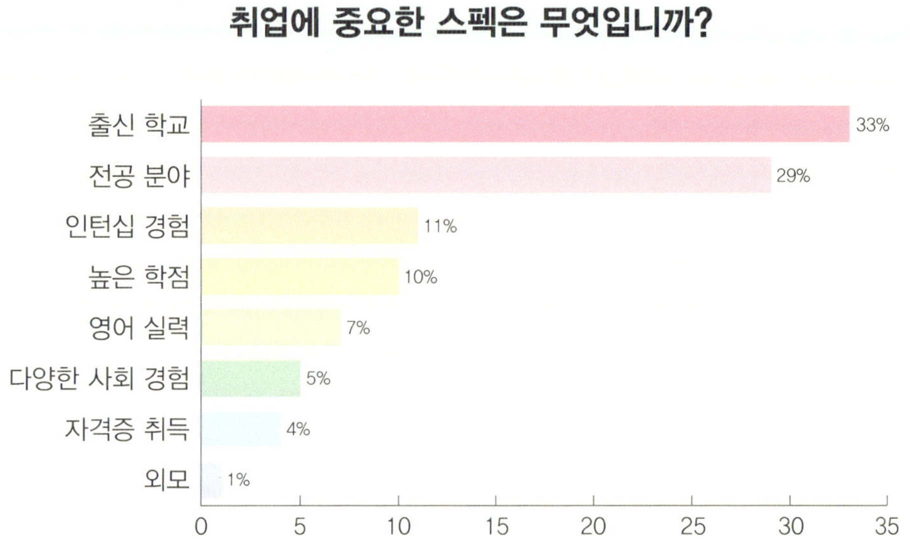

1) 위 설문 조사 결과 취업을 할 때 가장 중요한 것은 무엇입니까?

______________________________.

2) 여러분은 취업을 할 때 가장 중요한 것이 뭐라고 생각합니까?

______________________________.

2. 여러분이 들어가고 싶은 회사에 취직하기 위해 어떤 자격 조건을 갖추어야 하는지 이야기해 봅시다.

원하는 직업	
자신의 목표	

자격 조건	학력	
	전공	
	자격증	
	기타	

새 단어: 스펙 출신 분야 인턴십 실력 취득 외모

읽고 쓰기

1. 다음 글을 읽고 질문에 대답해 봅시다.

바람직한 직업관

사람들이 직업과 관련하여 자주 듣게 되는 질문 중 하나는 "당신은 직업을 선택할 때 어떤 점을 중요하게 생각하십니까?"라는 것이다. 물론 이에 대한 대답은 사람마다 다르다. 연봉이 높은 일이라고 대답하는 사람도 있을 것이고, 보람을 찾을 수 있는 일이라고 대답하는 사람도 있을 것이며, 적성에 맞는 일이 무엇보다 중요하다고 대답하는 사람도 있을 것이다. 이는 직업에 대한 생각이 사람들마다 다르기 때문이다.

이처럼 사람들이 직업에 대해 가지는 가치관이나 태도를 직업관이라고 하는데 일반적으로 직업관은 자기 중심 직업관, 사회 중심 직업관, 일 중심 직업관으로 나눌 수 있다. 자기 중심 직업관은 직업을 생계 유지를 위한 수단으로 보는 직업관이다. 이것은 가장 일반적인 직업관이라고 할 수 있는데 직업을 개인의 의식주 해결을 위한 수단이나 사회적 지위, 명예를 얻기 위한 수단으로만 생각하는 것이다. 사회 중심 직업관은 직업을 자기 자신이나 가족의 이익을 위한 것으로 생각하지 않고 국가나 사회를 위해 봉사하며 보람을 찾는 것으로 생각하는 직업관이다. 출세를 하거나 큰돈을 벌지 못하더라도 남을 위해 봉사하는 것에 만족하는 것이다. 일 중심 직업관은 직업을 자신의 생계나 출세를 위한 것도 아니고 남을 위한 것도 아닌 일 자체를 즐기기 위한 것으로 생각하는 직업관이다. 자신이 가지고 있는 재능을 살리고 이를 즐기기 위해 직업을 선택하는 것이다.

직업관은 사람들이 직업을 선택할 때 매우 큰 영향을 준다. 그렇기 때문에 직업을 선택하기 전에 자신이 직업에 대해 어떤 가치관을 가지고 있는지, 자신이 하려는 일이 그 가치관에 맞는 일인지 잘 생각해 보아야 한다. 가장 바람직한 직업관은 앞에서 말한 세 가지 직업관이 적절히 조화된 직업관인데 이 중 일 중심 직업관이 중심에 서는 것이 좋다.

1) 직업관의 세 가지 종류는 무엇입니까?
2) 직업을 선택하기 전에 무엇에 대해 생각해 보아야 합니까?

2. 여러분이 생각하는 바람직한 직업관에 대해 써 봅시다.

새 단어: 바람직하다 직업관 가치관 태도 의식주 명예 이익 자체 재능 적절히 조화되다

제 3 과 음식과 요리 <1>

학습목표

주제	한국 음식의 종류와 음식 만들기
어휘	① 요리 관련 어휘 ② 한국 음식의 종류
문법	① -(으)려거든 ② -고 보니
과제	① 외국인이 좋아하는 한국 음식에 대해 듣고 말하기 ② 김치에 대한 글 읽고 쓰기

도입과 준비

외국인 선정 최고 먹거리

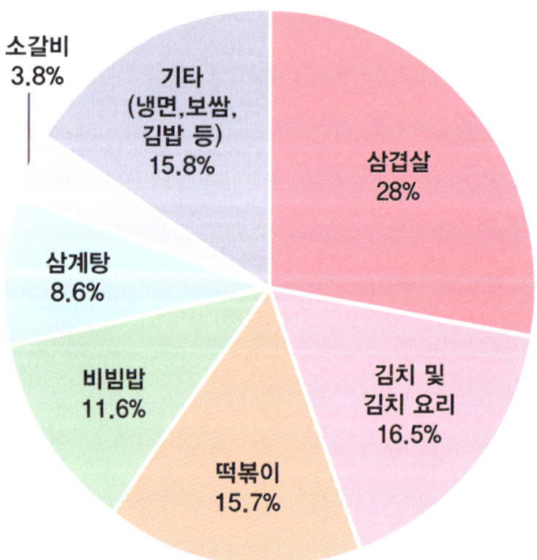

1. 위의 그림은 무엇에 대한 내용인지 말해 봅시다.
2. 여러분이 추천하는 한국 음식은 무엇입니까?

어휘 제시와 연습

1. 다음 요리 관련 단어를 공부하고 문장을 완성해 봅시다.

볶다 굽다 부치다 튀기다	익히다	삶다 찌다 데치다 끓이다	썰다 자르다 다듬다

1) 사과를 반으로 ________ 동생과 나눠 먹었다.
2) 장마철에는 물을 ________ 먹는 것이 좋다고 한다.
3) 고기를 불에 ________ 먹을 때는 타지 않도록 해야 한다.
4) 푸른 채소를 ________ 소금을 넣으면 색깔이 변하지 않는다.
5) 여름에는 음식을 제대로 ________ 먹지 않으면 배탈이 나기 쉽다.

2. 다음 한국 음식의 주식과 부식, 후식의 종류를 공부해 봅시다.

주식류	밥, 죽, 국수, 만두, 떡국 등
부식류	국, 찌개, 볶음, 구이, 전, 찜, 조림, 나물, 김치 등
후식류	떡, 한과, 수정과, 식혜, 과일, 차 등

3. 다음 표현을 공부하고 질문에 대답해 봅시다.

맛을 보다	=	입에 맞다	1) 입에 맞는 한국 음식은 무엇입니까?
‖		‖	
간이 맞다		입맛이 없다	2) 간이 안 맞으면 무엇을 넣어야 합니까?
‖		‖	
간을 보다	=	제맛이 나다	3) 입맛이 없을 때 먹으면 좋은 음식은 무엇입니까?

문법 제시와 연습

1. -(으)려거든

'-(으)려고 하거든'의 준말로서 '-(으)려고 하다'와 '-거든'의 결합 형태이다. 동사 뒤에 붙어 쓰이며 주어가 어떤 목적을 가지고 있다면 뒤 문장의 행동을 해야 함을 표현한다. 앞 문장의 주어는 1인칭이 될 수 없으며, 뒤 문장에는 주로 명령문이나 청유문, '-어/아야 하다'와 같은 말이 온다.

① 가: 다음 학기에는 꼭 고급반으로 올라가고 싶어요.
   나: 진급하**려거든** 지금부터 열심히 공부해야죠.
② 가: 어떻게 하면 한국 음식을 잘 만들 수 있을까요?
   나: 한국 음식을 잘 만들**려거든** 요리책을 보면서 연습해 보세요.

연습 1 '-(으)려거든'를 사용해서 대화를 완성해 봅시다.

1) 가: 한국 요리를 배워 보고 싶어요.
   나: ______________________________.
2) 가: 회사에서 빨리 승진하고 싶어요.
   나: ______________________________.
3) 가: 한국 친구를 사귀고 싶은데 어떻게 하면 좋을까요?
   나: ______________________________.
4) 가: 맛있는 삼계탕을 먹고 싶은데 삼계탕은 어디가 유명해요?
   나: ______________________________.
5) 가: 선생님하고 통화하고 싶은데 언제쯤 연락 드리면 될까요?
   나: ______________________________.

연습 2 '-(으)려거든'을 사용해서 다음에 대해 이야기해 봅시다.

	요리를 맛있게 하는 방법	음식을 맛있게 먹는 방법
1	라면을 맛있게 끓이려거든……	비빔밥을 맛있게 먹으려거든……
2		
3		

2. -고 보니

동사 뒤에 붙어 앞의 동작이 완료되거나 상황이 이루어진 후에 알게 된 사실을 표현한다. 이때 뒤 문장의 결과는 화자의 의도와는 관계가 없다. 또한 이미 결과가 발생한 후 사용되는 표현이기 때문에 뒤 문장에는 주로 과거 시제가 쓰인다.

① 가: 밥이 왜 이래? 밥이야, 죽이야?
나: 미안해. 바쁘게 만들**고 보니** 죽이 됐어.

② 가: 왜 자리를 옮겼어요?
나: 자리에 앉**고 보니** 칠판 글씨가 안 보여서 옮겼어요.

제3과

연습 1 '-고 보니'를 사용해서 대화를 완성해 봅시다.

1) 가: 왜 여자 친구와 헤어지려고 해요?
나: ______________________________.

2) 가: 여러 나라 친구들을 사귀니까 어때요?
나: ______________________________.

3) 가: 음식을 준비해 놓고 왜 먹지 않고 있어요?
나: ______________________________.

4) 가: 요즘 직장에 잘 다니고 있어요? 직장 생활이 어때요?
나: ______________________________.

연습 2 '그러고 보니'를 사용해서 대화를 완성해 봅시다.

1) 가: 요즘 독감이 유행이래요.
나: ______________________________.

2) 가: 어제 미용실에 갔다 왔어요.
나: ______________________________.

3) 가: 이 사람이 김 선생님 아들이에요.
나: ______________________________.

4) 가: 저는 3개월 동안 다이어트를 해 오고 있어요.
나: ______________________________.

연습 3 '-고 보니'를 사용해서 다음에 대해 이야기해 봅시다.

1) 한국어를 배우면서 느낀 점

2) 그동안 한국 생활을 하면서 느낀 점 (음식, 날씨, 사람……)

대화하기

Track 25

왕강: 요코 씨, 한국 음식 좋아해요?

요코: 그럼요. 한국 음식은 뭐든지 다 잘 먹어요. 왕강 씨는요?

왕강: 저도 한국 음식이 입에 잘 맞아요. 얼마 전에는 닭갈비를 처음 먹어 봤는데 제가 먹어 본 한국 음식 중에서 제일 맛있었어요.

요코: 닭갈비는 춘천이 아주 유명해요. 맛있는 닭갈비를 먹으려거든 춘천에 한 번 가 보세요.

왕강: 그러고 보니 요코 씨는 한국 음식을 정말 좋아하나 봐요.

요코: 네. 특히 김치를 제일 좋아하는데 이번 문화수업 때 김치를 담근다고 해서 기대하고 있어요.

왕강: 직접 김치를 담가 볼 수 있어서 재미있겠네요. 그런데 제가 듣기에 김치는 담그기가 쉽지 않다고 하던데요.

요코: 네. 김치는 배추를 다듬는 일부터 시작해서 손이 많이 가는 음식이라고 해요. 그래도 이번 기회에 꼭 한번 배워 보고 싶어요.

1. 다음 질문에 대답해 봅시다.

1) 닭갈비로 유명한 곳은 어디입니까?
2) 요코가 가장 좋아하는 한국 음식은 무엇입니까?
3) 김치 담그기가 쉽지 않은 이유는 무엇입니까?

2. 다음 단어를 공부하고 문장을 완성해 봅시다.

기대하다　　김치를 담그다　　배추　　다듬다　　손이 많이 가다

1) 겨울철에 먹을 ____________ 것을 김장이라고 한다.
2) 요리를 하기 전에 미리 양파와 파를 ____________ 두었다.
3) 잡채는 맛은 있지만 ____________ 자주 만들어 먹지 못한다.
4) 올해는 비도 많이 오고 태풍도 불어서 ____________ 값이 많이 올랐다.

3. 다음에 대해서 이야기해 봅시다.

1) 김치를 담글 때 어떤 재료가 들어가는지 이야기해 봅시다.
2) 여러분의 고향 친구에게 추천하고 싶은 한국 음식을 이야기해 봅시다.

듣고 말하기

1. 다음 대화를 듣고 맞으면 O, 틀리면 X표 하십시오. Track 26

1) 남자는 건강을 위해서 튀긴 음식을 적게 먹으려고 한다. ( )

2) 여자는 매운 음식을 별로 좋아하지 않는다. ( )

2. 다음 대화를 잘 듣고 질문에 대답하십시오. Track 28

1) 여자는 남자에게 스트레스를 푸는 방법으로 어떤 것을 추천했습니까?

______________________________.

2) 외국인들이 한국 음식을 주문하기가 어려운 이유는 무엇입니까?

______________________________.

3. 다음을 잘 듣고 질문에 대답하십시오. Track 30

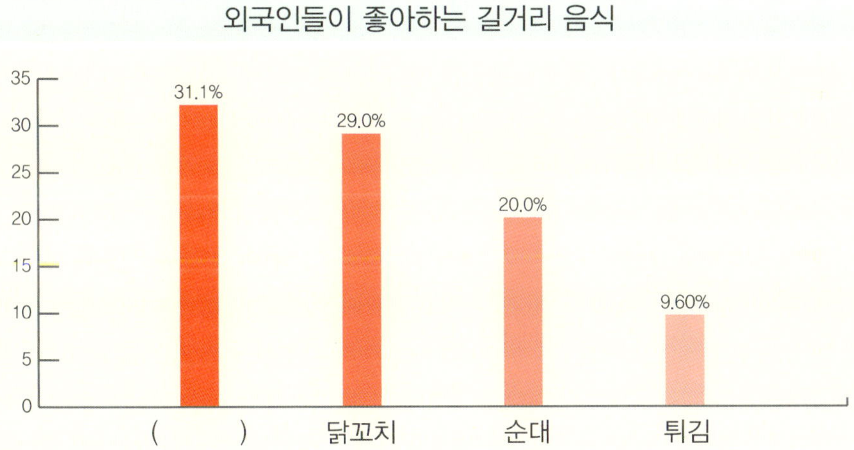

1) 외국인이 좋아하는 길거리 음식 1위는 무엇입니까?

______________________________.

2) 외국인들이 한국 음식을 좋아하는 이유는 무엇입니까?

______________________________.

3) 여러분 나라의 길거리 음식을 소개해 봅시다.

______________________________.

읽고 말하기

1. 다음을 읽고 질문에 대답해 봅시다.

궁중 떡볶이

① 먼저 떡볶이 떡과 고기에 양념장을 넣어서 20분 정도 둔다.

② 표고버섯, 당근, 대파를 4cm 정도 길이로 자른다.

③ 양념장과 고기를 프라이팬에 넣고, 고기를 볶다가 대파를 뺀 야채를 모두 넣는다.

④ 재료들이 익으면 떡을 넣고 좀 더 끓인다.

⑤ 떡이 익으면 대파를 넣고 끓이면 된다.

1) 한국 음식 중에서 쌀로 만든 음식은 무엇이 있는지 이야기해 봅시다.

2) 여러분 나라의 음식 중에서 쌀로 만든 음식을 소개해 봅시다.

2. 여러분이 만들 수 있는 음식의 요리 방법을 쓰고 이야기해 봅시다.

음식	
재료	
요리 방법	① ② ③

새 단어: 양념장 길이 대파 빼다 익다

읽고 쓰기

1. 다음 글을 읽고 질문에 대답해 봅시다.

한국의 발효 식품, 김치

김치는 소금에 절인 채소를 고춧가루와 마늘 등의 양념에 버무려서 발효시킨 한국 고유의 음식이다. 사계절 내내 한국인의 밥상에 빠지지 않고 오를 만큼 한국인의 사랑을 받고 있는 김치는 이제 세계 여러 나라에도 많이 알려지게 되었다. 하지만 외국인들 중에는 김치를 한 가지 맛으로만 기억하는 사람들이 많다. 이는 김치에 배추와 고춧가루, 마늘 등의 재료가 기본으로 들어가기 때문이다. 그러나 한국은 지역마다 기후가 다르고 각 지역에서 생산되는 채소와 해산물이 달라서 김치에 넣는 재료나 양념도 지방마다 조금씩 차이가 난다. 그렇기 때문에 김치의 맛과 종류는 매우 다양하다고 할 수 있다.

지방별 김치의 특징을 살펴보면 북부 지방은 기온이 낮아서 김치가 천천히 시어지기 때문에 소금 간을 많이 하지 않는다. 또 고춧가루도 전혀 넣지 않거나 적게 넣는다. 그래서 김치의 맛이 짜지 않고 담백하다. 중부 지방은 고춧가루와 젓갈을 적당히 섞어서 김치를 담그기 때문에 짜지도 않고 싱겁지도 않다. 남부 지방은 기온이 높아서 김치가 빨리 시어지기 때문에 소금 간을 많이 하고 젓갈과 고춧가루도 많이 넣는다. 그래서 다른 지역에 비해 김치의 맛이 맵고 짜다. 김치에 들어가는 젓갈도 지방별로 차이가 나는데 중부 지방은 새우젓을 많이 넣고 남부 지방은 멸치젓을 많이 넣는다. 이는 지방마다 쉽게 구할 수 있는 해산물의 종류가 다르기 때문이다.

최근 김치의 재료에 들어 있는 성분이 암 예방에 좋고 다이어트에도 좋다는 연구 결과가 나오면서 김치는 현대인들에게 더 많은 사랑을 받고 있는데, 김치의 맛과 영양은 온도와 보관 방법에 따라서 달라진다. 김치를 맛있게 먹으려거든 2~7℃에서 2~3주 간 익혀야 하는데 이때가 가장 맛도 좋고 영양가도 높다. 이처럼 맛과 영양이 뛰어나고 건강에도 좋은 김치를 더 많은 세계인들에게 알리기 위해서는 저장과 유통 방법 등을 좀 더 개발하는 것이 필요하다.

1) 김치의 맛은 지방마다 어떻게 다릅니까?

2) 김치가 현대인들에게 많은 사랑을 받고 있는 이유는 무엇입니까?

2. 여러분 나라의 대표 음식에 대해 써 봅시다.

새 단어: 절이다 버무리다 고유 내내 밥상에 오르다 기후 생산되다 해산물 특징 살펴보다 담백하다 젓갈 섞다 새우젓 멸치젓 성분 영양 보관 유통 개발하다

제3과 음식과 요리 <2>

학습목표

주제	음식 문화와 식습관
어휘	① 맛 관련 형용사　② 양념의 종류
문법	① -(으)ㄹ 지경이다　② -(ㄴ/는)다니요?
과제	① 식습관에 대해 듣고 말하기 ② 토착화된 외래 음식에 대한 글 읽고 쓰기

도입과 준비

1. 위의 그림은 무엇에 대한 내용인지 말해 봅시다.
2. 여러분 나라에는 어떤 발효 식품이 있습니까?

어휘 제시와 연습

1. 다음 맛 관련 단어를 공부하고 문장을 완성해 봅시다.

맵다 → 매콤하다
시다 → 새콤하다
달다 → 달콤하다

쓰다
짜다
싱겁다
느끼하다

1) 먹어 보고 ______________ 간장을 더 넣어야 한다.
2) 이 커피는 향도 별로 없고 맛도 약처럼 ______________.
3) 점심에 너무 ______________ 먹어서 계속 물을 마시고 있다.
4) 이 식당의 고기는 기름기를 빼서 ______________ 않고 맛있다.

2. 다음 한국 음식에 들어가는 양념에 대해 공부하고 질문에 대답해 봅시다.

양 념	간장, 된장, 고추장, 초간장, 초고추장 마늘, 생강, 고춧가루, 후춧가루 소금, 설탕, 식초, 참기름

1) 매운 맛이 나는 양념은 무엇입니까?
2) 양념 중에서 발효 식품은 무엇입니까?
3) 한국 음식에 많이 들어가는 양념은 무엇입니까?
4) 여러분 나라에서는 요리할 때 어떤 양념을 많이 넣습니까?

3. 다음 표현을 공부하고 문장을 완성해 봅시다.

입이 짧다	손이 크다	맛이 가다
입이 심심하다	손맛이 좋다	손이 많이 가다

1) 밤에 공부를 하면 ______________ 계속 먹게 된다.
2) 우리 아이는 ______________ 어릴 때부터 몸이 약했다.
3) 우리 어머니는 ______________ 어떤 음식을 만들어도 다 맛있다.
4) 유제품은 쉽게 ______________ 때문에 냉장고에 보관하는 것이 좋다.

문법 제시와 연습

1. –(으)ㄹ 지경이다

동사 뒤에 붙어 '극한의 경우나 정도에 이름'의 뜻을 나타내며 '지경'은 처지나 입장, 상황에 대한 화자의 감정, 느낌의 정도를 의미한다. 보통 '죽다', '미치다' 등의 동사와 잘 어울린다.

① 가: 잘 지내고 있어요?
  나: 일이 너무 힘들어서 죽**을 지경이에요**.
② 가: 음식이 많은데 좀 더 드세요.
  나: 아니에요. 너무 많이 먹어서 배가 터**질 지경이에요**.

연습 1 '–(으)ㄹ 지경이다'를 사용해서 문장을 완성해 봅시다.

1) 그 일 때문에 화가 나서 (미치다) ______________________________.
2) 날씨가 너무 추워서 (귀가 떨어지다) ______________________________.
3) 지하철에 사람이 많아서 (숨이 막히다) ______________________________.
4) 아침부터 아무것도 못 먹어서 지금 (쓰러지다) ______________________________.
5) 결혼은 언제 하냐고 하도 물어봐서 (귀에 못이 박히다) ______________________________.

연습 2 '–(으)ㄹ 지경이다'를 사용해서 대화를 완성해 봅시다.

1) 가: 고향 음식이 그립죠?
  나: ______________________________.
2) 가: 요즘 학교에 잘 다니고 있어요?
  나: ______________________________.
3) 가: 김치 맛이 어때요? 맵지 않아요?
  나: ______________________________.

연습 3 '–(으)ㄹ 지경이다'를 사용해서 힘든 일과 그 이유를 이야기해 봅시다.

1	한국어 공부	외워야 할 단어가 너무 많아서 머리가 터질 지경이에요.
2	유학 생활	
3	한국 음식	
4	날씨	

2. -(ㄴ/는)다니요?

'-(ㄴ/는)다니요?', '-자니요?', '-(으)라니요?', '-냐니요?', '-(이)라니요?'는 뜻밖의 사실에 놀라거나 의심스러워 반문할 때 사용한다. 상대방의 말에 동의하지 않는다는 뜻으로 쓰이기도 한다.

① 가: 다음 주부터 방학이지요?
   나: 방학**이라니요**? 한 달이나 남았어요.

② 가: 이번에 개봉한 영화가 정말 재미있죠?
   나: 재미있**다니요**? 저는 보다가 나왔는데요.

연습 1 '-(ㄴ/는)다니요?'를 사용해서 대화를 완성해 봅시다.

1) 가: 혹시 대학생이세요?
   나: ______________________________.

2) 가: 이번 주말에는 학교에 나오세요.
   나: ______________________________.

3) 가: 왕강 씨가 이번에 장학금을 받았대요.
   나: ______________________________.

4) 가: 너무 늦었어요. 이제 집에 돌아갑시다.
   나: ______________________________.

5) 가: 지금 손에 끼고 있는 반지가 결혼반지예요?
   나: ______________________________.

6) 가: 김 선생님께서 많이 다쳐서 병원에 계신대요.
   나: ______________________________.

연습 2 '-(ㄴ/는)다니요?'를 사용해서 잘못 알고 있는 일에 대해 이야기해 봅시다.

1	일본에는 매운 음식이 없다	매운 음식이 없다니요? 일본에도 매운 음식이 있어요.
2	한국 사람은 키가 작다	
3		
4		

대화하기

Track 31

왕강: 은영 씨, 오늘 저녁 식사에 초대해 줘서 고마워요.

은영: 아니에요. 차린 것도 별로 없었는데요, 뭘. 음식은 맛있게 드셨어요?

왕강: 네. 너무 많이 먹어서 배가 터질 지경이에요. 은영 씨 요리 솜씨가 요리사 못지않은 것 같아요.

은영: 요리사라니요? 그 정도는 아니에요. 근데 비빔밥이 좀 맵지 않았어요?

왕강: 아니요. 제 입에 딱 맞았어요. 저는 고기보다는 야채를 더 좋아하는 편인데 비빔밥은 야채가 많이 들어가서 좋은 것 같아요.

은영: 비빔밥은 맛도 좋고 건강에도 좋아서 한국 사람들도 즐겨 먹어요. 매운맛을 싫어하면 고추장을 넣지 않고 참기름만 넣어서 먹어도 맛있어요.

왕강: 저도 집에서 비빔밥을 만들고 싶은데 하기가 어려운가요?

은영: 어렵지 않아요. 남은 반찬이나 여러 가지 야채를 밥에 넣어서 비벼 먹으면 돼요. 참기름을 조금 넣어서 먹으면 훨씬 더 고소해요.

1. 다음 질문에 대답해 봅시다.

1) 은영이 저녁 식사에 준비한 음식은 무엇입니까?
2) 왕강은 왜 비빔밥을 좋아합니까?
3) 비빔밥은 어떻게 만듭니까?

2. 다음 단어를 공부해 봅시다.

차리다 배가 터지다 솜씨 비비다 고소하다

1) 나는 오랜만에 고기를 ____________ 많이 먹었다.
2) 어머니가 요리를 하시는 동안에 나는 상을 ____________.
3) 맛있는 요리를 해서 집 안에 ____________ 냄새가 가득했다.
4) 반찬이 없어서 남은 음식을 큰 그릇에 넣고 ____________ 먹었다.

3. 다음에 대해서 이야기해 봅시다.

1) 비빔밥의 재료는 무엇인지 이야기해 봅시다.
2) 여러분 나라의 대표 음식을 소개해 봅시다.

듣고 말하기

1. 다음 대화를 듣고 맞으면 O, 틀리면 X표 하십시오. Track 32

1) 남자는 한국 음식에 다양한 양념이 들어간다고 생각한다. ( )

2) 남자는 식사를 규칙적으로 하는 편이다. ( )

2. 다음 대화를 잘 듣고 질문에 대답하십시오. Track 34

1) 여자와 남자는 이번 주말에 무엇을 할 겁니까?

______________________________.

2) 발효 식품의 장점과 단점은 무엇입니까?

① 장점: ______________. ② 단점: ______________.

3. 다음을 잘 듣고 질문에 대답하십시오. Track 36

1) 들은 내용으로 맞지 않는 것을 고르십시오.

☐ 비빔밥은 다이어트 식품으로도 인기가 있다.

☐ 비행기 안에서도 비빔밥을 먹을 수 있게 되었다.

☐ 비빔밥은 맛있고 건강에 좋아서 외국인도 좋아한다.

☐ 비빔밥이 외국 항공사의 기내식으로 나오기 시작한 것은 1990년이다.

2) 누구나 쉽게 비빔밥을 먹을 수 있는 이유는 무엇입니까?

______________________________.

3) 여러분 나라에서 외국인들에게 인기가 많은 음식은 무엇입니까?

제 3 과

읽고 말하기

1. 다음을 읽고 질문에 대답해 봅시다.

항목	예	아니요
① 과일을 매일 먹는다.	☐	☐
② 육류를 날마다 먹는다.	☐	☐
③ 음식을 골고루 먹는다.	☐	☐
④ 미역, 김 등을 매일 먹는다.	☐	☐
⑤ 식사는 언제나 적당하게 한다.	☐	☐
⑥ 우유나 유제품을 매일 먹는다.	☐	☐
⑦ 아침 식사는 매일 규칙적으로 한다.	☐	☐
⑧ 당근, 시금치 등의 채소를 매일 먹는다.	☐	☐
⑨ 식물성 기름을 넣어서 조리한 음식을 매일 먹는다.	☐	☐
⑩ 하루에 한 번은 고기, 생선, 계란, 콩 중에 하나 이상 먹는다.	☐	☐

결과 보기

※ '예'가 0~3개 당신의 식습관을 고치십시오.
'예'가 4~6개 당신의 식습관은 보통입니다.
'예'가 7~10개 당신의 식습관은 훌륭합니다.

1) 여러분의 식습관에 대한 평가 결과를 말해 봅시다.

2) 특별히 좋아하는 음식과 싫어하는 음식을 한 가지씩 말해 봅시다.

2. 건강을 위해 먹으면 좋은 음식과 안 좋은 음식에 대해 이야기해 봅시다.

	좋은 음식	안 좋은 음식
눈		
위		
머리		
피부		

새 단어: 식습관 채소 골고루 유제품 식물성 조리하다

읽고 쓰기

1. 다음 글을 읽고 질문에 대답해 봅시다.

제3과

가장 흔하지만 가장 사랑 받는 음식, 자장면

자장면은 평소에 한국 사람들이 자주 즐겨 먹는 음식 중 하나이다. 한국 사람이라면 누구에게나 자장면에 대한 추억이 하나쯤 있을 정도로 자장면은 한국인들에게 매우 친근한 음식인데, 과거에는 입학식 날이나 졸업식 날 같은 특별한 날에만 먹을 수 있는 귀한 음식이었다. 하지만 지금은 언제, 어디에서나 쉽게 먹을 수 있는 가장 대중적인 음식이 되었다.

한국의 100대 문화 상징 중 하나인 자장면은 사실 한국의 전통 음식이 아니라 백여 년 전 중국에서 한국으로 들어온 음식이다. 한국식 자장면을 누가 만들었는지에 대해서는 여러 가지 의견이 있으나 한국에서 '자장면'이라는 이름으로 처음 판매하기 시작한 곳은 '공화춘'이라는 중국 음식점이다. 1905년에 인천에서 개업한 공화춘은 그 당시 상당히 유명했던 고급 음식점이었고 자장면도 매우 비싼 음식이었다. 인천에서 공화춘이 크게 성공하면서 중화루, 동흥루 같은 중국 음식점들도 생기기 시작했는데 이때부터 자장면은 한국 사람들에게 많이 알려지고 한국인의 입맛에 맞게 변화하기 시작했다. 그후 1960년대에 자장면의 주재료인 밀가루가 미국에서 대량으로 들어오면서 고급 음식이었던 자장면은 점차 대중화되기 시작했고 이제는 하루 평균 600만 그릇의 자장면이 소비될 정도로 인기 있는 음식이 되었다.

자장면이 한국인들에게 사랑을 받는 이유는 값이 싸서 누구나 쉽게 사 먹을 수 있기 때문이기도 하지만 더 큰 이유는 한국 사람들의 입맛에 잘 맞기 때문이다. 중국의 자장면은 면 위에 춘장, 숙주나물, 오이, 무, 배추 등을 넣고 비벼 짠 맛이 강하지만 한국의 자장면은 춘장을 볶다가 물을 넣어 짠 맛을 줄인 데다가 양파, 당근, 양배추 등의 야채를 넣어 단 맛이 강하다. 현대에는 돼지고기를 갈아서 넣은 유니자장, 세 가지 이상의 해산물을 넣어 만든 삼선자장 등 새로운 재료와 요리 방법이 개발되어 더욱 다양한 맛을 즐길 수 있게 되었다.

1) 자장면은 한국인들에게 어떤 음식입니까?

2) 한국의 자장면과 중국의 자장면은 어떻게 다릅니까?

2. 자신이 좋아하는 외국 음식에 대해 써 봅시다.

새 단어: 흔하다 친근하다 귀하다 대중적 상징 의견 판매하다 개업하다 상당히 주재료 대량 대중화되다 평균 소비되다 춘장 숙주나물 양배추 갈다

제 4 과 생활 정보 <1>

학습목표

주제	주거 및 교통 관련 정보
어휘	① 주거 생활 관련 어휘　② 교통 관련 어휘
문법	① -었/았더니　② -는 수도 있다
과제	① 생활 관련 규칙에 대한 대화 듣고 말하기 ② 생활 정보에 대한 글 읽고 쓰기

도입과 준비

1. 위의 그림은 무엇에 대한 내용인지 말해 봅시다.
2. 여러분은 생활 규칙을 잘 지킵니까?

어휘 제시와 연습

1. 다음 단어를 공부하고 문장을 완성해 봅시다.

주거 유형	단독주택, 다세대주택, 아파트, 오피스텔
공과금	전화 요금, 전기 요금, 가스 요금, 수도 요금, 자동차세
쓰레기 배출	분리수거, 재활용품, 쓰레기 종량제

1) ______________ 낮에는 사무실로, 밤에는 집으로 이용된다.

2) 에어컨을 하루 종일 켜 놓아서 ______________ 많이 나왔다.

3) 우리는 운동 경기가 끝난 후에 쓰레기를 ______________ 해서 버렸다.

4) 요즘 아파트보다 한 채씩 따로 지은 ______________ 선호하는 사람들이 많다.

5) 우리 아파트에서는 매주 수요일마다 폐지와 빈병 등 ______________ 모은다.

2. 다음 생활 편의 시설에 대한 단어를 공부하고 번호를 써 봅시다.

1 주거 편의 시설	2 냉난방 시설	3 통신 시설	
☐ 전기	☐ 보일러	☐ 인터넷	☐ 텔레비전
☐ 가스	☐ 에어컨	☐ 라디오	☐ 상하수도

3. 다음 교통 관련 어휘를 공부해 봅시다.

마을버스	환승 할인	버스 전용 차로	자전거 전용 도로
	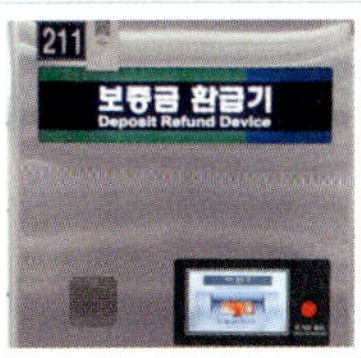		
교통카드 충전기	보증금 환급기	정기 승차권	1회용 교통카드

제4과

문법 제시와 연습

1. -었/았더니

동사 뒤에 붙어 앞 문장의 과거 사실이나 상황을 회상하며 말할 때 쓰이며, 앞의 내용 때문에 뒤의 결과가 나타남을 표현하거나 그와 다른 새로운 사실을 표현할 때 쓰인다. 이때 보통 앞 문장의 주어는 1인칭이 쓰이며 뒤 문장에는 미래 시제가 오지 않는다.

① 가: 제니 씨, 그 과목을 수강 신청했어요?
나: 아니요, 인터넷에 좀 늦게 접속**했더니** 수강 인원이 꽉 차서 못 했어요.

② 가: 스마트폰으로 바꾸니까 어때요?
나: 스마트폰으로 바**꿨더니** 편리한 기능들이 많아서 좋아요.

연습 1 '-었/았더니'를 사용해서 문장을 완성해 봅시다.

1) 지난달에 돈을 많이 ____________ 생활비가 부족해요.
2) 어제 회사에서 밤늦게까지 ____________ 너무 피곤해요.
3) 주말에 집에서 하루 종일 컴퓨터를 ____________ 눈이 너무 아파요.
4) 오랜만에 노래방에 가서 노래를 ____________ 스트레스가 좀 풀린 것 같아요.

연습 2 '-었/았더니'를 사용해서 대화를 완성해 봅시다.

1) 가: 지난봄에 산 옷은 왜 안 입어요?
나: ____.
2) 가: 사무실에 가서 영어 수업 신청했어요?
나: ____.
3) 가: 은영 씨한테 오늘 모임에 나오라고 전화했어요?
나: ____.
4) 가: 어제는 기분이 안 좋아 보이던데 오늘은 괜찮아졌어요?
나: ____.

연습 3 한국에서 살면서 생긴 문제를 어떻게 해결했는지 이야기해 봅시다.

1	휴대 전화가 고장 났다	A/S 센터에 가지고 갔더니 직원이 고쳐줬다.
2	여권을 분실했다	

2. -는 수도 있다

동사 뒤에 붙어 어떤 상황이 발생할 가능성이 있음을 나타낸다. 이때의 가능성은 매우 낮아서 대부분은 그렇게 되지 않지만 가끔은 그런 상황이 생길 때 쓰인다.

① 가: 이번 입사 시험에 당연히 합격할 줄 알았는데 떨어졌어요.
   나: 힘내세요. 원숭이도 나무에서 떨어지**는 수도 있잖아요**.
② 가: 한국어를 오래 배웠더니 가끔 우리나라 말이 생각 안 날 때가 있어요.
   나: 외국어를 오래 공부하면 잊어버리**는 수도 있어요**.

연습 1 '-는 수도 있다'를 사용해서 문장을 만들어 봅시다.

1) 아무리 친한 사이라도 (싸우다) ______________________.
2) 정직한 사람도 (거짓말을 하다) ______________________.
3) 아무리 꼼꼼하게 준비를 잘 해도 (실수하다) ______________________.
4) 머리가 좋아도 공부를 안 하면 (시험에 떨어지다) ______________________.

연습 2 '-는 수도 있다'를 사용해서 대화를 완성해 봅시다.

1) 가: 그 친구는 운전을 잘한다고 하던데 왜 사고가 난 거예요?
   나: 아무리 운전을 잘해도 조심하지 않으면 ______________________.
2) 가: 달리기를 제일 잘하던 선수가 이번 경기에서는 왜 그렇게 못 했을까요?
   나: 항상 1등을 하는 사람도 ______________________.
3) 가: 그 사람은 공부도 잘하고 실력도 좋은데 왜 아직 취직을 못 했을까요?
   나: ______________________.
4) 가: 서울에서 그렇게 오래 생활했으면서 어떻게 버스를 잘못 탈 수 있어요?
   나: ______________________.

연습 3 '-는 수도 있다'를 사용해서 다음에 대해 이야기해 봅시다.

1	모범생이 가출했을 때	친구를 잘못 사귀면 모범생이라도 가출하는 수도 있어요.
2	유학 생활을 할 때	

제4과

대화하기

Track 37

은영: 왕강 씨, 오늘 이사하는 거 도와줘서 정말 고마워요.

왕강: 아니에요. 당연히 도와줘야죠. 짐 정리가 거의 끝났으니까 이제 쓰레기만 치우면 되겠네요. 제가 밖에 나가서 버리고 올게요.

은영: 쓰레기가 많아서 힘들 텐데 혼자 괜찮겠어요?

왕강: 괜찮아요. 근데 쓰레기를 분리해서 버려야 되죠?

은영: 네. 일반 쓰레기는 쓰레기봉투에 넣어서 버리고 재활용 쓰레기는 따로 모아 놓으면 돼요.

왕강: 제가 처음 한국에 왔을 때 쓰레기를 어떻게 버려야 하는지 몰라서 그냥 버렸더니 과태료를 내라는 고지서가 나왔어요.

은영: 그렇군요. 잘 모르면 실수하는 수도 있지요. 한국 사람들 중에도 귀찮아서 쓰레기를 분리하지 않고 그냥 버리는 사람도 가끔 있어요.

왕강: 좀 귀찮기는 하지만 쓰레기를 분리해서 버리면 재활용도 할 수 있고 환경도 깨끗해져서 좋은 것 같아요.

1. 다음 질문에 대답해 봅시다.

1) 왕강은 오늘 뭘 했습니까?
2) 쓰레기는 어떻게 분리해서 버려야 합니까?
3) 왕강은 처음 한국에 왔을 때 어떤 실수를 했습니까?

2. 다음 단어를 공부하고 문장을 완성해 봅시다.

치우다　　분리하다　　쓰레기봉투　　과태료　　고지서

1) 쓰레기는 꼭 ______________ 넣어서 버려야 한다.
2) 어제 친구를 기다리다가 길에 담배꽁초를 버려서 ______________ 냈다.
3) 시험 준비를 하느라고 며칠 동안 방을 ______________ 않아서 지저분하다.
4) 재활용할 수 있는 것과 그렇지 않은 쓰레기를 ______________ 버려야 한다.

3. 다음에 대해서 이야기해 봅시다.

1) 여러분 나라에서는 쓰레기 분리수거를 어떻게 하는지 이야기해 봅시다.
2) 우리 주변에서 쓰레기를 재활용해서 사용하는 예를 이야기해 봅시다.

듣고 말하기

1. 다음 대화를 듣고 맞으면 O, 틀리면 X표 하십시오. Track 38

1) 남자는 지하철에서 노약자석에 앉은 적이 있다. ( )

2) 사람들이 콘서트장에서 차례를 지키지 않아서 사고가 날 뻔했다. ( )

제4과

2. 다음 대화를 잘 듣고 질문에 대답하십시오. Track 40

1) 여자는 왜 은행에 가려고 합니까?

______________________________.

2) 남이섬에 갈 때 전철을 이용하면 어떤 점이 좋습니까?

______________________________.

3. 다음을 잘 듣고 질문에 대답하십시오. Track 42

순위	품목	유실물 접수 건수	순위	품목	찾아간 유실물 건수
1		22,965	1	전자제품	20,891
2		22,325	2	가방	19,144
3	의류	7,925	3	의류	4,292
4	서류	3,764	4	서류	2,434
5	귀금속	60	5	귀금속	17
6	기타	44,101	6	기타	24,799
	합계	101,140		합계	71,577

1) 사람들이 지하철에서 가장 많이 잃어버리는 물건 1위와 2위는 무엇입니까?

① 1위: ______________. ② 2위: ______________.

2) 지하철에서 물건을 잃어버렸을 때 어떻게 하면 쉽게 찾을 수 있습니까?

______________________________.

3) 여러분은 지하철에 물건을 놓고 내린 적이 있습니까? 어떻게 찾았습니까?

______________________________.

읽고 말하기

1. 다음을 읽고 질문에 대답해 봅시다.

■ 음식물 쓰레기가 아닌 것			
채소류	(대파, 양파, 마늘, 생강, 옥수수) 껍질	과일류	(밤, 땅콩) 껍데기
육　류	(소, 돼지, 닭) 뼈	어패류	조개껍데기, 생선 뼈

1) 음식물 쓰레기가 아닌 것은 무엇인지 말해 봅시다.

2) 음식물 쓰레기로 잘못 알고 버린 것은 무엇인지 말해 봅시다.

2. 다음 쓰레기통에 어떤 것을 넣어야 하는지 쓰고 말해 봅시다.

새 단어: 뼈　껍질　껍데기　생강　밤　땅콩　육류　어패류　조개

읽고 쓰기

1. 다음 글을 읽고 질문에 대답해 봅시다.

1 보증금에서 밀린 월세를 공제해 주세요.

나곤궁 씨는 보증금 천만 원, 월세 50만 원에 오천만 씨의 집에서 살고 있습니다. 하지만 다니던 회사에서 해고를 당하고 생활이 어려워지면서 3개월분의 월세 150만 원을 못 내게 되었습니다. 집주인은 밀린 월세를 빨리 내든지 그렇지 않으면 집을 비워 달라고 했습니다. 돈이 없는 나곤궁 씨는 보증금 천만 원에서 연체된 월세를 공제하라고 했습니다. 집주인은 보증금에서 월세를 공제하고 싶지 않아 그냥 집을 비워 달라고 했더니 나곤궁 씨는 나갈 수 없다고 했습니다. 이 경우 집주인은 나곤궁 씨에게 집을 비워 달라고 요구할 수 있을까요?

☞ 집을 빌린 사람이 집주인에게 보증금에서 연체된 월세를 공제해 달라고 요구하는 경우 집주인은 그 요구를 들어주지 않아도 된다. 그렇기 때문에 집주인은 나곤궁 씨에게 집을 비워 달라고 요구할 수 있다.

2 서명 안 한 신용카드를 잃어버린 허술해 씨!

허술해 씨는 신용카드사로부터 신용카드를 발급 받은 후 카드 뒷면에 서명을 하지 않고 가지고 다니다가 카드를 분실하였습니다. 분실한 카드는 허술해 씨가 평소에 사용하지 않는 카드여서 바로 분실 신고를 하지 못하고 3일이 지난 후에 신고를 하게 되었습니다. 허술해 씨의 카드를 주운 사람은 허술해 씨가 카드 분실 신고를 하기 전에 320만 원 정도의 물품을 구입하였고, 그 후 카드 사용 전액이 허술해 씨에게 청구되었습니다. 허술해 씨는 카드 사용 금액에 대한 책임이 있을까요?

☞ 신용카드사는 도난, 분실 등의 통지를 받은 날부터 60일 전까지는 책임을 져야 한다. 그러나 신용카드를 잃어버린 잘못과 신용카드 뒷면에 서명을 하지 않은 잘못으로 카드의 부정 사용을 막지 못했기 때문에 신용카드 부정 사용에 대한 모든 책임은 허술해 씨에게 있다.

1) 1의 오천만 씨는 나곤궁 씨에게 집을 비워 달라고 요구할 수 있습니까?

2) 2의 허술해 씨는 카드 사용 금액에 대한 책임이 있습니까?

2. 외국인이 한국에서 생활할 때 편리한 점과 개선되어야 할 점에 대해 써 봅시다.

새 단어: 밀리다 공제하다 해고를 당하다 집을 비우다 연체되다 요구하다 발급 받다 서명하다 분실하다 신고하다 줍다 물품 구입하다 전액 청구되다 도난 통지 책임을 지다

제4과 생활 정보 <2>

학습목표

주제	다양한 생활 정보
어휘	① 공공 기관 관련 어휘 ② 생활 시설 관련 어휘
문법	① -(으)ㄴ/는 게 -(ㄴ/는)다고들 하다 ② -(으)ㄹ 바에야
과제	① 공공 기관 이용에 대해 듣고 말하기 ② 공공시설 이용 정보에 대한 글 읽고 쓰기

도입과 준비

다산콜센터

외국인종합안내센터

1. 위의 그림은 무엇에 대한 내용인지 말해 봅시다.
2. 한국에서 공공 기관을 이용해 본 경험을 이야기해 봅시다.

어휘 제시와 연습

1. 다음 공공 기관 관련 단어를 공부하고 문장을 완성해 봅시다.

시청	구청	주민센터	구민회관
보건소	대사관	문화원	출입국관리사무소

1) 서울 __________ 서울 하이페스티벌 행사를 준비한다고 했다.
2) 여러 외국 __________ 자기 나라의 문화를 홍보하는 영화를 상영한다.
3) 건강검진을 받을 때 __________ 가면 병원보다 더 싸게 이용할 수 있다.
4) 외국인들은 이사를 한 후에 __________ 가서 체류지 변경 신고를 해야 한다.

2. 다음 공공시설 관련 단어를 알맞게 연결해 봅시다.

1) 교통 시설 ·   · 인천국제공항, KTX, 경부고속도로

2) 문화 시설 ·   · 한강시민공원, 서울광장, 올림픽체육관

3) 운동·놀이 시설 ·   · 국립현대미술관, 국립중앙박물관, 국립서울과학관

4) 보건·복지 시설 ·   · 성동구보건소, 서울노인복지센터, 서울장애인종합복지관

3. 일상생활에서 우리가 지켜야 할 것들이 무엇인지 알아봅시다.

- ☐ 침을 뱉지 않는다.
- ☐ 우측 보행을 한다.
- ☐ 교통법규를 잘 지킨다.
- ☐ 차례를 잘 지킨다.
- ☐ 쓰레기는 정해진 장소에 버린다.
- ☐ 공공장소에서 떠들지 않는다.
- ☐ 정해진 장소에서 담배를 피운다.
- ☐ 노약자에게 자리를 양보한다.

문법 제시와 연습

1. -(으)ㄴ/는 게 -(ㄴ/는)다고들 하다

동사나 형용사와 함께 쓰여 어떤 상황이나 행위에 대해 다수의 사람들이 그렇게 생각함을 나타낸다.

① 가: 저는 늦게 일어나서 항상 아침을 못 먹어요.
나: 아침을 먹**는 게** 건강에 좋**다고들 하니까** 앞으로는 꼭 드세요.

② 가: 어떻게 하면 글을 잘 쓸 수 있을까요?
나: 책을 많이 읽**는 게** 글을 쓰는 데 도움이 **된다고들 해요**.

연습 1 '-(으)ㄴ/는 게 -(ㄴ/는)다고들 하다'를 사용해서 대화를 완성해 봅시다.

1) 가: 요즘 담배를 끊는 사람들이 많아졌어요.
나: ______________________________.

2) 가: 컴퓨터를 많이 해서 그런지 눈이 아파요.
나: ______________________________.

3) 가: 한국어 듣기를 어떻게 하면 잘할 수 있을까요?
나: ______________________________.

4) 가: 요즘 대학생들이 어학연수를 많이 간다고 해요.
나: ______________________________.

5) 가: 요즘 보건소를 이용하는 사람들이 많은 것 같아요.
나: ______________________________.

연습 2 '-(으)ㄴ/는 게 -(ㄴ/는)다고들 하다'를 사용해서 이야기해 봅시다.

1	영화를 싸게 보는 방법	① ②
2	생활비를 아끼는 방법	① ②
3	국제전화를 싸게 거는 방법	① ②

2. -(으)ㄹ 바에야

동사에 붙어 앞 문장의 일이 뒤 문장의 일보다 못하다고 여겨 뒤의 것을 선택함을 나타낸다. 보통 뒤 문장에서 과거 시제는 쓰지 않는다.

① 가: 심심한데 게임할까?
　나: 게임을 **할 바에야** 농구를 하는 게 낫겠다.
② 가: 그 사람한테 내일 사과하려고 해.
　나: 내일 사과**할 바에야** 오늘 가서 하지 그래?

제4과

연습 1 '-(으)ㄹ 바에야'를 사용해서 대화를 완성해 봅시다.

1) 가: 오늘은 다 같이 외식할까요?
　나: 비싼 돈을 내고 ________________ 집에서 만들어 먹어요.
2) 가: 그 사람하고 결혼하지 그래요?
　나: ________________________________.
3) 가: 휴일인데 같이 놀이공원에 가는 게 어때요?
　나: ________________________________.
4) 가: 혼자 하기 힘들면 왕강 씨한테 부탁하세요.
　나: ________________________________.
5) 가: 왜 회사를 그만두려고 해요? 월급이 적어서 그래요?
　나: 네. 이렇게 적은 월급을 __________ 아르바이트를 하는 게 낫겠어요.

연습 2 다음 중에서 한 가지를 선택해야 한다면 여러분은 어떻게 하겠습니까? '-(으)ㄹ 바에야'를 사용해서 말해 봅시다.

1	☑ 자취하다	☐ 하숙하다
	☞ 하숙비가 비싸기 때문에 하숙을 할 바에야 자취하는 것이 나아요.	
2	☐ 청소하다	☐ 설거지하다
	☞	
3	☐ 부모님께 고민을 말하다	☐ 선생님께 고민을 말하다
	☞	

대화하기

Track 43

제니: 한솔 씨, 며칠 전에 개봉된 한국 영화가 정말 재미있다고들 하는데 같이 보러 갈래요?

한솔: 전 영화는 별로 안 좋아해요. 영화를 볼 바에야 그냥 집에서 쉴래요.

제니: 날씨도 좋은데 집에만 있으면 심심하잖아요. 뭐 재미있는 일 없을까요?

한솔: 그럼 서울광장에 공연 보러 갈래요? 오늘부터 3일 동안 K-pop 공연을 하는데 한국의 유명한 가수들이 많이 나와요.

제니: 정말요? 저도 한국 노래 좋아하는데 잘 됐네요. 몇 시에 시작하는데요?

한솔: 정확한 시간은 잘 모르겠어요. 다산콜센터에 물어보면 알 수 있으니까 잠깐만 기다리세요.

제니: 다산콜센터요? 그게 뭐예요?

한솔: 일상 생활정보를 안내해 주는 전화 서비스예요. 외국어 서비스도 해 주니까 제니 씨도 필요할 때 한번 이용해 보세요.

1. 다음 질문에 대답해 봅시다.

1) 제니는 한솔에게 무엇을 하자고 했습니까?
2) 서울광장에서는 어떤 공연을 합니까?
3) 다산콜센터는 어떤 일을 하는 곳입니까?

2. 다음 단어를 공부하고 문장을 완성해 봅시다.

개봉되다　　서울광장　　공연　　다산콜센터　　일상

1) 현대인들은 시간에 쫓기며 바쁜 ________ 보내고 있다.
2) 이번에 ________ 영화가 재미있다고 해서 보러 가기로 했다.
3) 한국의 전통문화를 체험하기 위해 사물놀이 ________ 보기로 했다.
4) 겨울에는 시청 앞 ________ 스케이트장으로 만들어 시민들이 이용한다.

3. 다음에 대해서 이야기해 봅시다.

1) 여러분은 생활하면서 궁금한 점이 있을 때 어떻게 합니까?
2) 여러분 나라에서 다산콜센터 같은 일을 하는 서비스센터의 번호는 몇 번입니까?

듣고 말하기

1. 다음 대화를 듣고 맞으면 O, 틀리면 X표 하십시오. Track 44

1) 구민센터에서 요가나 수영을 배울 수 있다. (　　)

2) 외국인들은 외국인등록증이 있으면 보건소 진료를 싸게 받을 수 있다. (　　)

2. 다음 대화를 잘 듣고 질문에 대답하십시오. Track 46

1) 남자는 왜 출입국관리사무소에 일찍 갔습니까?

______________________________.

2) 도서관 정보 검색실에 가면 무엇을 할 수 있습니까?

______________________________.

3. 다음을 잘 듣고 질문에 대답하십시오. Track 48

서울 거주 외국인 생활 환경 만족도 (5점 만점)

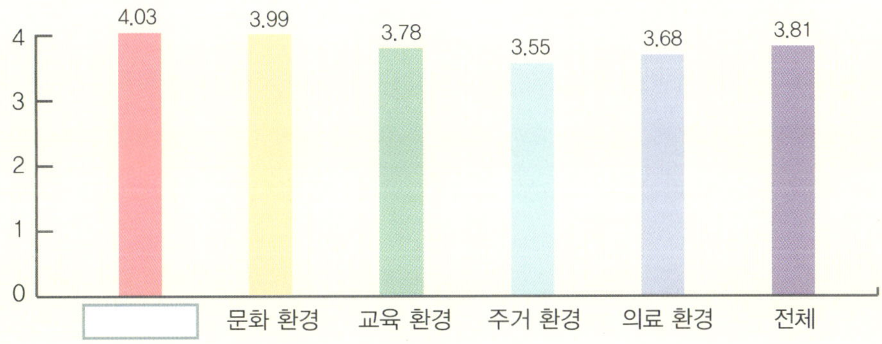

1) 서울의 생활 환경 중 외국인이 가장 만족해하는 것은 무엇입니까?

______________________________.

2) 의료 환경에서 불편한 것 두 가지는 무엇입니까?

① ________________ ② ________________.

3) 교육 환경의 불편한 점은 무엇입니까?

______________________________.

4) 여러분이 서울 생활에서 가장 만족하는 것은 무엇입니까?

______________________________.

읽고 말하기

1. 다음을 읽고 질문에 대답해 봅시다.

1) 위 표지판을 보고 공공장소를 어떻게 이용해야 하는지 말해 봅시다.

2) 한국에서 생활할 때 지켜야 되는 일들은 무엇이 더 있는지 말해 봅시다.

2. 한국 생활에서 필요한 정보를 쓰고 이야기해 봅시다.

쇼핑 정보	
여행 정보	
맛집 정보	
부동산 정보	

새 단어: 공공장소 흡연 범죄 자제하다 애완동물 삼가다

읽고 쓰기

1. 다음 글을 읽고 질문에 대답해 봅시다.

만능 해결사 120

오늘은 학교에서 중요한 발표가 있는 날이었다. "오늘 발표 자료 잊지 말고 꼭 챙겨 와!"라고 몇 번이나 부탁하던 친구의 말을 떠올리며 아침 일찍 자료를 챙겨 집을 나왔다. 지하철을 탔는데 발표 준비를 하느라고 잠을 제대로 못 자서 그런지 자꾸 눈꺼풀이 무거워졌다. 나도 모르게 잠깐 졸았는데 눈을 떠 보니 내려야 할 역이었다. 급하게 가방을 챙겨서 내렸는데 학교에 도착하고 보니 발표 자료가 보이지 않았다. 자료를 지하철에 두고 내린 것 같았다. '아이고! 망했다.'라고 생각하며 당황해하고 있을 때 친구가 나에게 발표 자료 잘 챙겨 왔냐고 물었다. 내가 지하철에 놓고 내린 것 같다고 하니까 친구는 "그래서 내가 몇 번이나 부탁했잖아" 하면서 어떻게 하냐고 했다.

나는 금방이라도 울음이 터질 것 같았지만 친구들이 다산콜센터에 전화해 보라고들 해서 나는 휴대전화를 꺼내 120을 눌렀다. 전화기에서 "네, 고객님. 무엇을 도와 드릴까요?" 하는 친절한 목소리가 들렸다. 나는 상담원에게 지하철에 놓고 내린 물건을 찾을 수 있냐고 물었다. 상담원은 잃어버린 물건이 어떤 물건인지에 대해서 묻고 내가 탄 지하철 노선과 지하철을 탄 시간 등을 기억할 수 있냐고 했다. 나는 10시 5분쯤 대방역의 6-2에서 탔고 한양대역에서 내렸다고 했다. 상담원은 알아보고 다시 연락해 주겠다고 했다. 5분쯤 시간이 지났는데 드디어 전화가 걸려왔다. 다행히 내 발표 자료가 시청역 유실물 센터에 있다고 했다. 나는 너무 기뻐서 눈물이 날 것 같았다. 지하철에서 내 발표 자료를 주워 유실물 센터에 맡겨 준 사람한테도 정말 고마웠고, 잃어버린 자료를 무사히 찾을 수 있도록 도와준 120 다산콜센터 상담원에게도 정말 고마웠다. 나는 상담원에게 몇 번이나 감사하다고 인사하면서 다산콜센터 같은 서비스센터가 있어 정말 다행이라고 생각했다.

1) 위 글은 무엇에 대한 내용입니까?

2) 위 사람은 지하철에 무엇을 두고 내렸습니까?

2. 물건을 분실한 경험에 대해 써 봅시다.

새 단어: 만능 해결사 떠올리다 제대로 눈꺼풀이 무겁다 망하다 당황하다 울음이 터지다 다산콜센터 고객 노선 드디어 유실물 센터 줍다 맡기다 무사히

제4과

제 5 과 한국의 명소 <1>

학습목표

주제	서울의 테마별 명소와 볼거리
어휘	① 관광 관련 어휘 ② 서울 관련 어휘
문법	① –길래 ② –(ㄴ/는)다고 하더니
과제	① 서울에 관한 대화 듣고 말하기 ② 서울 소개에 대한 글 읽고 쓰기

도입과 준비

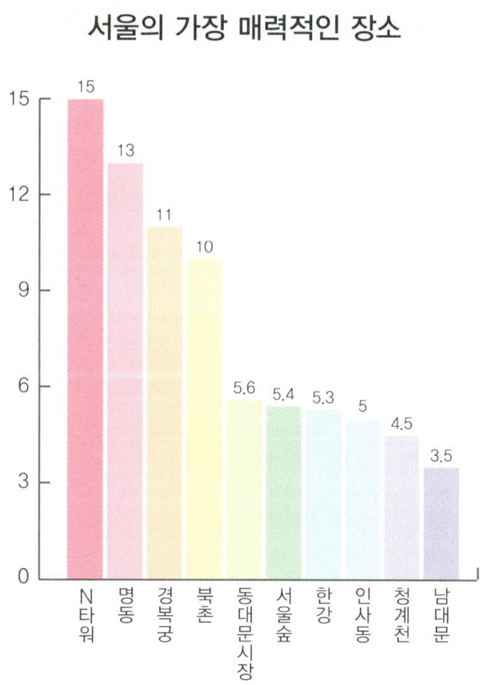

1. 위의 그림은 무엇에 대한 내용인지 말해 봅시다.
2. 서울에서 가 본 곳은 어디입니까? 가고 싶은 곳은 어디입니까?

어휘 제시와 연습

1. 다음 관광 관련 단어를 공부하고 문장을 완성해 봅시다.

명소	관광지	볼거리
관광객	기념품	당일 코스

1) 이 지역은 관광 ______________ 항상 여행객들로 붐빈다.
2) 남이섬은 사계절 내내 ______________ 많이 찾는 장소이다.
3) 여행을 갔다가 ______________ 가게에서 그 지역의 엽서를 샀다.
4) 그곳은 ______________ 갈 수 없기 때문에 2박 3일로 가기로 했다.

2. 다음 서울의 주요 인기 지역을 공부해 봅시다.

3. 다음 표현을 공부하고 문장을 완성해 봅시다.

인기를 끌다	손꼽히다	일정을 짜다
발 디딜 틈이 없다	발길이 끊이지 않다	

1) 그 가게는 ______________ 정도로 손님이 많다.
2) 친구들과 부산으로 여름휴가를 가기 위해서 ______________.
3) 그 식당 음식이 맛있다고 소문이 나서 사람들의 ______________.
4) 제주도는 외국인들에게 가장 인기가 많은 관광 명소로 ______________.

문법 제시와 연습

1. -길래

동사나 형용사와 결합하여 어떤 객관적인 사실의 이유를 나타내는 연결어미이며, 뒤 문장에서는 그 이유에 따라 어떤 행동을 했는지 나타낸다. 주로 구어체로 사용되며 문어체에서는 '-기에'로 표현한다. 뒤 문장에는 명령형과 청유형을 쓰지 않는다.

① 가: 오늘 왜 이렇게 옷을 많이 입었어요?
　나: 날씨가 춥**길래** 많이 입었어요.
② 가: 오늘 왜 그렇게 피곤해 보여요?
　나: 오랜만에 친구가 왔**길래** 밤새도록 이야기했어요.

연습 1　'-길래'를 사용해서 대화를 완성해 봅시다.

1) 가: 약을 사러 갔다가 왜 그냥 왔어요?
　나: ______________________________.
2) 가: 비도 안 오는데 왜 우산을 가지고 왔어요?
　나: ______________________________.
3) 가: 왜 오늘 버스를 안 타고 지하철을 탔어요?
　나: ______________________________.
4) 가: 지금 다섯 시밖에 안 됐는데 벌써 저녁을 먹었어요?
　나: ______________________________.
5) 가: 도서관에서 공부한다고 했잖아요. 왜 이렇게 일찍 나왔어요?
　나: ______________________________.

연습 2　'-길래'를 사용해서 서울에서 가 본 곳과 거기에서 한 일을 말해 봅시다.

	장소	이유
1	명동	명동에 갔는데 옷이 싸길래 가족들 선물을 샀다.
2	서울타워	
3		
4		

2. -(ㄴ/는)다고 하더니

동사나 형용사, 명사 뒤에 붙어 화자가 이미 들어서 알고 있는 사실을 확인한 결과가 사실과 같거나 다름을 나타낼 때 사용한다. '-(ㄴ/는)다고 하다'에 '-더니'가 결합한 형태이며 완료를 나타낼 때는 '-었/았다고 하더니'로 쓰인다.

① 가: 정말 야경이 멋있네요.
　나: 한강의 야경이 멋있**다고 하더니** 정말이네요.
② 가: 부산국제영화제가 어땠어요?
　나: 유명한 배우를 다 볼 수 있**다고 하더니** 별로 없던데요.

제 5 과

연습 1 '-(ㄴ/는)다고 하더니'를 사용해서 대화를 완성해 봅시다.

1) 가: 서울은 물가가 비싸지요?
　나: ______________________________.
2) 가: 어제 본 영화는 볼 만했어요?
　나: ______________________________.
3) 가: 이번 학기는 단어와 문법이 어렵죠?
　나: ______________________________.
4) 가: 한국 대학생들이 정말 열심히 공부하죠?
　나: ______________________________.
5) 가: 젊은이들이 많이 가는 대학로에 가 보니까 어땠어요?
　나: ______________________________.

연습 2 '-(ㄴ/는)다고 하더니'를 사용해서 여러분이 서울에 대해서 들은 이야기와 확인한 사실을 비교하여 말해 봅시다.

	들은 이야기	확인한 사실
1	공항에서 김치 냄새가 난다	
2	서울은 교통이 편리하다	
3		
4		

대화하기

Track 49

야마다: 은영 씨, 피서 갔다 왔어요? 얼굴이 까맣게 탔네요.

은 영: 요즘 날씨가 하도 덥길래 친구들이랑 부산에 갔다 왔어요. 바다에서 수영도 하고 맛있는 회도 먹고 정말 좋았어요.

야마다: 뉴스에서 보니까 요즘 해운대를 찾는 피서객들이 아주 많다고 하던데 정말 그렇던가요?

은 영: 네. 피서를 즐기러 온 사람들로 발 디딜 틈이 없었어요. 근데 야마다 씨는 이번 주에 피서 간다고 하더니 아직 안 갔네요.

야마다: 친구들하고 시간이 안 맞아서 피서는 못 갈 것 같고 이번 주말에 춘천에 다녀오려고 해요. 아직 춘천에 한 번도 못 가 봤거든요.

은 영: 춘천에 가면 남이섬에 꼭 한번 가 보세요. 경치도 아름답고 드라마 촬영지도 있어서 외국인들에게 인기가 많아요.

야마다: 네. 저도 그럴 생각이에요. 그런데 하루 만에 다 구경할 수 있을까요?

은 영: 물론이죠. 춘천은 당일로도 얼마든지 다녀올 수 있어요.

1. 다음 질문에 대답해 봅시다.

1) 은영은 어디로 피서를 갔다 왔습니까?
2) 야마다는 이번 주말에 어디에 가려고 합니까?
3) 춘천은 왜 외국 사람들에게 인기가 많습니까?

2. 다음 단어를 공부하고 문장을 완성해 봅시다.

타다 피서객 발 디딜 틈이 없다 촬영지 당일

1) 영화 ______________ 주변에는 관광객들을 위한 식당과 카페가 많다.
2) 인천은 서울에서 가까워서 ______________ 여행을 할 수 있는 곳이다.
3) 태풍이 불어서 바닷가에 있는 ______________ 안전한 곳으로 대피시켰다.
4) 하루 종일 밖에서 친구들과 축구를 했더니 얼굴이 까맣게 ______________.

3. 다음에 대해서 이야기해 봅시다.

1) 여러분 나라의 유명한 휴가지/피서지/여행지는 어디입니까?
2) 그곳은 무엇이 유명합니까?

듣고 말하기

1. 다음 대화를 듣고 맞으면 O, 틀리면 X표 하십시오. Track 50

1) 남자는 선생님과 함께 서울타워에 갔다 왔다. ( )

2) 동강은 당일 코스로 래프팅을 갔다 올 수 있는 곳이다. ( )

2. 다음 대화를 잘 듣고 질문에 대답하십시오. Track 52

1) 여자는 어제 명동에서 친구와 무엇을 했습니까?

______________________________.

2) 여자는 왜 인사동에 가고 싶어합니까?

______________________________.

3. 다음을 잘 듣고 질문에 대답하십시오. Track 54

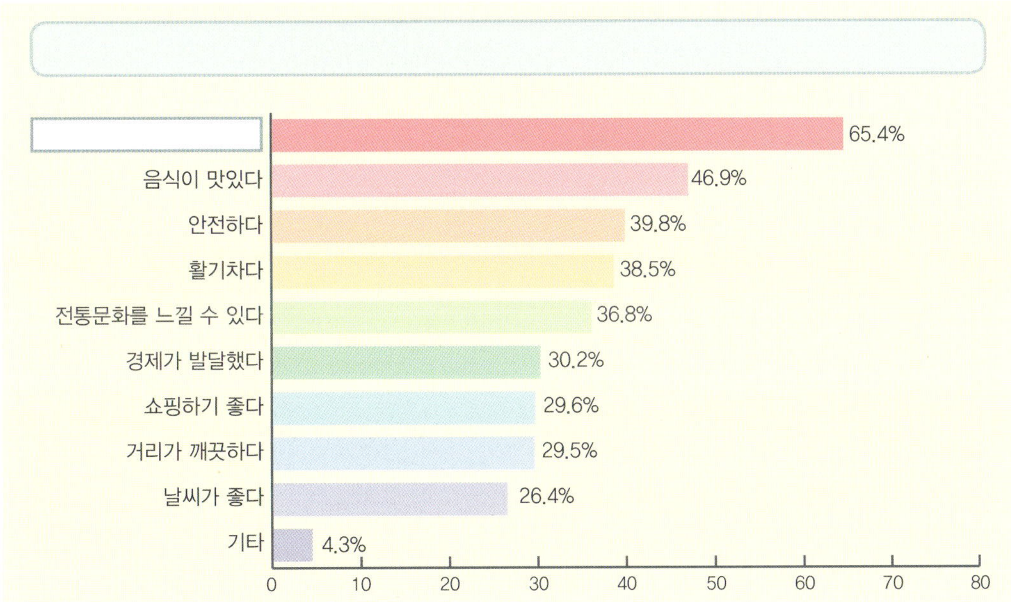

1) 위 그래프의 제목을 쓰십시오.

______________________________.

2) 외국인들이 한국 여행에서 가장 좋았다고 대답한 것은 무엇입니까?

______________________________.

3) 여러분이 한국 여행을 할 때 가장 좋았던 점은 무엇인지 말해 봅시다.

______________________________.

읽고 말하기

1. 다음을 읽고 질문에 대답해 봅시다.

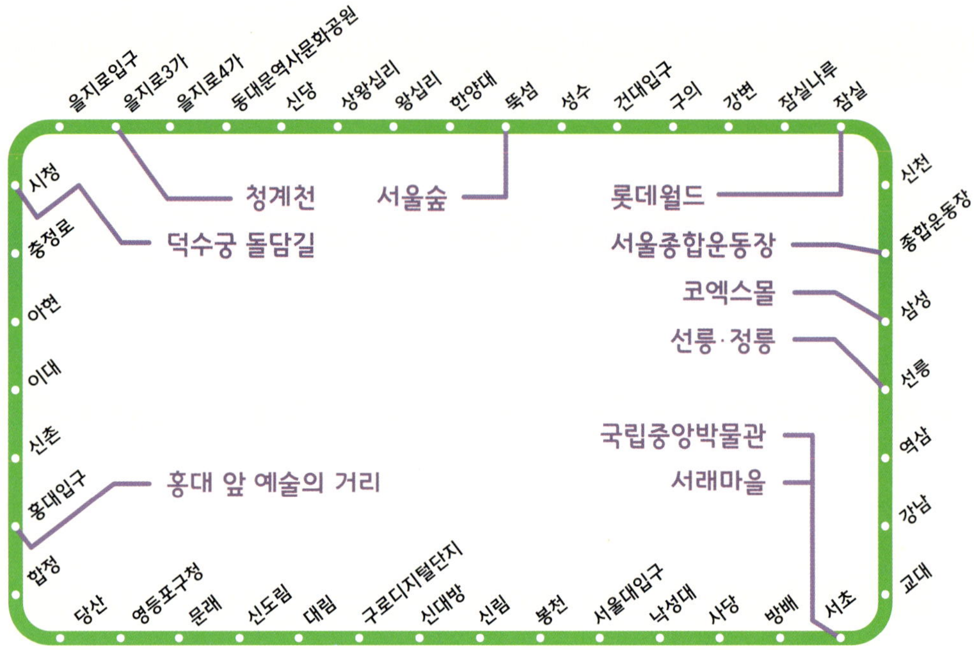

1) 여러분은 위의 장소 중에서 어디에 가 봤습니까? 그곳은 어땠습니까?

2) 다른 지하철 노선에는 어떤 명소들이 있습니까?

2. 하루 동안의 서울 여행 일정을 짜고 안내하는 글을 써서 이야기해 봅시다.

9시 출발

5시 도착

새 단어: 숲 국립 마을 예술 돌담

읽고 쓰기

1. 다음 글을 읽고 질문에 대답해 봅시다.

서울

서울은 대한민국의 수도로 정치, 경제, 사회, 문화 등에서 매우 중요한 의미를 가진다. 서울의 옛 이름은 한양인데 한양은 1392년에 조선의 도읍지가 된 후부터 현재까지 600년이 넘는 역사를 이어 왔다. 또 1960년대부터 시작된 경제개발계획과 함께 대한민국 경제의 중심지 역할을 하며 현대적인 도시로 발전해 왔다. 그렇기 때문에 서울은 한국의 과거와 현재, 미래가 공존하고 있는 도시라고 할 수 있다.

서울에서 역사와 전통을 가장 잘 느낄 수 있는 곳은 서울의 중심지에 위치한 다섯 개의 아름다운 고궁이다. 특히 창덕궁은 유네스코 세계문화유산으로 등재될 만큼 한국적인 정원의 모습을 잘 보여준다. 창덕궁 근처에 있는 북촌 한옥마을도 옛 문화가 느껴지는 곳이다. 북촌은 청계천과 종로의 윗동네라는 의미에서 '북촌'이라고 불리는데 한국의 전통 가옥이 많이 모여 있으며 한옥을 직접 체험해 볼 수 있는 다양한 게스트 하우스도 많다.

서울에는 현대적인 분위기를 느낄 수 있는 곳도 많다. 아름다운 한강을 중심으로 화려한 건물들을 많이 볼 수 있는데 그 중에서 가장 눈에 띄는 것은 남산 꼭대기에 위치한 N타워이다. N타워는 서울을 한눈에 볼 수 있을 뿐만 아니라 야경이 아름다워서 찾는 사람이 많고 젊은이들의 데이트 장소로도 인기가 많다. 홍대 역시 젊은이들의 발길이 끊이지 않는 곳이다. 홍대 근처에 다양한 카페와 클럽이 많이 있어서 밤이 되면 젊은이들로 붐빈다. 홍대가 축제 분위기를 느낄 수 있는 곳이라면 명동, 남대문시장, 동대문시장은 활기차고 힘이 넘치는 곳이라고 할 수 있다. 이 세 곳은 서울의 대표적인 쇼핑 관광지이기 때문에 한국인뿐만 아니라 외국인들도 많이 찾는다.

서울은 오랜 역사와 전통을 가지고 있을 뿐만 아니라 현대적인 매력도 느낄 수 있는 도시이며 활력이 넘치는 도시로 세계인들의 관심을 받고 있다.

1) '북촌'의 의미는 무엇입니까?

2) 서울에서 외국인들이 갈 만한 곳은 어디입니까?

2. 여러분 나라의 5대 도시 중 한 곳에 대해 써 봅시다.

새 단어: 수도 정치 조선 도읍지 역사 잇다 경제개발계획 중심지 현대적 공존하다 유네스코 정원 한옥 가옥 체험하다 게스트 하우스 꼭대기 야경 활기차다 넘치다

제5과

제 5 과 한국의 명소 <2>

학습목표

주제	한국의 문화유산과 명소
어휘	① 문화유산 관련 어휘 ② 명소 탐방 관련 어휘
문법	① -(으)ㄹ 건지 -(으)ㄹ 건지 ② (이)야말로
과제	① 한국의 문화유산에 대해 듣고 말하기 ② 기행문 읽고 쓰기

도입과 준비

화성 (수원)

한옥마을 (전주)

한라산 (제주)

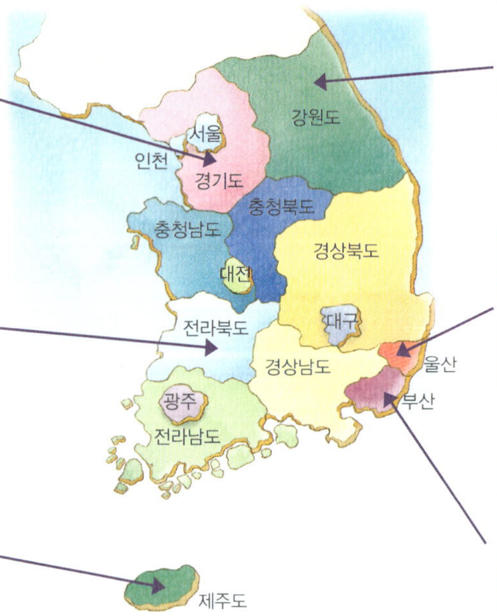

설악산 (강원도)

불국사 (경주)

해운대 (부산)

1. 위의 그림은 무엇에 대한 내용인지 말해 봅시다.
2. 한국에서 가 본 곳은 어디입니까? 가고 싶은 곳은 어디입니까?

어휘 제시와 연습

1. 다음 문화유산 관련 단어를 공부하고 문장을 완성해 봅시다.

문화유산	문화재	유적	유물
명승지	왕릉	고궁	사찰

1) 경주에는 불국사나 황룡사 같은 ________ 많이 있다.
2) 서울의 정릉이나 선릉은 조선시대의 대표적인 ________.
3) 서울에는 경복궁이나 덕수궁 같은 유명한 ________ 많다.
4) 최근까지도 전라도 목포 앞 바다에서 ________ 발견되고 있다.

제5과

2. 한국의 지명을 찾아보고 그곳과 관계있는 것을 연결해 봅시다.

1) 서울 ·	· 벚꽃축제
2) 진해 ·	· 머드축제
3) 부산 ·	· 국제영화제
4) 이천 ·	· 도자기축제, 쌀축제
5) 제주 ·	· 감귤축제, 유채꽃축제
6) 보령 ·	· 세계불꽃축제, 명동축제

3. 명소 탐방 관련 표현을 공부하고 질문에 대답해 봅시다.

견학하다	둘러보다	보호하다	탐방하다

1) 문화유산을 잘 보호하려면 어떻게 해야 합니까?
2) 문화수업 때 견학해 보고 싶은 곳은 어디입니까?
3) 외국인이 한국에서 탐방할 만한 곳은 어디입니까?
4) 서울에서 하루 동안 구경을 한다면 어디를 둘러보고 싶습니까?

문법 제시와 연습

1. –(으)ㄹ 건지 –(으)ㄹ 건지

동사 뒤에 붙어 두 가지 행위 중 어떤 것을 선택해야 할지 고민함을 나타낸다. 뒤 문장에 '생각 중이다, 고민 중이다, 망설이다, 모르겠다, 결정하지 못했다' 등의 표현이 자주 쓰인다.

① 가: 대학교를 졸업하고 나서 뭐 할 거예요?
　나: 대학원에 다**닐 건지** 고향에 돌아**갈 건지** 고민 중이에요.

② 가: 이번 방학에 여행 갈 거라면서요?
　나: 여행을 **갈 건지 말 건지** 아직 결정하지 못했어요.

연습 1　'–(으)ㄹ 건지 –(으)ㄹ 건지'를 사용해서 대화를 완성해 봅시다.

1) 가: 이사할 곳을 정했어요?
　나: ________________.

2) 가: 휴가 때 어디로 여행갈 거예요?
　나: ________________.

3) 가: 고향 친구 결혼식에 갈 거예요?
　나: ________________.

4) 가: 어머니 생신에 뭘 선물할 거예요?
　나: ________________.

5) 가: 대학에서 뭘 전공할 건지 결정했어요?
　나: ________________.

연습 2　여행을 준비하면서 고민하는 것을 '–(으)ㄹ건지 –(으)ㄹ 건지'를 사용해서 이야기해 봅시다.

여행 장소	□ 제주도　□ 부산	제주도에 갈 건지 부산에 갈 건지 고민 중이에요.
여행 날짜	□ ____　□ ____	
교통수단	□ ____　□ ____	
숙박	□ ____　□ ____	

2. (이)야말로

명사 뒤에 붙어 대상을 강조하고 확인하는 뜻을 나타낸다. 또 다른 대상과 비교하여 더욱 그렇다는 의미를 나타내기도 한다.

① 가: 다음 주가 중간시험인데 공부를 안 해서 걱정이야.
   나: **나야말로** 걱정이야. 나는 결석도 많이 했잖아.

② 가: 삼겹살은 정말 맛있는 음식이에요.
   나: 맞아요. 삼겹살**이야말로** 한국을 대표하는 음식이지요.

제 5 과

연습 1 '(이)야말로'를 사용해서 대화를 완성해 봅시다.

1) 가: 너는 한국말을 잘해서 정말 좋겠다.
   나: 아니야. ______________________________.

2) 가: 한국은 인터넷 속도가 정말 빠르죠?
   나: 정말 그래요. ______________________________.

3) 가: 저는 풍부한 지식을 얻기 위해 평소에 독서를 많이 해요.
   나: ______________________________.

4) 가: 어제 친구하고 같이 창덕궁에 다녀왔는데 정말 아름답던데요.
   나: ______________________________.

5) 가: 가을은 춥지도 않고 덥지도 않아서 참 좋은 계절인 것 같아요.
   나: ______________________________.

연습 2 '(이)야말로'를 사용해서 여러분 나라를 소개해 봅시다.

음식	① ②
장소	① ②
문화재	① ②

대화하기

Track 55

은영: 왕강 씨 친구가 한국에 놀러 왔다면서요?

왕강: 네. 그래서 내일부터 같이 여행을 하려고 하는데 한국의 유적지를 둘러 볼까 해요.

은영: 친구가 한국의 역사에 관심이 많은가 봐요.

왕강: 네. 그래서 역사와 전통 문화를 느낄 수 있는 곳에 가 보려고 하는데 경주에 갈 건지 안동에 갈 건지 아직 결정하지 못했어요.

은영: 그럼, 안동부터 가 보세요. 안동에는 조선시대의 전통 고택과 서원들이 많이 있어서 볼거리가 많거든요. 안동이야말로 한국인들의 생활 모습이 가장 잘 보존된 곳이에요.

왕강: 그럼, 안동부터 가 봐야겠네요.

은영: 안동을 둘러본 후에 시간이 되면 경주에도 한번 가 보세요. 안동 하회마을과 경주 양동마을은 세계문화유산으로 지정된 곳이거든요.

왕강: 그러면 되겠네요. 제 친구가 아주 좋아하겠는데요.

1. 다음 질문에 대답해 봅시다.

1) 왕강은 내일부터 친구와 무엇을 할 겁니까?
2) 은영이 왕강에게 안동을 추천한 이유는 무엇입니까?
3) 경주의 양동마을과 안동의 하회마을은 어떤 곳입니까?

2. 다음 단어를 공부하고 문장을 완성해 봅시다.

유적지　　고택　　서원　　마을　　세계문화유산　　지정되다

1) 이곳은 작년에 환경보호 지역으로 ____________.
2) 경주는 후손에게 물려줄 ____________ 많이 있는 곳이다.
3) 한옥에서의 생활을 경험해 볼 수 있는 ____________ 체험이 인기이다.
4) 요즘은 시골 ____________ 노인들이 많아져서 노인 복지시설들이 많아졌다.

3. 다음에 대해서 이야기해 봅시다.

1) 여러분의 가족이나 친구가 서울에 온다면 어디를 추천하시겠습니까?
2) 왜 그곳을 추천하고 싶은지 이유를 이야기해 봅시다.

듣고 말하기

1. 다음 대화를 듣고 맞으면 O, 틀리면 X표 하십시오. Track 56

1) 남자는 여자에게 여름이나 가을에 제주도에 가 보라고 했다. ( )

2) 남자는 부산 최고의 명소는 남포동이라고 생각한다. ( )

2. 다음 대화를 잘 듣고 질문에 대답하십시오. Track 58

1) 최근에 전주는 어떤 도시로 지정되었습니까?

______________________________.

2) 가이드는 경주를 어떤 도시라고 소개했습니까?

______________________________.

제 5 과

3. 다음을 잘 듣고 질문에 대답하십시오. Track 60

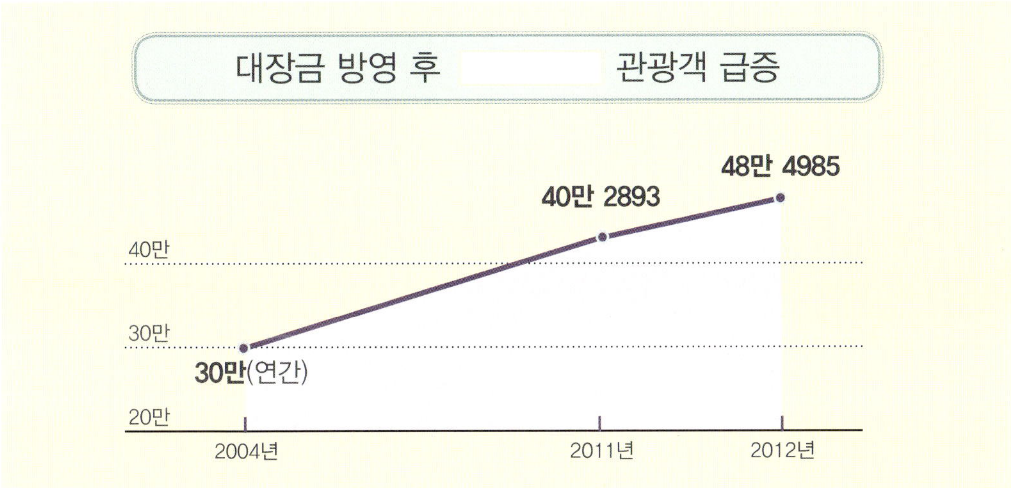

1) 위 ______ 에 들어갈 장소 이름을 쓰십시오.

____

2) 경기도에서 영화와 드라마를 많이 촬영하는 이유는 무엇입니까? (2가지)

① ______________________________

② ______________________________

3) 여러분이 한국에서 가고 싶은 영화나 드라마 촬영지는 어디입니까?

____

읽고 말하기

1. 한국의 세계문화유산을 공부하고 질문에 대답해 봅시다.

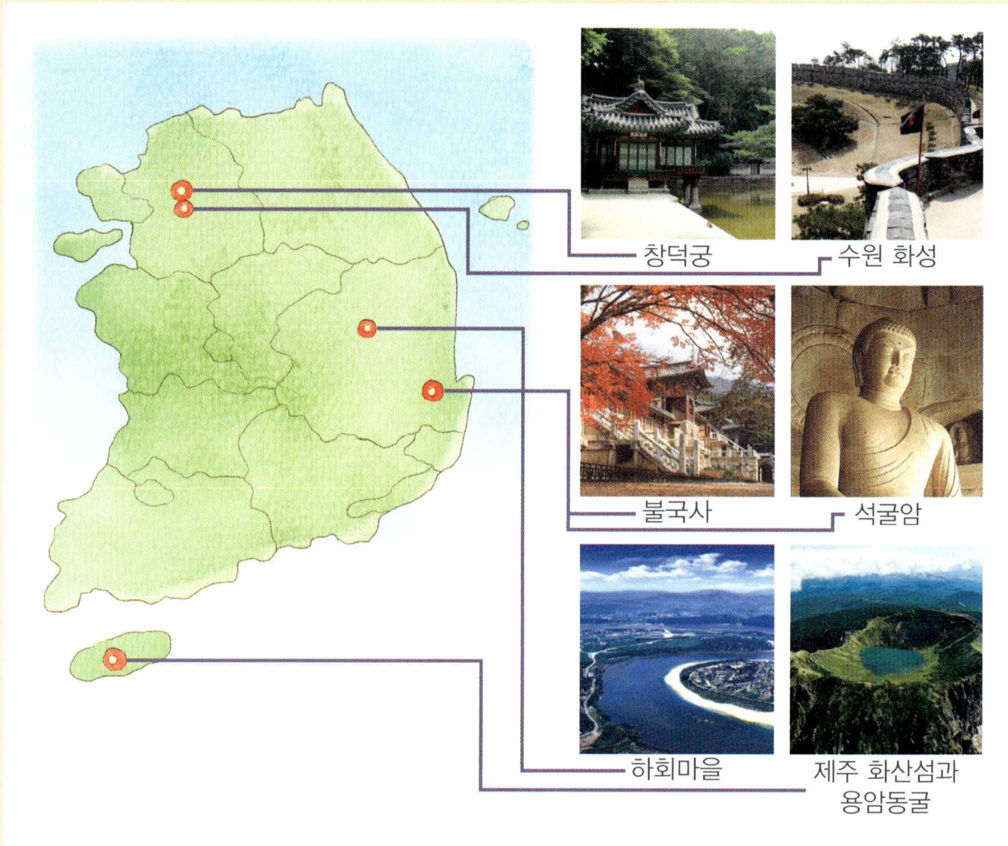

1) 서울에 있는 문화유산은 무엇입니까?

2) 위의 문화유산 중에서 여러분이 가 본 곳은 어디입니까?

2. 가이드가 되어 여러분 나라의 문화유산을 소개해 봅시다.

장소	
시대	
문화유산 (유적지/유물)	

새 단어: 화산 용암 동굴

읽고 쓰기

1. 다음 글을 읽고 질문에 대답해 봅시다.

천년의 역사, 경주

지난 일요일 KTX를 타고 친구와 함께 경주에 다녀왔다. 오래 전부터 꼭 가고 싶었던 곳이라서 마음이 설레었다. 이른 새벽이었지만 기차 안은 빈자리를 찾기 힘들 정도로 사람이 많았다. 아침 9시가 되기 전에 경주에 도착한 우리는 택시를 타고 불국사로 향했다. 길가의 가로수는 빨갛게 단풍이 들어서 정말 아름다웠고 경주 시내 여기저기에서 쉽게 볼 수 있는 기와집은 옛날 신라인들이 생활했던 곳이라고 생각하니까 더 멋스러워 보였다.

불국사에 도착했을 때 불국사는 단풍을 구경하러 온 관광객들로 붐볐다. 가을 단풍과 함께하는 불국사의 모습은 정말 아름다웠다. 세계문화유산으로 지정된 불국사 앞에는 석가탑과 다보탑 등 많은 문화재가 있었다. 불국사를 다 둘러보고 다음 장소로 이동하려고 할 때는 벌써 점심시간이 지나 있었다. 아침을 제대로 먹지 못한 우리는 불국사 근처에 있는 식당에 가서 늦은 점심을 먹었다. 상다리가 부러진다는 말이 무슨 뜻인지 알 수 있을 만큼 음식이 끝도 없이 많이 나왔다. 남기지 않을까 걱정했지만 너무 배가 고파서 음식을 하나도 남기지 않고 다 먹었다.

식당에서 나온 후 우리는 첨성대로 향했다. 첨성대는 천문 관측대인데 현재 동양에 남아 있는 천문 관측대 중에서 가장 오래되었다고 한다. 화강석을 둥글게 쌓아 올려서 만든 첨성대는 사진으로 많이 보긴 했지만 직접 본 것은 처음이었다. 첨성대 구경을 마친 우리는 더 많은 곳을 구경하고 싶었지만 집으로 돌아오는 기차를 타야 했다. 기차에 타자마자 친구와 나는 너무 피곤해서 서울역에 도착할 때까지 정신없이 잠을 잤다. 이번 경주 여행은 시간이 짧아서 조금 아쉽다는 생각이 들었지만 경주야말로 한국의 옛날 역사와 문화를 한 눈에 볼 수 있는 명소라는 생각이 들었다. 다음에는 좀 더 여유 있게 계획을 세워서 경주를 제대로 느껴 보고 싶다.

1) 위 사람이 경주에서 본 것은 무엇입니까?

2) 경주는 어떤 도시입니까?

2. 명소 탐방 경험을 기행문으로 써 봅시다.

새 단어: 역사 설레다 이르다 향하다 가로수 기와집 신라인 멋스럽다 이동하다 상다리가 부러지다 천문 관측대 화강석 둥글다 아쉽다

제 5 과

제6과 세대 차이 <1>

학습목표

주제	세대 차이의 원인과 극복 방법
어휘	① 세대 지칭 어휘 ② 세대 차이 관련 어휘
문법	① –곤 하다 ② –지 않고서는 –(으)ㄹ 수 없다
과제	① 세대별 생활 방식의 차이에 대해 듣고 말하기 ② 세대 차이의 원인과 극복 방법에 대한 글 읽고 쓰기

도입과 준비

남자도 화장할 수 있다

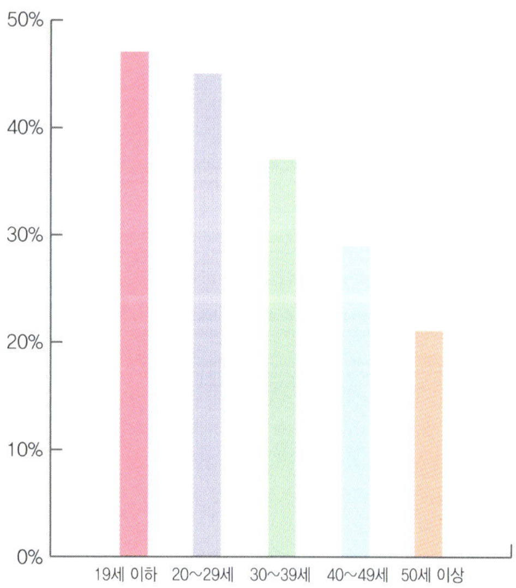

식사 대용으로 패스트푸드점을 종종 이용한다

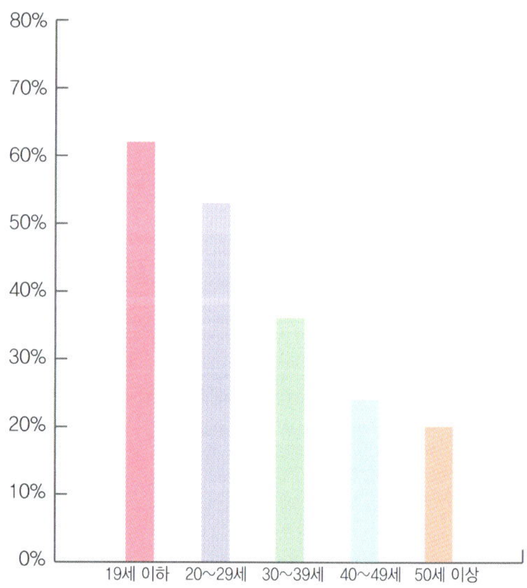

1. 위의 그래프는 무엇에 대한 내용인지 말해 봅시다.
2. 위 그래프의 내용은 여러분의 생각과 어떻게 다릅니까?

어휘 제시와 연습

1. 다음 세대 지칭 단어를 공부하고 문장을 완성해 봅시다.

기성세대 아날로그세대	➡	중간세대	➡	신세대 디지털세대

1) 일반적으로 ___________ 새로운 문화를 적극적으로 받아들인다.
2) 휴대전화나 컴퓨터 등 전자 기기에 익숙한 세대를 ___________ 한다.
3) ___________ 젊은 세대의 생각이나 행동을 이해하지 못하는 경우가 많다.
4) 우리 어머니는 ___________ 이메일보다는 손편지 쓰는 것을 더 좋아하신다.

2. 다음 세대 차이 관련 표현을 공부하고 질문에 대답해 봅시다.

세대 차이가 나다 세대 차이를 느끼다		세대 차이를 줄이다 세대 갈등을 극복하다

1) 가족 중에서 누구하고 세대 차이가 가장 많이 납니까?
2) 가정이나 사회에서 세대 차이를 느낄 때는 언제입니까?
3) 세대 갈등을 극복하려면 사회나 국가에서 어떤 노력을 해야 합니까?
4) 여러분은 주변 사람들과의 세대 차이를 줄이기 위해 어떤 노력을 합니까?

3. 구세대와 신세대의 특징에 해당하는 것에 번호를 써 봅시다.

1 구세대	2 신세대
☐ 유행에 관심이 많다.	☐ 인터넷 게임을 즐긴다.
☐ 통신 언어를 사용한다.	☐ 일찍 자고 일찍 일어난다.
☐ 문화생활을 자주 한다.	☐ 여가나 취미 생활에 적극적이다.
☐ 주택보다 아파트를 선호한다.	☐ 신제품이 나오면 바로 구매한다.

문법 제시와 연습

1. -곤 하다

동사에 붙어 일정한 때와 기간에 어떤 일을 여러 차례 반복함을 나타낸다. '죽다'나 '졸업하다'처럼 반복될 수 없는 동사와는 함께 쓰이지 않는다.

① 가: 시간이 있을 때 보통 뭘 해요?
나: 저는 시간이 있을 때마다 인사동에 가**곤 해요**.
② 가: 고등학교 때 친구들하고 뭘 하면서 놀았어요?
나: 수업이 끝난 후에 같이 농구를 하**곤 했어요**.

연습 1 '-곤 하다'를 사용해서 대화를 완성해 봅시다.

1) 가: 공부하다가 졸릴 때는 어떻게 해요?
나: ______________________________.
2) 가: 어렸을 때 자주 먹던 간식이 있었어요?
나: ______________________________.
3) 가: 요즘 즐겨 보는 방송 프로그램이 있어요?
나: ______________________________.
4) 가: 속상한 일이 있을 때 어떻게 기분을 풀어요?
나: ______________________________.
5) 가: 고향에 있을 때 주말에는 보통 무엇을 했어요?
나: ______________________________.
6) 가: 한국어를 처음 배울 때 자주 했던 실수가 있어요?
나: ______________________________.

연습 2 '-곤 하다'를 사용해서 다음에 대해 이야기해 봅시다.

1) 방학 때 무엇을 했는지 이야기해 봅시다.

초등학교 때	중·고등학교 때	요즘

2) 세대별로 여가 생활을 어떻게 하는지 이야기해 봅시다.

2. -지 않고서는 -(으)ㄹ 수 없다

동사 뒤에 붙어 앞의 행위가 없으면 뒤의 사실이 불가능함을 나타내며, 앞선 내용이 당연하거나 꼭 필요함을 강조한다. 이는 '-어/아야만 -(으)ㄹ 수 있다'와 같은 의미이며, '-지 않고서는'은 '-지 않으면'의 의미이다.

① 가: 그 일은 제 적성에 안 맞을 것 같아요.
나: 직접 해 보**지 않고서는** 맞는지 안 맞는지 **알 수 없잖아요**.

② 가: 한국말을 잘하려면 발음 연습부터 해야겠죠?
나: 네, 발음 연습을 하**지 않고서는** 말하기를 잘**할 수 없어요**.

제 6 과

연습 1 '-지 않고서는 -(으)ㄹ 수 없다'를 사용해서 대화를 완성해 봅시다.

1) 가: 병을 치료하려면 꼭 수술을 받아야 하나요?
나: 그럼요. ______________________.

2) 가: 주말에 영화를 보려고 하는데 예매를 해야 할까요?
나: 주말에는 사람이 많아서 ______________________.

3) 가: 좋은 작가가 되려면 다양한 경험을 많이 해 봐야겠죠?
나: 물론이죠. ______________________.

4) 가: 건강하게 생활하려면 꼭 규칙적으로 운동을 해야 한대요.
나: 맞아요. ______________________.

5) 가: 쓰기 숙제를 제대로 안 해서 작문 시험을 너무 못 봤어요.
나: ______________________.

6) 가: 유학생이 아르바이트를 하려면 출입국관리사무소에 신고해야 하나요?
나: ______________________.

연습 2 '-지 않고서는 -(으)ㄹ 수 없다'를 사용해서 다음에 대해 이야기해 봅시다.

1	세대 차이를 줄일 수 있는 방법	
2	좋은 회사에 취직할 수 있는 방법	
3	남들보다 빨리 성공할 수 있는 방법	
4	사람들과 쉽게 친해질 수 있는 방법	

대화하기

Track 61

아버지: 은영아, 너 옷이 그게 뭐니? 치마 길이가 너무 짧지 않아?

은 영: 요즘은 짧은 치마가 유행이어서 다들 이렇게 입곤 해요. 이것보다 더 짧은 것도 많이 입어요.

아버지: 그래도 그 치마는 단정해 보이지 않아. 빨리 다른 옷으로 갈아입어.

은 영: 치마가 이것보다 길면 촌스럽단 말이에요. 요즘 대학생들은 다들 이렇게 입어요.

아버지: 사람들이 많이 입는다고 해서 무조건 따라하는 건 좋지 않아. 그렇게 남들하고 똑같이 입으면 개성이 없지 않니?

은 영: 그렇지만 유행을 따르지 않고서는 세련되게 입을 수 없어요.

아버지: 유행도 좋지만 너한테 어울리는 옷을 입어야지. 그리고 무엇보다 여자는 옷을 단정하게 입는 게 가장 보기 좋아.

은 영: 알았어요. 다른 옷으로 갈아입을게요.

1. 다음 질문에 대답해 봅시다.

1) 요즘 젊은 여성들 사이에서 어떤 옷이 유행하고 있습니까?
2) 아버지는 은영에게 왜 옷을 갈아입으라고 했습니까?
3) 은영은 유행을 따르는 것에 대해서 어떻게 생각합니까?

2. 다음 단어를 공부하고 문장을 완성해 봅시다.

단정하다　　촌스럽다　　무조건　　개성　　유행을 따르다　　세련되다

1) 내일은 면접시험을 보기 때문에 ________ 옷을 입어야 한다.
2) 이 바지는 유행이 지났기 때문에 지금 입으면 ________ 보인다.
3) 그 가수의 목소리는 독특한 ________ 있어서 많은 사람들이 좋아한다.
4) 명동에 가면 요즘 유행하는 ________ 디자인의 옷을 많이 살 수 있다.

3. 다음에 대해서 이야기해 봅시다.

1) 요즘 젊은 사람들 사이에서 유행하는 것은 무엇입니까?
2) 여러분은 옷차림 때문에 부모님과 세대 차이를 느낀 적이 있습니까?

듣고 말하기

1. 다음 대화를 듣고 맞으면 O, 틀리면 X표 하십시오. Track 62

1) 아버지는 주말마다 취미 생활을 즐기시곤 한다. ( )

2) 여자는 메시지나 이메일로 업무를 보는 것이 편리하다고 생각한다. ( )

2. 다음 대화를 잘 듣고 맞는 것에 ☑표 하십시오. Track 64

1) ☐ 남자는 코미디 프로그램을 즐겨 본다.
☐ 남자는 최근에 유행하는 노래들을 알고 싶어한다.
☐ 여자는 요즘 가수들은 별로 실력이 없다고 생각한다.
☐ 여자는 코미디 프로그램을 여러 번 보면서 재미를 느꼈다.

2) ☐ 남자는 최신 기기를 선호하지 않는다.
☐ 여자는 고장이 안 나면 물건을 계속 쓰는 편이다.
☐ 여자는 인터넷을 쓰기 위해 스마트폰으로 바꿀 것이다.
☐ 남자는 스마트폰이 기능에 비해 요금이 비싸다고 생각한다.

3. 다음을 잘 듣고 질문에 대답하십시오. Track 66

1) 설문 조사의 내용은 무엇이었습니까?

______________________________.

2) 기성세대와 신세대의 생활 방식이 어떻게 다르게 나타났는지 쓰십시오.

	20~30대	40~50대
옷차림	편하게 입을 수 있는 옷	①
음식	②	건강에 좋고 비싸지 않은 음식
집	③	집은 반드시 있어야 한다

3) 위의 세대별 생활 방식과 여러분의 생각은 어떻게 다릅니까?

______________________________.

제6과

읽고 말하기

1. 다음을 읽고 질문에 대답해 봅시다.

직장에서 세대 차이를 느낄 때

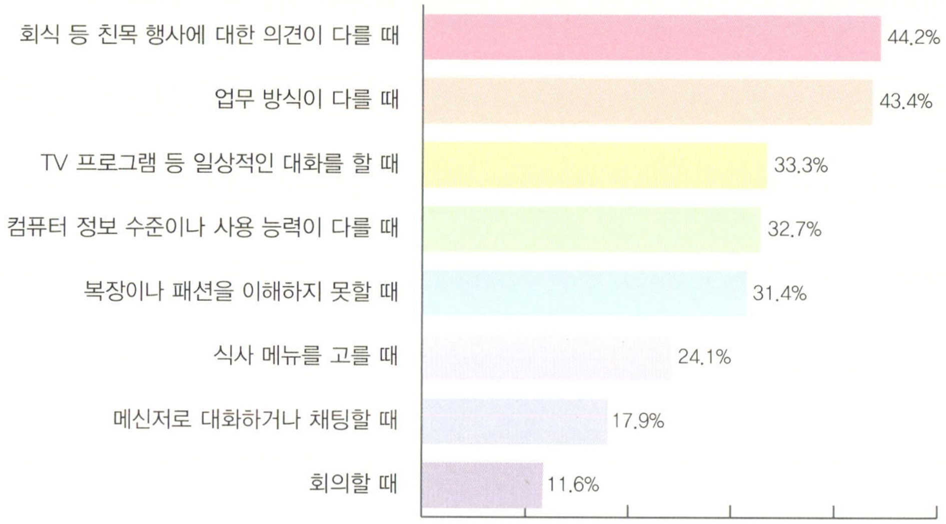

1) 직장인들은 언제 세대 차이를 느끼는 것으로 나타났습니까?

2) 여러분이 부모님과 세대 차이를 가장 많이 느끼는 경우는 언제입니까?

2. 다음 상황에서 세대별로 어떻게 다르게 행동하는지 역할극을 해 봅시다.

상황		기성세대	신세대
여행 계획 짜기	① 여행지 ② 숙박지 ③ 교통수단 ④ 식사	 70대 부부	 20대 부부

가:

나:

가:

나:

새 단어: 친목 업무 방식 일상적이다 수준 복장 메신저

읽고 쓰기

1. 다음 글을 읽고 질문에 대답해 봅시다.

세대 간의 벽을 뛰어넘자!

세대란 같은 시대를 살면서 공통의 의식을 가지게 된 비슷한 연령대의 사람들을 말한다. 사회가 변하고 세대가 바뀌면 생활 방식이나 사고 방식도 달라지기 때문에 다양한 세대가 공존하는 사회에서 세대 차이가 생기는 것은 당연한 일이다. 급변하는 현대 사회에서는 이러한 세대 간 격차가 점점 더 커지는데 이는 가끔 세대 갈등으로 나타나곤 한다.

세대 갈등의 원인은 크게 다음 세 가지로 나눌 수 있다. 첫째는 '지식을 얻는 방법의 변화'이다. 이전 세대는 종이책을 사서 꼼꼼하게 읽으며 정보를 얻곤 했지만 요즘 세대는 인터넷으로 쉽고 빠르게 정보를 찾는다. 이처럼 생각을 중시하는 세대와 속도를 중시하는 세대 간에 차이가 생기는 것은 당연하다. 둘째는 '경험의 차이'이다. 각 세대는 서로 다른 환경 속에서 서로 다른 경험을 하며 살아왔기 때문에 삶의 방식이나 가치관이 다를 수밖에 없다. 셋째는 '세대 간 소통의 부재'이다. 기성세대와 젊은 세대는 관심거리가 달라 함께 이야기를 나누기도 어려울 뿐만 아니라 의견 차이가 생겼을 때 서로 자기 생각만 옳다고 주장하는 경우가 많다. 이는 결국 세대 간에 벽을 만들고 갈등을 일으킨다.

그렇다면 세대 갈등은 어떻게 극복할 수 있을까? 무엇보다 중요한 것은 서로의 입장에서 생각하는 것이다. 젊은 세대는 윗세대가 겪는 어려움을 이해하고 지금까지 힘들게 사회를 이끌어 온 어른들을 배려해야 한다. 기성세대는 사회의 변화를 이해하고 젊은 세대의 문화를 받아들이기 위해 노력해야 한다. 다음으로 중요한 것은 서로의 이야기에 귀를 기울이는 것이다. 나이 든 세대는 젊은 세대에게 자신들의 가치관을 강요하지 않도록 해야 하며 젊은 세대는 기성세대의 이야기를 귀담아듣도록 해야 한다. 이처럼 서로 소통하려는 노력을 하지 않고서는 세대 간의 차이는 결코 좁혀질 수 없다. 서로를 이해하려는 노력을 기울인다면 세대 간의 벽을 넘을 수 있을 것이다.

1) 세대 갈등이 발생하는 원인 세 가지는 무엇입니까?

2) 세대 갈등을 극복하려면 어떻게 해야 합니까?

2. 세대 차이를 느낀 경험과 이를 극복한 방법에 대해 써 봅시다.

새 단어: 뛰어넘다 연령대 공존하다 급변하다 중시하다 소통 부재 나누다 옳다
주장하다 입장 이끌다 배려하다 기울이다 강요하다 귀담아듣다

제6과 세대 차이 <2>

학습목표

주제	가치관의 변화와 세대 차이
어휘	① 세대 관계 어휘　　② 가치관 관련 어휘
문법	① -(으)ㄹ 게 뻔하다　　② -기 마련이다
과제	① 세대 간 갈등에 대해 듣고 말하기 ② 가치관의 변화에 대한 글 읽고 쓰기

도입과 준비

연령별 결혼에 대한 견해

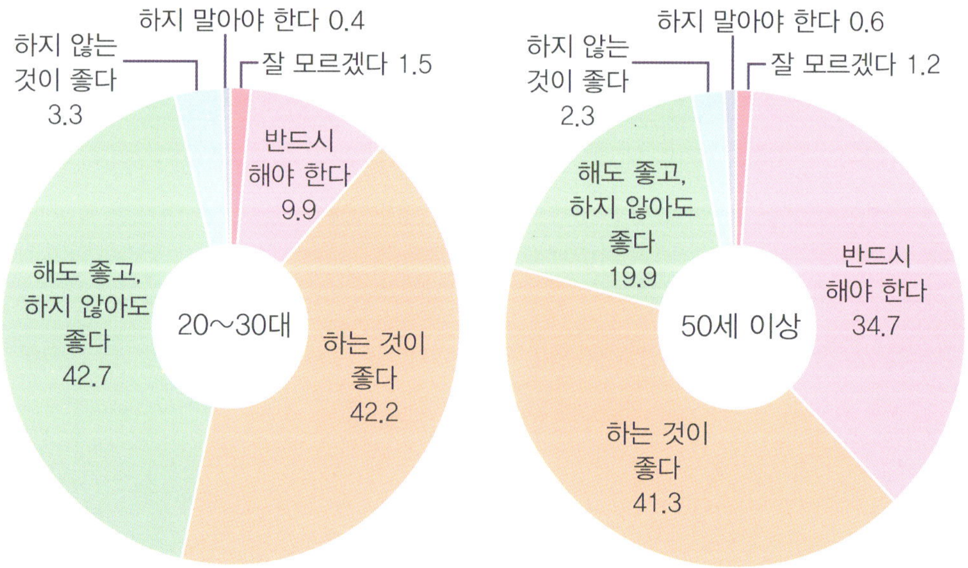

1. 위의 그래프는 무엇에 대한 내용인지 말해 봅시다.

2. 여러분은 위의 그래프에 나타난 견해와 어떻게 생각이 다릅니까?

어휘 제시와 연습

1. 다음 세대 관계 단어를 공부하고 문장을 완성해 봅시다.

가정		
부모	시부모	장인/장모
자식	며느리	사위

학교
선배
후배

직장
상사
부하 직원

1) 그 신입 사원은 ______________ 시키는 일만 열심히 한다.
2) 그 집 시어머니는 ______________ 딸처럼 아끼고 사랑해 준다.
3) 대학교에 다닐 때 1년 ______________ 반말을 했다가 혼난 적이 있다.
4) 요즘은 교육비가 많이 들어서 ______________ 적게 낳는 사람들이 많다.

2. 다음 가치관 관련 단어를 공부하고 알맞게 연결해 봅시다.

가치관	인생관	직업관	연애관	결혼관	가족관

1) 인생관 · · "끊임없이 도전하며 살고 싶다."
2) 결혼관 · · "나이가 차면 꼭 결혼을 해야 한다."
3) 직업관 · · "결혼한 후에 부모님을 모시고 살아야 한다."
4) 연애관 · · "이성을 사귈 때 가장 중요한 것은 믿음이다."
5) 가족관 · · "안정적인 일보다 적성에 맞는 일을 해야 한다."

3. 다음을 읽고 자신은 어떤지 ☑표 해 봅시다.

1	나는 남의 눈치를 보지 않고 행동한다.	□ 예 □ 아니요
2	나는 연애와 결혼은 다르다고 생각한다.	□ 예 □ 아니요
3	나는 동성끼리의 결혼도 괜찮다고 생각한다.	□ 예 □ 아니요
4	나는 자기 계발을 위해서 쓰는 돈은 아깝지 않다.	□ 예 □ 아니요
5	나는 월급이 적더라도 휴가가 많은 회사가 더 좋다.	□ 예 □ 아니요
6	나는 윗사람의 말을 다 따를 필요는 없다고 생각한다.	□ 예 □ 아니요
7	나는 결혼한 후에 자식을 낳지 않아도 된다고 생각한다.	□ 예 □ 아니요

문법 제시와 연습

1. -(으)ㄹ 게 뻔하다

주로 동사나 형용사 뒤에 붙어 확인하지 않아도 어떤 일의 상태나 결과가 틀림없음을 나타낸다. 대체로 부정적인 결과를 예상하는 경우가 많다.

① 가: 그 원룸이 가격이 제일 싼 것 같은데 한번 가 볼래요?
   나: 월세가 싼 걸 보니까 방이 작**을 게 뻔해요**.
② 가: 10시가 넘었으니까 마이클 씨도 지금쯤이면 일어났겠죠?
   나: 주말에는 항상 늦게 일어나니까 아직 자고 있**을 게 뻔해요**.
③ 가: 그 콘서트가 아주 볼 만하다고 하던데 표를 구할 수 있을까요?
   나: 인기가 많아서 표가 다 팔렸**을 게 뻔해요**.

연습 1　'-(으)ㄹ 게 뻔하다'를 사용해서 대화를 완성해 봅시다.

1) 가: 주말에 바다에 놀러 갈까 하는데 사람이 많을까요?
   나: 요즘 휴가철이어서 ____________________.
2) 가: 오후에 도서관에서 공부할까 하는데 자리가 있을까요?
   나: 시험 기간이라서 ____________________.
3) 가: 왕강 씨가 이번 학기에는 숙제를 열심히 하고 있겠죠?
   나: ____________________. 날마다 밤늦게까지 놀고 있던데요.
4) 가: 그렇게 중요한 일이면 다시 한번 부탁해 보지 그래요?
   나: 다시 부탁해 봤자 ____________________.
5) 가: 오늘이 합격자 발표일이라고 했죠? 결과는 확인해 봤어요?
   나: ____________________. 면접 볼 때 실수를 많이 했거든요.
6) 가: 음식을 너무 많이 먹어서 체한 것 같은데 오늘 약국 문을 열었을까요?
   나: 설 연휴니까 가 보나 마나 문이 ____________________.

연습 2　'-(으)ㄹ 게 뻔하다'를 사용해서 다음에 대해 이야기해 봅시다.

1	국제결혼을 하겠다고 하면 우리 부모님은?	□ 찬성한다	□ 반대한다
2	반바지를 입고 회사에 출근하면 사장님은?	□ 좋아한다	□ 싫어한다
3	평생 독신으로 살겠다고 하면 우리 부모님은?	□ 찬성한다	□ 반대한다

2. –기 마련이다

동사나 형용사 뒤에 붙어 앞의 동작이나 상태가 나타나는 것은 자연스럽거나 당연함을 나타내며 '–(으)ㄴ/는 것이 당연하다'의 표현으로 대체할 수 있다. 일반적인 규칙이나 진리에 쓰여 속담이나 격언과 함께 사용되는 경우가 많으며 보통 '–(으)면 –기 마련이다'의 형태로 쓰인다.

① 가: 급하게 서두르는 바람에 실수를 많이 했어요.
  나: 서두르면 실수가 많**기 마련이죠**.
② 가: 얼마 전에 취직을 했는데 저보다 부모님이 더 좋아하세요.
  나: 자식이 잘 되면 부모님이 더 기뻐하시**기 마련이에요**.

제6과

연습 1 '–기 마련이다'를 사용해서 대화를 완성해 봅시다.

1) 가: 날마다 김밥만 먹었더니 너무 지겨워요.
  나: ______________________________.
2) 가: 하루 종일 컴퓨터를 했더니 눈이 아프네요.
  나: ______________________________.
3) 가: 일이 적성에 맞아서 그런지 회사 생활이 즐거워요.
  나: ______________________________.
4) 가: 여러 사람 앞에서 발표를 하니까 너무 긴장되고 떨렸어요.
  나: ______________________________.
5) 가: 날마다 한국 드라마를 봐서 그런지 듣기가 많이 좋아진 것 같아요.
  나: ______________________________.

연습 2 '–기 마련이다'를 사용해서 당연한 일에 대해 이야기해 봅시다.

1	착하게 살면 복을 받기 마련이다.
2	기대가 크면 실망도 크기 마련이다.
3	열심히 노력하면 성공하기 마련이다.
4	
5	

대화하기

Track 67

회사원1: 민수 씨가 자리에 없던데 벌써 퇴근했어요?

회사원2: 조금 전까지 있었는데 퇴근했나 보네요.

회사원1: 저녁에 영어를 배운다고 했으니까 퇴근하고 영어 학원에 갔을 게 뻔하네요. 우리가 신입 사원일 때는 상사가 퇴근할 때까지 기다리곤 했는데…….

회사원2: 요즘 사람들은 안 그래요. 다들 퇴근 시간이 되자마자 나가죠.

회사원1: 자기 일이 끝났다고 해서 바로 퇴근하는 건 좀 이기적인 거 아니에요? 상사들도 퇴근 안 하고 일하고 있는데…….

회사원2: 우리는 상사들 눈치를 보느라고 일이 끝나도 퇴근을 못 했는데 요즘 젊은 사람들은 제시간에 퇴근해서 자기 계발을 한대요.

회사원1: 자기 계발도 좋지만 회사 일이 더 먼저 아닌가요? 제가 보기에 요즘 신입 사원들은 개인적인 일을 더 중요하게 생각하는 것 같아요.

회사원2: 시대가 달라지면 가치관도 달라지기 마련이잖아요. 무조건 회사 일을 우선이라고 생각하는 것도 문제가 있죠.

1. 다음 질문에 대답해 봅시다.

1) 옛날 신입 사원들은 왜 제시간에 퇴근하지 못했습니까?
2) 요즘 신입 사원들은 퇴근한 후에 어떻게 시간을 보냅니까?
3) 회사원1은 요즘 신입 사원들에 대해 어떻게 생각합니까?

2. 다음 단어를 공부하고 문장을 완성해 봅시다.

퇴근하다　　이기적이다　　눈치를 보다　　개인적이다　　가치관

1) 동생은 시험 성적이 나빠서 하루 종일 엄마의 ________ 있다.
2) 오늘 약속이 있어서 회사 일이 끝나자마자 바로 ________ 생각이다.
3) ________ 사람은 항상 자기만 생각하기 때문에 친구를 사귀기 어렵다.
4) 김 과장은 아랫사람에게 회사 업무뿐만 아니라 ________ 일도 자주 시킨다.

3. 다음에 대해서 이야기해 봅시다.

1) 여러분은 위의 신입 사원에 대해 어떻게 생각합니까?
2) 요즘 신입 사원들은 옛날 신입 사원들과 어떻게 다릅니까?

듣고 말하기

1. 다음 대화를 잘 듣고 질문에 대답하십시오. Track 68

1) 여자가 부모님과의 대화를 피하게 되는 이유는 무엇입니까?

______________________________.

2) 남자는 돈을 버는 목적이 무엇이라고 생각합니까?

______________________________.

2. 다음 대화를 잘 듣고 여자의 생각으로 맞는 것을 고르십시오. Track 70

1) □ 회식을 하는 것도 업무의 연장이다.
   □ 회식에는 직원 모두 참석하는 것이 좋다.
   □ 개인 생활보다는 직장 생활이 더 중요하다.
   □ 일이 있으면 회식에는 참석하지 않아도 된다.

2) □ 젊은 세대는 기성세대를 따르는 것이 좋다.
   □ 기성세대와 신세대는 자주 어울리는 것이 좋다.
   □ 세대 차이 덕분에 우리 사회는 발전해 나갈 수 있다.
   □ 같은 세대끼리만 어울리기 때문에 세대 차이가 생긴다.

3. 다음을 잘 듣고 질문에 대답하십시오. Track 72

1) 요즘 세대 갈등이 점점 심각해지는 이유는 무엇입니까?

______________________________.

2) 최근 서울의 한 버스 안에서 어떤 사건이 발생했습니까?

______________________________.

3) 세대 갈등을 극복하기 위해서는 어떤 노력을 해야 합니까?

______________________________.

4) 여러분은 공공장소에서 세대 갈등이 자주 생기는 것에 대해 어떻게 생각합니까?

______________________________.

읽고 말하기

1. 다음을 읽고 질문에 대답해 봅시다.

[1] 남자도 전업주부가 돼서 육아와 살림을 할 수 있다

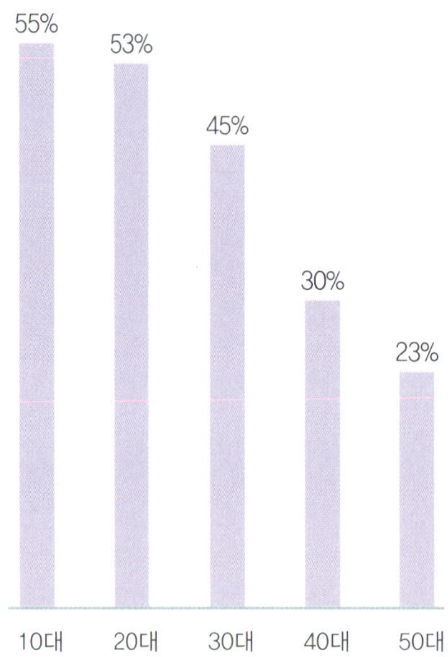

[2] 자녀는 반드시 있어야 한다

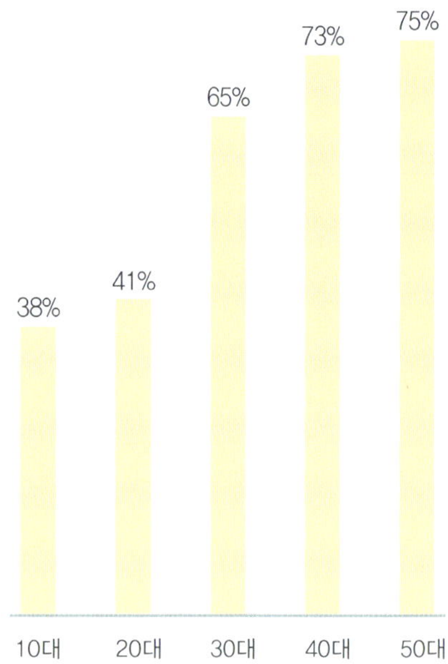

1) [1]에서 남녀의 성 역할을 바꾸는 것에 대한 생각이 연령별로 어떻게 달랐습니까?

2) [2]에서 자녀에 대한 생각이 연령별로 어떻게 달랐습니까?

2. 다음 상황 중 하나를 골라 역할극을 해 봅시다.

	상황	입장 차이
1	결혼 후에 처가살이를 하겠다는 아들과 이를 반대하는 어머니	어머니 & 아들
2	자신의 의견에 반대하는 부하 직원에게 화를 내는 상사와 누구나 자유롭게 의견을 낼 수 있다고 주장하는 부하 직원	상사 & 부하 직원
3	지하철 일반석에서 자리를 양보하지 않는다고 혼내는 할머니와 노약자석이 아니니까 양보할 필요가 없다고 주장하는 학생	할머니 & 학생

새 단어: 전업주부 육아 살림 자녀 반드시 성 역할 처가살이 주장하다

읽고 쓰기

1. 다음 글을 읽고 질문에 대답해 봅시다.

현대 사회와 가치관의 변화

가치관은 사람들이 환경에 적응해 가는 과정에서 만들어지는 것이다. 따라서 환경이 변화하면 가치관도 달라지기 마련인데, 세대마다 가치관이 다른 것도 각 세대가 살아온 시대적 환경이 다르기 때문이다. 한국 사회도 지난 30년 간 큰 변화를 겪어 왔기 때문에 지금의 젊은 세대는 이전 세대와 많은 부분에서 가치관의 차이를 보일 수밖에 없다. 이를 분야별로 살펴보면 다음과 같다.

첫째는 결혼관과 가족관의 변화이다. 기성세대에 비해 개방적인 결혼관을 갖고 있는 신세대는 결혼과 자녀의 필요성을 크게 느끼지 않으며, 부부 사이의 갈등을 해결할 수 없다면 이혼도 가능하다고 생각한다. 또 남녀를 동등하게 대하는 환경에서 자랐기 때문에 가정 생활에서도 남녀의 역할이 동등하기를 기대하며 맞벌이나 남성 전업주부에 대해서도 긍정적으로 생각한다. 가치관의 변화는 가족관에서도 나타나는데 젊은 세대는 가족의 범위를 부부와 자녀 중심으로 생각한다. 한 조사 자료를 보면 조부모를 가족이라고 생각하는 사람은 23.4%밖에 되지 않았으며, 남녀 열 명 중 다섯 명은 시부모와 장인, 장모를 가족이 아니라고 생각하고 있었다.

둘째는 직업관의 변화이다. 젊은 세대는 기성세대보다 경제적으로 여유롭게 생활했기 때문에 직업 선택에서도 수입보다는 여가 시간이 많고 스트레스가 적은 직종을 선호한다. 또 직업의 안정성보다는 자유로움을 중시하여 한 직장에서 오래 일하는 것보다 자유롭게 일하는 것을 좋아한다.

셋째는 사회관의 변화이다. 젊은 세대는 어학연수나 유학 등의 해외 경험이 많기 때문에 국제결혼을 긍정적으로 생각하며 외국인이나 외국 문화에 대해서도 매우 개방적이다.

이처럼 오늘날의 젊은 세대는 생활 방식이나 사고 방식에서 이전 세대와는 많은 차이를 보인다. 이러한 차이는 현대 사회의 변화를 잘 보여줄 뿐만 아니라 미래 사회가 어떻게 변화할지를 예측할 수 있게 한다.

1) 세대마다 가치관이 다른 이유는 무엇입니까?

2) 현대 사회에서 가치관이 어떻게 달라졌습니까?

2. 현대 사회에서 가치관(결혼관, 직업관, 남녀관 등)이 어떻게 달라졌는지 쓰십시오.

새 단어: 환경 분야별 살펴보다 동등하다 자라다 맞벌이 긍정적 범위 여유롭다 자유롭다 중시하다 예측하다

제 6 과

제 7 과 옛날이야기 <1>

학습목표

주제	옛날이야기의 구성과 기능
어휘	① 옛날이야기의 구성 관련 어휘 ② 옛날이야기의 내용 관련 어휘
문법	① –는 둥 마는 둥 하다 ② 은/는 물론이고
과제	① 옛날이야기의 특성에 대해 듣고 말하기 ② 옛날이야기의 교육적 가치에 대한 글 읽고 쓰기

도입과 준비

1. 위의 그림은 무엇에 대한 내용인지 말해 봅시다.
2. 여러분이 어렸을 때 들은 옛날이야기에는 어떤 것들이 있습니까?

어휘 제시와 연습

1. 옛날이야기의 구성 요소에 대한 단어를 공부하고 알맞게 연결해 봅시다.

제목　　주제　　줄거리　　배경　　등장인물　　결말

1) 제목 ·	· 이야기의 간단한 내용
2) 주제 ·	· 이야기에 붙여진 이름
3) 결말 ·	· 이야기의 마지막 부분
4) 줄거리 ·	· 이야기에 나오는 인물
5) 등장인물 ·	· 이야기에 나타난 중심 생각

2. 옛날이야기의 내용 요소에 대한 단어를 공부하고 질문에 대답해 봅시다.

오락적 요소	교육적 요소	전통적 요소
재미 흥미 유머	지혜 교훈 감동	역사 풍습 가치관

1) 옛날이야기에 어떤 교훈이 들어 있습니까?
2) 여러분이 가장 감동을 받은 옛날이야기는 무엇입니까?
3) 어렸을 때 가장 흥미 있게 읽었던 옛날이야기는 무엇입니까?
4) 옛날이야기에 나오는 동물 중 지혜가 많은 동물은 무엇이 있습니까?

3. 옛날이야기의 특성에 대한 단어를 공부하고 문장을 완성해 봅시다.

구전되다　　교훈적이다　　감동적이다　　복을 받다　　벌을 받다

1) 그 작품은 많은 사람들이 눈물을 흘리면서 볼 만큼 매우 ________.
2) 옛날이야기에서 보통 착한 사람은 ________ 악한 사람은 ________.
3) 그 책은 ________ 내용을 담고 있어서 학생들이 읽으면 배울 점이 많다.
4) 옛날이야기는 ________ 내려오기 때문에 지역마다 이야기가 조금씩 다르다.

제 7 과

문법 제시와 연습

1. -는 둥 마는 둥 (하다)

동사 뒤에 붙어서 어떤 행위를 열심히 하지 않거나 제대로 하지 않는 것을 표현한다. 즉, 어떤 일을 하는 것 같기도 하고 하지 않는 것 같기도 해서 확실히 말할 수 없음을 의미하며 부정적인 면이 강하다. '-는 둥 마는 둥' 뒤에 '하다'가 붙어 문장이 마무리되기도 하고 혹은 다음 문장으로 연결되기도 한다.

① 가: 지난번에 산 소설책은 다 읽었어요?
 나: 아니요. 바빠서 읽**는 둥 마는 둥 하고** 있어요.

② 가: 조금 전에 식사했는데 또 빵을 드세요?
 나: 아까 밥을 먹**는 둥 마는 둥 했더니** 배가 고파서요.

연습 1 **'-는 둥 마는 둥 (하다)'를 사용해서 대화를 완성해 봅시다.**

1) 가: 어제 본 영화는 어땠어요?
 나: 너무 무서워서 ______________________.

2) 가: 피곤해 보이는데 잠을 못 잤어요?
 나: 네. 회의 준비를 하느라고 ______________________.

3) 가: 요가 학원에 등록했다고 하더니 잘 다니고 있어요?
 나: 아니요. 가기가 귀찮아서 ______________________.

4) 가: 공연이 며칠 안 남았는데 연습은 열심히 하고 있어요?
 나: 아니요. 날씨가 너무 더워서 ______________________.

연습 2 **'-는 둥 마는 둥 (하다)'를 사용해서 문장을 완성해 봅시다.**

1) 동생이 많이 피곤했는지 (씻다) ______________ 잤어요.
2) 발표 준비를 (하다) ______________ 발표할 때 실수를 많이 했어요.
3) 친구들이 노래방에서 노래를 (부르다) ______________ 재미없었어요.
4) 조카한테 옛날이야기를 해 주면 (듣다) ______________ 딴 얘기만 해요.

연습 3 **'-어/아서 -는 둥 마는 둥 (하다)'를 사용해서 다음에 대해 이야기해 봅시다.**

지금까지 제대로 하지 못한 일과 그 이유

2. 은/는 물론이고

명사에 붙어 앞의 명사는 말할 것도 없이 뒤의 문장도 그러함을 나타낸다. 형용사나 동사와 결합할 경우 '-(으)ㄴ/는 것은 물론이고'의 형태로 쓰인다.

① 가: 선생님께서 평일에는 많이 바쁘시겠죠?
　나: 평일**은 물론이고** 주말에도 많이 바쁘신 것 같아요.
② 가: 한솔 씨가 영어를 잘한다고 했죠?
　나: 영어**는 물론이고** 중국어도 아주 잘해요.
③ 가: 그 회사 제품은 품질이 정말 좋은 것 같아요.
　나: 품질이 좋**은 건 물론이고** 값도 아주 싸요.

연습 1 '은/는 물론이고'를 사용해서 대화를 완성해 봅시다.

1) 가: 출근 시간에 길이 많이 막히죠?
　나: ______________________________.
2) 가: 한국에서 제주도에 가 보셨어요?
　나: ______________________________.
3) 가: 등산하려면 등산복을 준비하는 게 좋겠죠?
　나: ______________________________.
4) 가: 옛날이야기에는 교훈적인 내용이 많이 나오죠?
　나: ______________________________.
5) 가: 한국에 처음 왔을 때 한국말로 인사도 할 줄 몰랐다면서요?
　나: ______________________________.
6) 가: 외국인들이 가장 즐겨 먹는 한국 음식은 비빔밥인 것 같아요.
　나: ______________________________.

연습 2 '-(으)ㄴ/는 것은 물론이고'를 사용해서 다음에 대해 이야기해 봅시다.

		이유 1	이유 2
1	옛날이야기 책을 읽는 이유	재미있다	교훈적이다
2	대기업을 더 선호하는 이유	월급이 많다	인정적이다
3	한국 가수를 좋아하는 이유	노래를 잘한다	춤도 잘 춘다
4	도시 생활을 싫어하는 이유	환경오염이 심하다	

대화하기

Track 73

은영: 왕강 씨, 지난번에 빌려간 전래 동화는 다 읽었어요?

왕강: 네. 처음에는 재미없을 것 같아서 읽는 둥 마는 둥 했는데 계속 읽으니까 생각보다 재미있었어요.

은영: 전래 동화를 읽으면 재미는 물론이고 한국 문화를 이해하는 데에도 도움이 많이 될 거예요.

왕강: 정말 그런 것 같아요. 그래서 다음 발표 수업 때 한국과 중국의 전래 동화를 비교해서 발표해 보려고 해요.

은영: 음, 나라마다 비슷한 주제를 가진 이야기들이 많으니까 그걸 좀 더 자세히 비교해 보는 것도 재미있을 것 같네요.

왕강: 그런데 어떤 작품들을 비교하면 좋을지 추천 좀 해 주시겠어요?

은영: '견우와 직녀'를 비교해 보면 어떨까요? 제가 듣기에 이야기의 등장인물과 주제는 서로 비슷하지만 결말은 조금 다르다고 해요.

왕강: 아, 그러면 되겠네요. 열심히 준비해서 발표해 볼게요.

1. 다음 질문에 대답해 봅시다.

1) 왕강은 전래 동화를 처음부터 재미있게 읽었습니까?
2) 은영은 전래 동화가 어떤 점에서 도움이 된다고 했습니까?
3) 왕강은 수업 시간에 무엇에 대해서 발표하려고 합니까?

2. 다음 단어를 공부하고 문장을 완성해 봅시다.

전래 동화 비교하다 작품 등장인물 서로 결말

1) 남자 친구와 나는 __________ 의견이 안 맞을 때가 많다.
2) 그 영화감독이 만든 __________ 이번 국제영화제에서 큰 상을 받았다.
3) 동양과 서양의 문화를 __________ 보면 다른 점이 아주 많아서 재미있다.
4) 보통 전래 동화의 __________ 주인공이 행복하게 잘 살게 되는 것으로 끝난다.

3. 다음에 대해서 이야기해 봅시다.

1) 여러분이 알고 있는 한국의 전래 동화에는 어떤 것이 있습니까?
2) 여러분 나라의 전래 동화 중 외국인 친구에게 소개하고 싶은 것은 무엇입니까?

듣고 말하기

1. 다음 대화를 듣고 맞으면 O, 틀리면 X표 하십시오. Track 74

1) 오늘 읽은 옛날이야기에서 한국인들의 유머를 느낄 수 있었다. ( )

2) 한국의 전래 동화 중에서 '선녀와 나무꾼'은 행복한 결말로 끝난다. ( )

2. 다음 대화를 잘 듣고 맞는 것에 ☑표 하십시오. Track 76

1) 한국에서는 한국의 전래 동화를 (□ 영화로 □ 인형극으로) 많이 제작한다.

2) 마이클은 옛날이야기를 읽으면서 한국어 공부가 (□ 힘들어졌다 □ 재미있어졌다).

3. 다음을 듣고 질문에 대답하십시오. Track 78

1) 이야기를 잘 듣고 다음 표를 완성하십시오.

제목		〈젊어지는 샘물〉
주제		______________________
등장인물		박씨 할아버지, 할머니, 허씨 할아버지
배경		① 시간: 옛날 ② 장소: __________
줄거리	처음	① 옛날 옛날에 마음씨 착한 할아버지와 할머니가 살고 있었다.
	중간	② 마당에 떨어져 다리를 다친 새를 치료해 주었다.
		③ 할아버지는 산에 나무를 하러 갔다가 새를 따라갔다.
		④
		⑤ 할아버지는 자신이 젊어진 것을 알게 되었다.
		⑥
		⑦ 허씨 할아버지는 박씨 할아버지의 말을 듣고 샘으로 갔다.
		⑧
		⑨ 샘에서 아기로 변한 허씨 할아버지를 발견했다.
	끝	⑩

2) 여러분 나라의 전래 동화 중 위와 비슷한 내용의 이야기가 있으면 소개해 보십시오.

제 7 과

읽고 말하기

1. 다음을 읽고 질문에 대답하십시오.

빨간 부채 파란 부채

어린이 체험 동화 '빨간 부채 파란 부채'는 배우와 관객이 함께 연기를 하며 전래 동화를 읽는 프로그램입니다.

- ☐ 공연 일시: 2013. 5. 5. 일요일 오후 3시
- ☐ 공연 장소: 어린이도서관 3층 강당
- ☐ 참가 대상: 어린이 80명
- ☐ 참가 방법: 공연 당일 오전 9시부터 입장권 선착순 배부
- ☐ 문의 전화: 02) 123-4567

※ 주의 사항

1. 공연시간을 꼭 지켜 주십시오.
2. 본 공연은 어린이를 위한 공연입니다. 단, 보호가 필요한 6세 이하 유아는 부모 동반 입장이 가능합니다.

1) '빨간부채 파란부채'는 어떤 공연입니까?

2) '빨간부채 파란부채' 공연에 참가하려면 어떻게 해야 합니까?

2. 옛날이야기 '젊어지는 샘물'을 성우가 되어 재미있게 구연해 봅시다.

제목	'젊어지는 샘물'	
성우	① 내레이터: ________	② 박씨 할아버지: ________
	③ 할 머 니: ________	④ 허씨 할아버지: ________

옛날 옛날 한 옛날에 마음씨 착한 박씨 할아버지와 할머니가 살고 있었습니다.

새 단어: 관객 일시 강당 당일 입장권 선착순 배부 유아 동반 입장 마음씨

읽고 쓰기

1. 다음 글을 읽고 질문에 대답해 봅시다.

아이들의 꿈을 키워 주는 전래 동화

'옛날 옛날 한 옛날에'로 시작해서 '모두 행복하게 살았답니다'로 끝나는 전래 동화는 오랜 세월 동안 사람들의 입에서 입으로 전해 내려온 이야기이다. 평범하지만 착한 인물들이 등장하여 온갖 어려움을 극복하고 결말에는 행복하게 살게 되는 구성이 일반적인데, 할아버지의 할아버지, 할머니의 할머니로부터 전해 내려오는 동안 이야기가 덧붙여지기도 하고 생략되기도 한다. 그러므로 비슷한 내용의 이야기가 지방에 따라 조금씩 다르게 전해지기도 하고 결말이 달라지기도 한다.

전래 동화가 오랜 세월 동안 사람들에게 사랑을 받을 수 있었던 것은 아이들의 상상력을 길러 주는 것은 물론이고 어른들의 경험을 간접적으로 체험할 수 있게 해 주는 역할을 해 왔기 때문이다. 아이들은 전래 동화를 읽으면서 세상에서 일어나는 많은 일들을 알게 되고 사회성을 길러 나간다. 그런 점에서 전래 동화를 읽으며 자란 아이와 그렇지 않은 아이는 큰 차이가 있다.

그렇다면 전래 동화는 어떤 교육적 가치를 가질까? 첫째, 아이들은 전래 동화를 읽으면서 어떻게 살아야 하는지에 대한 올바른 가치관을 배우게 된다. 전래 동화는 착한 행동과 나쁜 행동이 무엇인지를 잘 보여주고 있기 때문이다. 둘째, 전래 동화에는 조상들이 겪어 온 다양한 삶의 체험과 가치관 등이 들어 있어 한국인의 생활 방식과 사고 방식을 배울 수 있다. 셋째, 상상력을 키울 수 있다. 전래 동화에는 신기한 일들과 아이들이 호기심을 느낄 만한 흥미로운 이야기들이 아주 많기 때문이다. 넷째, 지혜와 용기와 희망을 배운다. 아이들은 동화 속 주인공들이 어려운 상황에서도 용기와 희망을 잃지 않고 어려움을 극복하는 모습에서 삶의 지혜를 깨닫게 된다.

현대 사회로 오면서 전래 동화는 아이들뿐만 아니라 어른들에게도 많은 사랑을 받고 있으며, 전래 동화를 만나게 되는 방법도 더욱 다양해졌다. 첨단 과학이 발달하게 되는 미래 사회에도 동화는 많은 사람들에게 꿈을 키워 줄 것이다.

1) 전래 동화는 일반적으로 어떤 구성을 보입니까?

2) 전래 동화는 어떤 점에서 교육적 가치를 가집니까?

2. 자신에게 영향을 준 전래 동화에 대해 써 봅시다.

새 단어: 세월 평범하다 온갖 구성 덧붙이다 생략하다 상상력 간접적 체험하다 역할 사회성 올바르다 겪다 신기하다 호기심 흥미롭다 깨닫다 첨단 과학 발달하다

제 7 과

제 7 과 옛날이야기 <2>

학습목표

주제	옛날이야기의 주제와 등장인물
어휘	① 옛날이야기의 주제 관련 어휘 ② 옛날이야기의 등장인물 관련 어휘
문법	① 치고 ② 은/는커녕 / -기는커녕
과제	① 옛날이야기의 주제에 대해 듣고 말하기 ② '개미와 베짱이'의 줄거리 바꿔 쓰기

도입과 준비

가족애

의좋은 형제

사랑

견우와 직녀

지혜

토끼와 자라

교훈

혹부리 영감

1. 위의 그림은 무엇에 대한 내용인지 말해 봅시다.
2. 여러분 나라의 옛날이야기는 어떤 주제들이 많습니까?

어휘 제시와 연습

1. 옛날이야기의 주제 관련 단어를 공부하고 문장을 완성해 봅시다.

효도　　우애　　근면　　정직　　지혜　　용기

1) 아무리 겁이 나더라도 ____________ 내서 도전할 것이다.
2) 자신를 길러 주신 부모님께 ____________ 하는 것은 당연한 일이다.
3) 우리는 형제 간에 ____________ 깊어서 힘든 일이 있을 때마다 서로 돕는다.
4) 전래 동화에는 어떤 일이 생겨도 해결할 수 있는 삶의 ____________ 들어 있다.

2. 옛날이야기 등장인물의 성격 관련 표현을 공부하고 반대말을 연결해 봅시다.

1) 착하다 ·	· 게으르다
2) 용감하다 ·	· 겁이 많다
3) 정직하다 ·	· 욕심이 많다
4) 부지런하다 ·	· 거짓말을 잘하다
5) 욕심이 없다 ·	· 마음씨가 나쁘다

3. 옛날이야기의 배경과 등장인물에 대한 단어를 공부해 봅시다.

옛날이야기
- 궁궐: 임금님, 왕비님, 왕자님, 공주님
- 하늘나라: 하느님, 선녀
- 숲: 산신령, 도깨비, 사슴, 호랑이, 곰, 토끼
- 마을: 할아버지, 할머니, 농부, 나무꾼, 사냥꾼, 개, 고양이, 소, 닭
- 바닷속: 용왕, 거북이
- 우물: 개구리

제 7 과

문법 제시와 연습

1. 치고

명사와 결합하여 그 명사를 기준으로 볼 때 일반적 생각과 다른 경우에 쓰인다. 뒤에 부정문이 올 때는 앞의 명사가 뒤 문장의 내용과 같음을 나타낸다.

① 가: 제니 씨는 정말 한국말을 잘하네요.
   나: 맞아요. 외국인**치고** 발음도 정말 좋아요.

② 가: 제가 외국에 있으니까 부모님께서 걱정을 많이 하세요.
   나: 부모님**치고** 자식 걱정을 안 하는 사람은 없죠.

연습 1 '치고'를 사용해서 대화를 완성해 봅시다.

1) 가: 저 사람은 농구 선수라고 하던데 키가 별로 안 크네요.
   나: ______________________________.

2) 가: 지금 한겨울인데 날씨가 너무 따뜻한 것 같지 않아요?
   나: ______________________________.

3) 가: 공포 영화라고 해서 무서울 줄 알았는데 생각보다 안 무섭네요.
   나: ______________________________.

연습 2 '치고'를 사용해서 대화를 완성해 봅시다.

1) 가: 요즘 나오는 휴대전화는 다 카메라 기능이 있죠?
   나: 그럼요. ______________________________.

2) 가: 여기는 대도시라서 그런지 정말 물가가 비싸네요.
   나: ______________________________.

3) 가: 아이들은 누구나 다 옛날이야기를 좋아하는 것 같아요.
   나: ______________________________.

연습 3 '치고'를 사용해서 우리 반 친구들에 대해서 이야기해 봅시다.

마이클 씨는 남자치고 쇼핑을 좋아해요.

우리 반 친구들

우리 반 여자들치고 예쁘지 않은 사람이 없어요.

2. 은/는커녕 / -기는커녕

동사나 형용사, 명사에 붙어 앞 문장을 강하게 부정하여 뒤 문장을 강조할 때 쓰인다. 뒤 문장에서는 '도', '조차'와 함께 쓰이는 경우가 많으며 주로 부정적인 상황을 나타낸다. 명사와 결합할 때는 '은/는커녕', 동사나 형용사와 결합할 때는 '-기는커녕'을 쓴다.

① 가: 목이 아픈데 밥은 먹을 수 있어요?
   나: 밥**은커녕** 물조차 못 마시겠어요.
② 가: 여행하는 동안 날씨는 좋았어요?
   나: 날씨가 좋**기는커녕** 계속 비가 와서 아무 데도 못 갔어요.
③ 가: 날마다 청소하세요?
   나: 날마다 청소하**기는커녕** 한 달에 한 번도 안 해요.

연습 1　'은/는커녕'이나 '-기는커녕'을 사용해서 대화를 완성해 봅시다.

1) 가: 한국 소설책도 가끔 읽으세요?
   나: ______________________.
2) 가: 해외여행은 자주 다니는 편이세요?
   나: ______________________.
3) 가: 오랜만이네요. 요즘도 많이 바쁘세요?
   나: ______________________.
4) 가: 입학 준비 한다고 하더니 자기소개서는 다 썼어요?
   나: ______________________.
5) 가: 새로 들어온 직원은 어때요? 일은 잘하는 것 같아요?
   나: ______________________.

연습 2　'은/는커녕'이나 '-기는커녕'을 사용해서 다음에 대해 이야기해 봅시다.

	친구의 경우	나의 경우
1	하루에 3시간 이상 한국어 공부를 한다.	3시간은커녕 30분도 안 한다.
2	시험을 보면 항상 A를 받는다.	
3	부모님께 효도한다.	
4	매달 예금을 한다.	
5	애인이 있다.	

제 7 과

대화하기

Track 79

한솔: 제니 씨, 무슨 책을 그렇게 재미있게 읽어요?

제니: '호랑이와 곶감'이라는 옛날이야기 책인데 한솔 씨도 알죠?

한솔: 물론 알죠. 한국 사람치고 그 이야기를 모르는 사람은 없을걸요. 바보 같은 호랑이를 주인공으로 해서 웃음을 주는 이야기잖아요.

제니: 호랑이는 보통 무서운 동물로 생각되는데 이 이야기에서는 전혀 그렇지 않아서 좀 인상적이었어요.

한솔: 맞아요. 무섭기는커녕 바보 같고 겁이 많은 동물로 나오죠.

제니: 한국의 옛날이야기에는 호랑이가 주인공으로 많이 나오나 봐요. 제가 읽은 전래 동화 중에 호랑이가 등장하는 작품이 아주 많았어요.

한솔: 옛날에는 산에 호랑이가 많이 살았기 때문에 옛날이야기에 호랑이가 많이 나오는 편이죠. 사람들에게 친숙한 개와 고양이도 많이 등장하고요.

제니: 그렇군요. 생각해 보니까 우리나라에는 숲과 호수가 많아서 그런지 옛날이야기에 곰이 많이 나오는 것 같아요.

1. 다음 질문에 대답해 봅시다.

1) '호랑이와 곶감'은 한국인에게 얼마나 잘 알려진 이야기입니까?
2) '호랑이와 곶감'에서 호랑이는 어떤 동물로 나옵니까?
3) 한국 옛날이야기에 호랑이가 많이 등장하는 이유는 무엇입니까?

2. 다음 단어를 공부하고 문장을 완성해 봅시다.

주인공　　인상적이다　　겁이 많다　　친숙하다　　등장하다　　숲

1) 나는 ____________ 편이기 때문에 공포 영화를 싫어한다.
2) 제주도의 푸른 바다가 너무 ____________ 지금도 잊을 수 없다.
3) 그 영화의 ____________ 훌륭한 연기를 해서 큰 상을 받게 되었다.
4) 학기 첫날 교실에 들어왔을 때 ____________ 얼굴들이 많이 보여서 반가웠다.

3. 다음에 대해서 이야기해 봅시다.

1) 여러분 나라의 옛날이야기에는 어떤 등장인물들이 많이 나옵니까?
2) 여러분 나라의 옛날이야기에 나오는 동물들은 어떤 이미지를 갖고 있습니까?

듣고 말하기

1. 다음 대화를 잘 듣고 맞으면 O, 틀리면 X표 하십시오. Track 80

1) 전래 동화는 나라마다 주제가 비슷하다. (　　)

2) 한국 전래 동화에는 평범한 사람들이 많이 등장한다. (　　)

2. 다음 대화를 잘 듣고 질문에 대답하십시오. Track 82

1) 세계 어느 나라에나 '신데렐라' 이야기가 존재하는 이유는 무엇입니까?

____.

2) 한국의 전래 동화인 '금도끼 은도끼'의 주제는 무엇입니까? (2가지)

____.

3. 다음을 듣고 질문에 대답하십시오. Track 84

1) 이야기의 순서에 맞게 그림에 번호를 쓰십시오.

〈 1 〉

〈　〉

〈　〉

〈　〉

〈　〉

〈　〉

〈　〉

〈　〉

2) 위 이야기에 어울리는 제목을 붙여 봅시다.

____.

3) 위 이야기로 연극을 한다면 누가 어떤 역할을 하면 좋을지 이야기해 봅시다.

1 오　빠 : ____________　　2 여동생 : ____________

3 호랑이 : ____________　　4 어머니 : ____________

제 7 과

읽고 말하기

1. 다음을 읽고 질문에 대답하십시오.

제 목	'혹부리 영감'
주 제	욕심을 부리지 말자
등장인물	착한 혹부리 영감, 욕심쟁이 혹부리 영감, 도깨비
줄 거 리	착한 혹부리 영감이 산에서 우연히 도깨비들을 만났는데 무서워서 노래를 불렀더니 도깨비들이 노래가 어디에서 나오냐고 물었다. 혹에서 나온다고 하니까 도깨비들은 혹도 떼어 주고 큰 재물도 주었다. 이 소문을 들은 욕심쟁이 혹부리 영감도 도깨비를 찾아가 노래를 하였는데 도깨비들은 거짓말쟁이라고 하면서 혹을 떼어 주기는커녕 다른 혹까지 붙여 버렸다.

1) 위 이야기의 주제는 무엇입니까? 어떤 등장인물들이 나옵니까?

2) 위 이야기는 어떤 내용을 갖고 있습니까?

2. 여러분 나라에는 어떤 주제의 옛날이야기들이 있는지 이야기해 보십시오.

제 목	
주 제	
등장인물	
줄 거 리	

새 단어: 혹부리 영감 욕심을 부리다 욕심쟁이 도깨비 우연히 떼다 재물 거짓말쟁이

읽고 쓰기

1. 다음 글을 읽고 질문에 대답해 봅시다.

개미와 베짱이

어느 무더운 여름날이었습니다. 햇볕이 쨍쨍 내리쬐는데도 개미들은 쉬지 않고 부지런히 일을 하고 있었습니다. 그때 시원한 나무 그늘에서 노래를 부르고 있던 베짱이가 말했습니다.

"개미들아, 날씨도 더운데 땀 흘리지 말고 여기 와서 나랑 같이 노래 부르자."

"안 돼. 겨울에 먹을 양식을 준비하려면 바쁘게 움직여야 하거든."

"아직 여름인데 벌써 겨울 준비를 한단 말이야? 그냥 나처럼 즐겁게 놀면 좋잖아."

"지금 일하지 않으면 추운 겨울을 따뜻하게 보낼 수 없어."

개미들은 베짱이의 말은 듣지 않고 계속 열심히 일했습니다. 베짱이는 땀을 뻘뻘 흘리면서 일하는 개미들을 비웃으며 다시 신나게 노래를 했습니다.

그러는 사이 시간이 흘러 추운 겨울이 되었습니다. 온 세상이 흰 눈으로 덮이고 찬바람이 쌩쌩 불었습니다. 여름 내내 놀기만 했던 베짱이는 추위에 벌벌 떨며 먹을 것을 찾아 다녔습니다. 며칠 동안 아무것도 먹지 못한 베짱이는 너무 배가 고파서 견딜 수가 없었습니다. 그때 어디에선가 아주 맛있는 냄새가 났습니다. 냄새를 따라가 보니 그곳은 개미네 집이었습니다. 개미들은 따뜻한 방에서 행복하게 웃으며 맛있는 음식을 먹고 있었습니다. 베짱이는 손을 호호 불며 문을 두드렸습니다. 잠시 뒤 개미 한 마리가 문을 열었습니다.

"개미야, 배가 너무 고픈데 먹을 것 좀 주면 안 되겠니?"

"너같이 게으른 친구에게는 아무것도 줄 수 없어. 우리가 여름에 땀 흘려 일할 때 너는 열심히 일하기는커녕 노래나 부르면서 신나게 놀았잖아."

개미는 문을 쾅 닫고 들어가 버렸습니다. 베짱이는 너무 부끄러워서 얼굴을 들 수 없었습니다.

'아, 나도 여름에 열심히 일했으면 좋았을 텐데…….'

베짱이는 그때서야 후회의 눈물을 흘렸습니다.

1) 개미들이 무더운 날씨에도 열심히 일을 한 이유는 무엇입니까?

2) 베짱이는 왜 후회의 눈물을 흘렸습니까?

2. '개미와 베짱이'의 줄거리를 새롭게 바꾸어서 써 봅시다.

새 단어: 개미　베짱이　무덥다　햇볕이 쨍쨍 내리쬐다　그늘　땀을 뻘뻘 흘리다　비웃다　덮이다　바람이 쌩쌩 불다　견디다　손을 호호 불다　두드리다　쾅　얼굴을 들 수 없다

제 7 과

제 8 과 인간관계 <1>

학습목표

주제 인간관계의 유형

어휘 ① 관계 관련 어휘 ② 인간관계 관련 감정 어휘

문법 ① -(으)ㄹ 수도 있다 ② -(으)ㄴ 채로

과제 ① 인간관계의 어려움에 대해 듣고 말하기
② 인간관계를 맺는 방법에 대한 글 읽고 쓰기

도입과 준비

직장인이 직장 생활에서 겪는 어려움은?

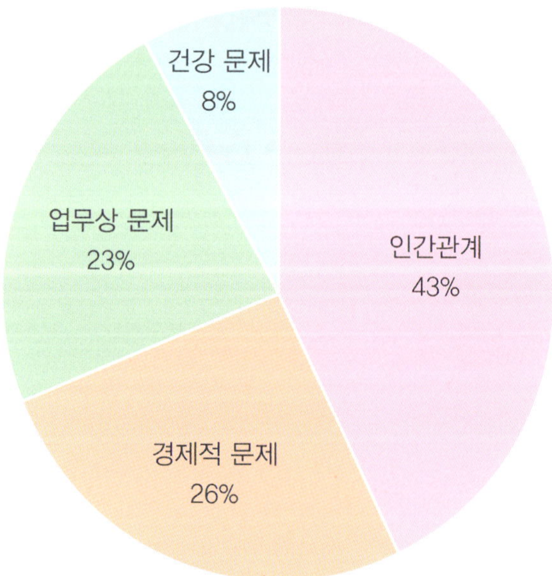

1. 위의 그래프는 무엇에 대한 내용인지 말해 봅시다.
2. 여러분이 생활하면서 가장 어려움을 느끼는 것은 무엇입니까?

어휘 제시와 연습

1. 다음 관계 관련 단어를 공부하고 문장을 완성해 봅시다.

가정	부부, 부자, 부녀, 모자, 모녀, 형제, 자매, 남매
학교	친구, 선배, 후배, 동창
직장	동기, 상사, 부하 직원
기타	웃어른, 윗사람, 아랫사람, 연인

1) 남산타워에 가면 데이트를 즐기는 ________ 많이 볼 수 있다.
2) 초등학교 ________ 모임에서 예전에 좋아했던 오빠를 다시 만났다.
3) 김 과장은 ________ 일을 많이 시키기 때문에 다들 같이 일하기 싫어한다.
4) 나는 언니와 여동생이 한 명씩 있는데 우리 세 ________ 사이가 아주 좋다.
5) 직장인들은 같이 입사한 ________ 먼저 승진할 때 가장 스트레스를 받는다.

2. 다음 인간관계 관련 감정 단어를 공부하고 질문에 대답해 봅시다.

긍정적인 감정		부정적인 감정		
친하다 소중하다	편하다 사랑스럽다	밉다 불편하다	두렵다 어색하다	귀찮다 섭섭하다

1) 누구와 만났을 때 가장 편하다고 느낍니까?
2) 여러분에게 가장 소중한 사람은 누구입니까?
3) 최근에 가족이나 친구들에게 섭섭했던 적이 있습니까?
4) 처음 만나서 어색할 때는 어떤 이야기를 하면 좋습니까?

3. 인간관계를 하면서 다음과 같이 하려면 어떻게 해야 하는지 말해 봅시다.

마음을 열다 대화를 나누다 관심을 가지다
진심으로 대하다 믿음을 주다

1		2	
3		4	

제8과

문법 제시와 연습

1. -(으)ㄹ 수도 있다

동사나 형용사, 명사 뒤에 붙어 앞의 행위나 상태, 상황 등이 나타날 가능성이 있음을 표현한다. 완료의 의미를 나타낼 경우에는 '-었/았을 수도 있다'의 형태로 쓰인다.

① 가: 내일 놀이공원에 가려고 하는데 평일이니까 사람이 별로 없겠죠?
나: 요즘 방학이라서 사람이 많**을 수도 있어요**.
② 가: 저는 일이 있어서 제니 씨 결혼식에 못 갈 것 같아요.
나: 제니 씨가 섭섭하게 생각**할 수도 있으니까** 늦더라도 꼭 오세요.
③ 가: 왕강 씨한테 발표 자료를 주기로 했는데 지금 집에 가 볼까요?
나: 외출**했을 수도 있으니까** 전화해 보고 갑시다.

연습 1 '-(으)ㄹ 수도 있다'를 사용해서 대화를 완성해 봅시다.

1) 가: 오늘은 회의가 일찍 끝나겠죠?
나: 얘기가 길어지면 ______________________.
2) 가: 이 정도 사이즈면 저한테 맞겠죠?
나: ______________________ 한번 입어 보세요.
3) 가: 날씨가 맑으니까 우산을 안 가지고 가도 되겠죠?
나: ______________________ 우산을 챙겨 가지고 가세요.
4) 가: 마이클 씨가 좀 늦네요. 약속을 잊어버린 건 아니겠죠?
나: ______________________ 한번 전화해 봅시다.
5) 가: 인터넷에서 알게 된 사람이 있는데 계속 보자고 해서 한번 만나 볼까 해요.
나: ______________________ 조심하세요.

연습 2 '-(으)ㄹ 수도 있다'를 사용해서 인간관계에서 생길 수 있는 일을 말해 봅시다.

1	친한 친구와 사소한 문제로 싸울 수도 있다.
2	일을 하면서 상사 때문에 스트레스를 받을 수도 있다.
3	여행을 하다가 우연히 만난 사람과 친구가 될 수도 있다.
4	

2. -(으)ㄴ 채(로)

동사 뒤에 붙어 어떤 행위를 한 상태 그대로 후행 동작이 이루어짐을 나타낸다. 이때의 상태는 일반적이지 않은 경우가 대부분이며 부정적인 상황일 때가 많다.

① 가: 왜 방에 안 들어가고 밖에 서 있어요?
　나: 열쇠를 기숙사 방에 **둔 채** 그냥 나왔거든요.

② 가: 휴대폰을 산 지 얼마 안 됐는데 왜 벌써 고장이 났어요?
　나: 휴대폰을 주머니에 넣**은 채로** 세탁기를 돌렸거든요.

연습 1　'-(으)ㄴ 채(로)'를 사용해서 대화를 완성해 봅시다.

1) 가: 어머, 찌개가 다 탔네요. (불에 찌개를 올려놓다)
　나: ______________________________.

2) 가: 어제 김 선생님은 잘 만나셨어요? (약속을 하지 않다)
　나: 아니요. ______________________________.

3) 가: 오늘 왜 이렇게 기운이 없어요? (하루 종일 아무것도 못 먹다)
　나: ______________________________.

4) 가: 계속 기침하는 걸 보니까 감기에 걸렸나 봐요. (창문을 열어 놓다)
　나: 네. 어젯밤에 ______________________________.

5) 가: 사귀고 싶은 사람이 있다더니 잘 돼 가고 있어요? (고백도 하지 못하다)
　나: 아니요. ______________________________.

연습 2　'-(으)ㄴ 채(로)'를 사용해서 인간관계에서 지켜야 할 예절에 대해 이야기해 봅시다.

1	모자를 쓴 채 수업을 들으면 안 된다.
2	주머니에 손을 넣은 채 인사하면 안 된다.
3	윗사람 앞에서 팔짱을 낀 채 이야기하면 안 된다.
4	
5	
6	

제8과

대화하기

Track 85

한솔: 제니 씨, 무슨 일 있어요? 기분이 안 좋아 보여요.

제니: 좀 속상한 일이 있어서요. 어제 룸메이트하고 말다툼을 했거든요.

한솔: 기숙사에서 같이 생활하면 그럴 수도 있죠. 무슨 일 때문에 싸웠는데요?

제니: 서로 생활 습관이 달라서요. 저는 방을 깨끗하게 쓰면 좋겠는데 룸메이트는 물건을 쓰고 나서 항상 정리를 안 한 채 그냥 두거든요.

한솔: 룸메이트한테 방을 깨끗하게 쓰자고 이야기해 보지 그랬어요?

제니: 몇 번이나 말했지만 소용이 없어요. 어제는 제가 화를 냈더니 앞으로는 주의하겠다고 했는데 어떨지 모르겠어요.

한솔: 그럼, 좀 참고 기다려 보세요. 그래도 달라지지 않으면 사무실에 가서 방을 바꿔 달라고 하는 게 낫겠네요.

제니: 저도 그럴 생각이에요. 계속 이렇게 지내면 우리 둘 다 스트레스만 쌓이고 관계도 더 나빠질 것 같아요.

1. 다음 질문에 대답해 봅시다.

1) 제니는 오늘 왜 기분이 안 좋습니까?
2) 제니와 룸메이트는 생활 습관이 어떻게 다릅니까?
3) 한솔은 제니에게 앞으로 어떻게 하라고 충고했습니까?

2. 다음 단어를 공부하고 문장을 완성해 봅시다.

속상하다　　말다툼을 하다　　생활 습관　　주의하다　　소용이 없다

1) 주말에 여행을 갔다가 결혼반지를 잃어버려서 너무 ＿＿＿＿＿.
2) 문제를 해결하기 위해서 많은 노력을 기울였지만 결국 아무 ＿＿＿＿＿.
3) 상자 안에 깨지기 쉬운 물건이 많이 들어 있어서 옮길 때 ＿＿＿＿＿ 한다.
4) 친구와 ＿＿＿＿＿ 집에 가서 생각해 보니 내가 잘못한 것 같아서 사과했다.

3. 다음에 대해서 이야기해 봅시다.

1) 여러분은 인간관계에서 어떤 문제 때문에 힘들었습니까?
2) 인간관계 때문에 힘들었을 때 그 문제를 어떻게 해결했습니까?

듣고 말하기

1. 다음 대화를 잘 듣고 맞으면 O, 틀리면 X표 하십시오. Track 86

1) 여자는 남자에게 인간관계를 위해서 성격을 바꿔 보라고 충고했다. (　　)

2) 남자는 외국인들도 높임말과 호칭을 잘 써야 한다고 생각한다. (　　)

2. 다음 대화를 잘 듣고 맞는 것에 ☑표 하십시오. Track 88

1) □ 인간관계는 인간의 수명에 영향을 미친다.
   □ 직장에서는 작업 환경이 무엇보다 중요하다.
   □ 친구를 많이 사귀지 않더라도 행복감을 느낄 수 있다.
   □ 일반적으로 여성보다 남성이 더 적극적으로 친구를 사귄다.

2) □ 남자는 선배들과 친하게 지내지 못해서 섭섭해한다.
   □ 여자는 좋은 사람들 덕분에 행복한 대학 생활을 했다.
   □ 남자는 대학에서 많은 지식을 쌓아야 한다고 생각한다.
   □ 여자는 사회 생활을 하면서 좋은 친구를 만나기를 기대한다.

제 8 과

3. 다음을 듣고 질문에 대답하십시오. Track 90

1) 직장 내 인간관계에 가장 큰 영향을 주는 요인 두 가지는 무엇입니까?

① ____________________ ② 직장 분위기

2) 다음 그래프의 빈칸을 채우십시오.

인간관계에 어려움을 느끼는 대상

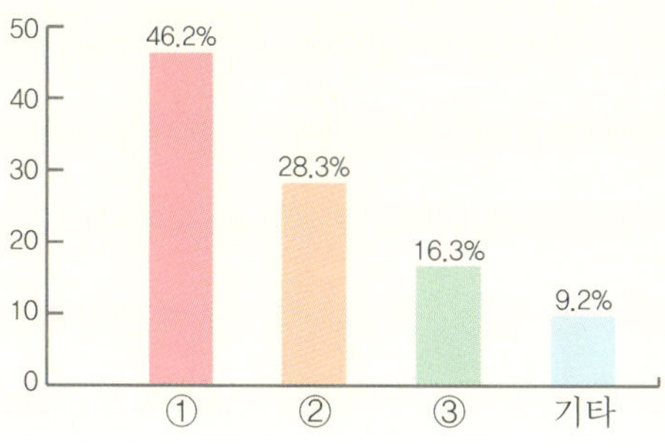

인간관계의 갈등을 해소하는 방법

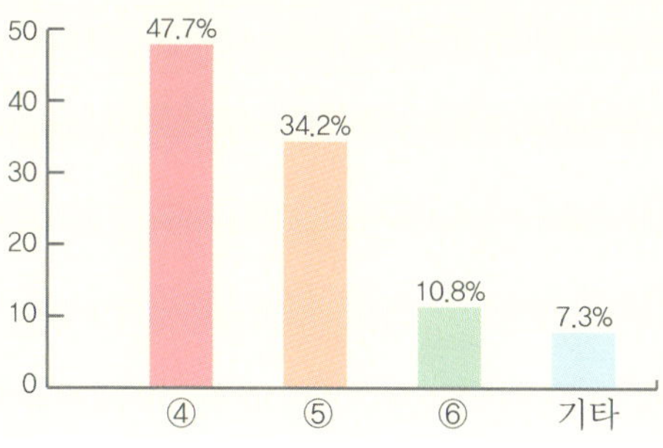

① ____________ ② ____________ ③ 다른 부서 직원

④ ____________ ⑤ ____________ ⑥ 직장 분위기의 개선

3) 인간관계의 갈등을 해소하는 방법에는 어떤 것들이 있을까요?

____.

읽고 말하기

1. 다음을 읽고 질문에 대답하십시오.

인간관계를 좋게 하기 위해서는……

1. 관심을 표현하라.
2. 진심으로 칭찬하라.
3. 항상 미소를 지어라.
4. 상대의 이름을 기억하라.
5. 상대에게 믿음을 주어라.
6. 상대의 입장에서 생각하라.
7. 자신의 잘못을 바로 인정하라.
8. 상대의 실수를 지적하지 마라.
9. 상대를 최고라고 생각하고 대하라.
10. 상대의 말에 끝까지 귀를 기울여라.

1) 위의 10가지 방법 중 가장 중요하다고 생각하는 것 세 가지를 순서대로 말해 봅시다.

2) 반 친구들 중 위의 10가지 방법을 잘 실천하는 사람은 누구인지 각각 찾아봅시다.

2. 여러분이 생각하는 '인간관계를 잘하는 방법'은 무엇인지 이야기해 봅시다.

1	
2	
3	
4	
5	

새 단어: 미소를 짓다 입장 인정하다 지적하다 대하다 귀를 기울이다

읽고 쓰기

1. 다음 글을 읽고 질문에 대답해 봅시다.

사람의 마음을 움직이는 가장 간단한 방법

인간관계를 어렵게 느끼는 사람들 중 상당수는 자신이 말을 잘 못하는 것이 그 이유라고 생각한다. 그러나 그것은 틀린 생각이다. 사실 사람들은 말을 잘하는 사람보다 오히려 자신의 말을 잘 들어 주는 사람을 더 좋아한다. 누군가 진지하게 자신의 이야기를 들어 주면 슬픔이나 분노가 해소되고 진심으로 존중 받고 이해 받는다는 느낌이 들기 때문이다.

인간관계학의 대가인 데일 카네기는 오래 전 한 출판기념회에서 유명한 식물학자를 만났다. 당시 카네기의 집에는 작은 실내 정원이 하나 있었는데, 카네기는 그 식물학자에게 정원에 관한 몇 가지 질문을 했다. 카네기의 질문에 그는 시원스럽게 대답을 해 주었고 카네기는 그의 이야기에 빠져 몇 시간 동안이나 대화를 나누었다. 기념회가 끝나고 돌아갈 때가 되었을 때 그는 "카네기 씨는 정말 이야기꾼이군요."라고 했다. 카네기는 그 말을 듣고 고개를 갸우뚱했다. 자기는 식물학자와 이야기를 하는 동안 거의 아무 말도 하지 않은 채 듣고만 있었기 때문이다. 그때 카네기는 사람들과의 관계에서 듣기를 잘하는 것이 얼마나 중요한지 깨달았다. 식물학자가 카네기를 이야기꾼이라고 한 것은 자신의 이야기를 열심히 들어 주고 그때그때 적절한 질문을 해 주었기 때문이다. 이처럼 상대방이 자신에게 호감을 느끼게 하려면 먼저 상대에게 관심을 가져야 한다. 자신이 열의를 가지고 있는 일에 상대방이 흥미를 보이면 누구나 더 쉽게 마음을 열기 마련이다.

인간관계를 잘하는 사람들은 남의 이야기에 귀를 기울인다. 다른 사람의 이야기를 많이 들으면 들을수록 그 사람을 더 깊이 이해할 수 있으며 때로는 적절한 조언을 해 줄 수도 있다. 그러는 사이 두 사람의 관계는 더욱 가까워진다. 그렇기 때문에 사람들의 마음의 문을 열게 하려면 먼저 자신의 귀를 활짝 열어 놓아야 한다. 사람의 마음을 움직이는 힘은 입이 아니라 귀에서 나오기 때문이다.

1) 카네기가 식물학자와의 만남에서 깨달은 것은 무엇입니까?

2) 남의 말을 잘 들어 주는 사람이 인간관계를 잘하는 이유는 무엇입니까?

2. 인간관계 때문에 힘들었던 경험과 그것을 극복한 방법에 대해 써 봅시다.

새 단어: 움직이다 상당수 진지하다 분노 존중 받다 대가 대화를 나누다 이야기꾼 고개를 갸우뚱하다 깨닫다 적절하다 호감 열의 조언 활짝

제8과

제8과 인간관계 <2>

학습목표

주제 인간관계의 중요성

어휘 ① 인간관계 관련 어휘 ② 인간관계 관련 표현

문법 ① -(으)ㄴ/는 척하다 ② -어/아야

과제 ① 인간관계의 중요성에 대해 듣고 말하기
② 인간관계를 넓히는 방법에 대한 글 읽고 쓰기

도입과 준비

인간관계에 필요한 덕목

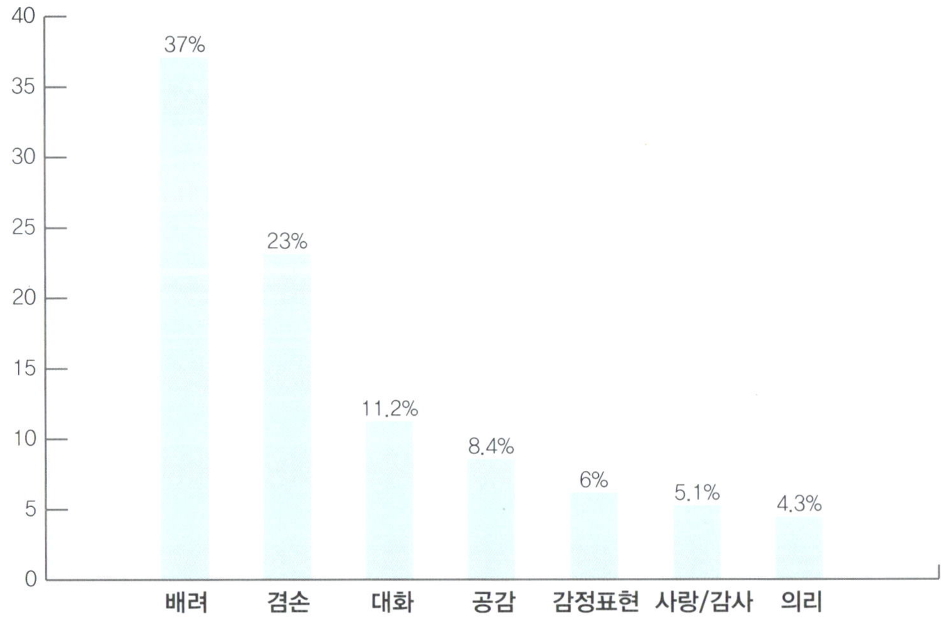

1. 위의 그림은 무엇에 대한 내용인지 말해 봅시다.

2. 여러분은 위의 덕목 중에서 무엇이 가장 필요하다고 생각합니까?

어휘 제시와 연습

1. 다음 인간관계 관련 단어를 공부하고 문장을 완성해 봅시다.

이해하다	존중하다	믿다	다투다	배려하다
오해하다	무시하다	배신하다	화해하다	위로하다

1) 작은 일로 친구하고 싸웠는데 먼저 전화해서 사과하고 ____________.
2) 그 친구는 내가 슬픔을 겪을 때마다 진심으로 나를 ____________ 준다.
3) 과장님은 직원들의 의견을 ____________ 자기 마음대로 결정을 해 버렸다.
4) 내 잘못이 아닌데도 사람들은 나 때문에 생긴 일이라고 ____________ 있다.

2. 다음 인간관계 관련 표현을 공부하고 질문에 대답해 봅시다.

인간관계가 좋다/나쁘다　　인간관계를 넓히다
인간관계를 맺다　　인간관계를 유지하다　　인간관계를 끊다

1) 인간관계를 잘 유지하려면 어떤 노력을 해야 합니까?
2) 우리 반에서 가장 인간관계가 좋은 사람은 누구입니까?
3) 사람들과 만나면서 인간관계를 끊고 싶을 때는 언제입니까?
4) 현대인들이 인간관계를 맺기 어려운 이유는 무엇이라고 생각합니까?

3. 다른 사람과의 관계에서 어떻게 행동하는지 ☑표 하고 말해 봅시다.

		그렇다	보통이다	아니다
1	사람들에게 먼저 연락한다.	☐	☐	☐
2	친목 모임에 빠지지 않는다.	☐	☐	☐
3	다른 사람의 기념일을 잘 챙긴다.	☐	☐	☐
4	처음 만난 사람과도 쉽게 친해진다.	☐	☐	☐
5	부탁을 받았을 때 적극적으로 도와준다.	☐	☐	☐
6	조금 손해를 보더라도 친분을 유지한다.	☐	☐	☐
7	사람을 만나고 사귀는 일을 즐기는 편이다.	☐	☐	☐

문법 제시와 연습

1. -(으)ㄴ/는 척하다

동사나 형용사, 명사와 함께 쓰여 행동이나 상태를 거짓으로 꾸밈을 나타낸다. '-(으)ㄴ/는 척하다'와 결합하는 말은 실제 사실과 상반되는 내용이다.

① 가: 어렸을 때 학교에 가기 싫으면 어떻게 했어요?
나: 아프지 않으면서 아**픈 척했어요**.

② 가: 그 사람을 왜 그렇게 싫어해요?
나: 뭐든지 다 아**는 척해서** 싫어해요.

③ 가: 저 사람이 그렇게 돈이 많다면서요?
나: 아니에요. 돈도 없으면서 부자**인 척하는** 거예요.

연습 1　'-(으)ㄴ/는 척하다'를 사용해서 대화를 완성해 봅시다.

1) 가: 성수 씨도 약속 장소가 바뀐 걸 몰랐대요?
나: 아니요. 알고 있으면서 ______________________.

2) 가: 얼굴이 왜 그래요? 무슨 기분 나쁜 일 있었어요?
나: 여기에 오다가 같은 과 후배를 만났는데 저를 봤으면서 __________.

3) 가: 제니 씨는 오늘 모임에 못 온대요. 요즘 좀 바쁜 모양이에요.
나: 별로 바쁘지 않으면서 항상 ______________________.

4) 가: 한국 생활을 하다가 힘든 일이 생기면 부모님께 말씀 드리나요?
나: 아니요. 걱정하실 것 같아서 ______________________.

5) 가: 한솔 씨는 참 성실한 것 같아요. 볼 때마다 열심히 공부하고 있네요.
나: 아니에요. ______________________ 날마다 채팅만 해요.

연습 2　친해지고 싶지 않은 사람에 대해 '-(으)ㄴ/는 척하다'를 사용해서 말해 봅시다.

1	똑똑한 척하는 사람
2	사람들 앞에서만 착한 척하는 사람
3	선생님 앞에서만 열심히 공부하는 척하는 사람
4	
5	

2. –어/아야

동사나 형용사, 명사 뒤에 붙어서 뒤 상황을 이루기 위해서는 앞 문장의 행위나 상태가 당연하거나 필수적으로 요구됨을 나타낸다. 일반적인 원칙이나 진리를 표현할 때 사용하는 경우가 많으며 명령형과 청유형에는 쓰이지 않는다. 구어에서 의미를 좀 더 강하게 표현하는 경우 '–어/아야지', '–어/아야만'의 형태로 사용되기도 한다.

① 가: 매일 청소를 하려면 귀찮지 않아요?
나: 귀찮긴 하지만 저는 방이 깨끗**해야** 공부가 잘 되거든요.

② 가: 반 친구들과 친해지고 싶은데 어떻게 하면 좋을까요?
나: 자주 같이 이야기하는 시간을 가**져야** 친해질 수 있어요.

연습 1 '–어/아야'를 사용해서 대화를 완성해 봅시다.

1) 가: 은영 씨는 물을 정말 많이 마시네요.
나: ______________________.

2) 가: 성공적인 삶을 살려면 어떻게 해야 합니까?
나: ______________________.

3) 가: 유학 생활을 잘 하려면 어떻게 해야 할까요?
나: ______________________.

4) 가: 어떻게 하면 첫인상이 좋아 보일 수 있을까요?
나: ______________________.

5) 가: 한국에서 휴대전화를 사려고 하는데 뭐가 필요한가요?
나: ______________________.

6) 가: 외국어를 빨리 배우려면 어떻게 공부하는 것이 좋을까요?
나: ______________________.

연습 2 '–어/아야'를 사용해서 인간관계에서 당연히 요구되는 것을 말해 봅시다.

1	내가 먼저 마음의 문을 열고 다가가야 친구를 사귈 수 있다.
2	친한 사이라도 예의를 지켜야 오래 좋은 관계를 유지할 수 있다.
3	
4	

대화하기

Track 91

한솔: 제니 씨, 수업 끝났죠? 점심은 먹었어요?

제니: 네. 같은 반 친구랑 먹었는데 그 친구 때문에 좀 짜증 났어요. 어제도 그러더니 오늘도 돈이 없는 척하고 점심을 사 달라고 했거든요.

한솔: 제니 씨하고 친하다고 생각해서 그런가 보네요.

제니: 아무리 친해도 그건 예의가 아니죠. 사실 수업 시간에는 저한테 말도 안 하고 제 물건을 마음대로 쓰기도 해요.

한솔: 그래요? 친할수록 예의를 지켜야 친구 관계가 오래가는데 그 친구는 예의가 좀 없는 것 같네요. 그러지 말라고 이야기하지 그랬어요?

제니: 그 친구랑 관계가 나빠질 것 같아서 말을 못 하고 있어요. 친하니까 오히려 그런 말을 하기가 더 힘든 것 같아요.

한솔: 원래 친구를 사귀는 것보다 친구 관계를 유지하는 게 더 어렵다고들 하잖아요. 계속 잘 지내려면 이야기를 하는 게 낫지 않겠어요?

제니: 네. 내일 한번 이야기해 봐야겠어요.

1. 다음 질문에 대답해 봅시다.

1) 제니는 반 친구의 어떤 점이 마음에 들지 않습니까?
2) 제니는 왜 반 친구에게 불만을 말하지 않습니까?
3) 한솔은 제니에게 어떻게 하라고 충고했습니까?

2. 다음 단어를 공부하고 문장을 완성해 봅시다.

짜증 나다　　오래가다　　오히려　　원래　　유지하다

1) 서로에 대한 믿음이 없다면 사랑도 ______________ 못할 것이다.
2) 한 달 동안 열심히 운동했는데 ______________ 살이 더 찐 것 같다.
3) 건강을 ______________ 규칙적인 생활을 하는 것이 무엇보다 중요하다.
4) 백화점에서 옷을 샀는데 세일 기간이어서 ______________ 가격보다 싸게 샀다.

3. 다음에 대해서 이야기해 봅시다.

1) 친한 친구들과의 관계에서 어떤 점이 어렵게 느껴집니까?
2) 친구들과 오래 좋은 관계를 유지하려면 어떻게 해야 합니까?

듣고 말하기

1. 다음 대화를 잘 듣고 맞으면 O, 틀리면 X표 하십시오. Track 92

1) 남자는 친한 사이라면 무엇이든지 이해해 주어야 한다고 생각한다. ( )

2) 여자는 행사 준비를 하면서 친구와 많은 대화를 나누고 있다. ( )

2. 다음 대화를 잘 듣고 여자의 생각으로 맞는 것을 고르십시오. Track 94

1) □ 학과 활동도 공부 못지않게 중요하다.
□ 자신에게 필요한 모임에만 참여하는 것이 좋다.
□ 동아리 활동을 많이 해야 인간관계를 넓힐 수 있다.
□ 대학생 때는 다양한 사람들을 만나 보는 것이 좋다.

2) □ 요즘 젊은 사람들은 알고 지내는 사람이 많다.
□ 현대인들은 인간관계에서 외로움을 많이 느낀다.
□ 바쁘게 생활하면 부담스러운 관계를 피할 수밖에 없다.
□ 사람들과 좋은 관계를 유지하려면 적당한 거리가 필요하다.

제8과

3. 다음 강연을 잘 듣고 질문에 대답하십시오. Track 96

1) 사람들은 인간관계의 중요성을 어떤 말로 표현합니까?

______________________________.

2) 강연자가 말하는 소통의 기술 세 가지는 무엇인지 빈칸에 알맞게 쓰십시오.

제목: 성공적인 인간관계를 위한 소통의 기술
첫째,
둘째, 상대방에 대한 긍정적인 마음을 잃지 않는다.
셋째,

3) 여러분이 생각하는 '소통의 기술'은 무엇인지 이야기해 봅시다.

1	
2	

읽고 말하기

1. 다음을 읽고 질문에 대답하십시오.

설문 주제: 20대, 인맥에 대한 생각			
조사 시기	2013년 1월 6일~1월 11일	조사 대상	20대 구직자 및 대학생 221명

가장 선호하는 인맥 확장 스타일은?			
	친구의 인맥을 공유	55	24.9%
	관심사와 관련된 동호회 활동	43	19.5%
	스터디/파티/봉사 활동/축제나 이벤트 참여	42	19.0%
	개인 블로그/홈페이지나 SNS(트위터, 페이스북) 관리	41	18.5%
	교수님/선배/후배와 관련된 학과 활동	40	18.1%
		221	100.0%

가장 효율적이라고 생각하는 인맥 관리법은?			
	직접 만나서 식사하기	90	40.7%
	자주 문자 보내기	67	30.3%
	잠깐이라도 직접 통화하기	60	27.1%
	이메일 쓰기	3	1.4%
	깜짝 이벤트	1	0.5%
		221	100.0%

1) 조사 결과 20대가 가장 선호하는 인맥 확장 스타일은 무엇입니까?

2) 조사 결과 20대가 가장 효율적이라고 생각하는 인맥 관리법은 무엇입니까?

2. 인간관계를 넓힐 수 있는 방법에는 어떤 것들이 있는지 이야기해 봅시다.

학교	선생님, 선후배, 친구
	①
	②
	③
	④

사회	직장 동료, 지인
	①
	②
	③
	④

새 단어: 인맥 구직자 확장 공유 관심사 관련되다 이벤트 참여 효율적이다

읽고 쓰기

1. 다음 글을 읽고 질문에 대답해 봅시다.

성공하려면 인간관계를 맺어라!

사람이 세상을 살아가는 동안 어떤 사람을 만나고 어떤 사람과 함께 하는지가 그 사람의 성공과 행복을 좌우한다고 할 수 있다. 국내의 한 대학에서 사회적으로 성공한 사람 일만 명을 대상으로 "당신의 성공 비결은 무엇입니까?"라는 질문의 설문 조사를 실시하였는데, 응답자 중 86%가 머리나 능력, 노력이 아닌 인간관계를 성공 요인으로 선택했다.

이처럼 인간관계는 사람들의 인생에 중요한 영향을 미치는 최대의 자산이며 성공의 열쇠이다. 그렇기 때문에 성공하고 싶다면 사적으로든 공적으로든 다양한 인간관계를 맺어야 한다. 인간관계가 좋지 않은 사람은 아무리 능력이 있어도 그 능력을 발휘할 기회조차 얻지 못하기 때문이다. 하지만 단순히 아는 사람이 많다고 해서 인간관계가 좋은 것은 아니다. 필요한 상황에서 '나를 도와줄 사람'이 많아야 인간관계가 좋다고 할 수 있다.

그렇다면 어떻게 해야 좋은 인간관계를 만들 수 있을까? 가장 중요한 것은 자신의 꾸준한 노력이다. 좋은 인간관계를 만들기 위해서는 끊임없이 많은 사람을 만나야 하며 상대방에게 지속적인 관심을 보여야 하기 때문이다. 또 남들에게 호감을 줄 수 있는 좋은 습관을 기르는 것도 필요하다. 인간관계를 좋아지게 하는 습관에는 미소, 경청, 공감, 배려, 솔직함, 칭찬, 유머 등이 있다. 항상 미소를 지으며 상대방의 말을 경청하고, 상대방의 생각에 공감하며, 상대방을 배려해 주어야 한다. 또 거짓 없이 대하고, 칭찬을 자주 하며, 유머를 즐길 줄 알아야 좋은 관계를 맺을 수 있다.

인간관계란 저축 같은 것이다. 평소에 한 푼, 두 푼 모아야 큰돈이 모이는 것처럼 인간관계도 투자와 관리가 필요하다. 미국의 대통령이었던 조지 워싱턴은 "진실한 우정은 천천히 자라는 나무와 같다."라고 하였다. 큰 나무가 하루아침에 자라지 않는 것처럼 인간관계도 짧은 기간에 만들어지는 것은 아니다. 오랜 시간 많은 노력을 기울여야 좋은 인간관계를 맺을 수 있다.

1) 사람의 인생에서 인간관계가 중요한 것은 무엇 때문입니까?

2) 좋은 인간관계를 만들 수 있는 방법 두 가지는 무엇입니까?

2. 인간관계를 넓힐 수 있는 방법에 대해 여러분의 생각을 써 봅시다.

새 단어: 좌우하다 비결 응답자 영향을 미치다 자산 사적 공적 발휘하다 꾸준하다 지속적 호감을 주다 경청 공감 솔직함 저축 푼 투자 노력을 기울이다

제 8 과

제 9 과 정보 시대 <1>

학습목표

주제	정보 사회와 매체의 발달
어휘	① 정보 관련 어휘 ② 매체 관련 어휘
문법	① -(으)ㄴ/는걸요 ② -었/았더라면
과제	① 매체의 발달에 대해 듣고 말하기 ② 정보화 시대 한글의 우수성에 대한 글 읽고 쓰기

도입과 준비

종이 신문 ➡ 인터넷 신문

1. 위의 그림은 무엇에 대한 내용인지 말해 봅시다.
2. 여러분은 종이 신문과 인터넷 신문 중 무엇을 많이 봅니까?

어휘 제시와 연습

1. 다음 현대사회의 특성 관련 단어를 공부하고 문장을 완성해 봅시다.

정보 사회　　정보 기기　　대중매체　　첨단 과학　　인터넷 산업

1) ________ 발달하면서 우주여행도 가능한 시대가 되었다.
2) 요즘 젊은이들은 스마트폰 같은 ________ 쉽게 익히고 사용한다.
3) 요즘 같은 ________ 누가 얼마나 많은 정보를 가지고 있느냐가 중요하다.
4) 인터넷이 나오기 전에는 신문이나 텔레비전 등의 ________ 많이 이용되었다.

2. 다음 정보 관련 표현을 공부하고 질문에 대답해 봅시다.

정보가	새롭다 다양하다 유익하다		정보를	얻다 검색하다 공유하다

1) 최근에 새롭게 알게 된 정보가 있습니까?
2) 유학 생활에 유익한 정보들은 어디에서 찾을 수 있습니까?
3) 인터넷이 생기기 전에 사람들은 어떻게 정보를 얻었습니까?
4) 여러분은 요즘 무엇에 대한 정보를 많이 검색하고 있습니까?

3. 다음 인터넷 매체 관련 단어를 공부하고 질문에 대답해 봅시다.

포털사이트　　홈페이지　　블로그　　카페　　커뮤니티　　게시판

SNS(소셜 네트워크 서비스)			
facebook	YouTube	twitter	TALK
페이스북	유투브	트위터	카카오톡

1) 여러분은 주로 어떤 대중매체를 이용해서 필요한 정보를 찾습니까?
2) SNS로 정보를 얻으면 어떤 점이 좋습니까?

문법 제시와 연습

1. –(으)ㄴ/는걸요

동사나 형용사, 명사 뒤에 붙어 자신의 생각을 주장하거나 그 이유를 설명할 때 사용한다. 또 상대방의 생각에 동의하지 않거나 가볍게 반박할 때 쓰인다. 명사와 결합하는 경우 '–(이)ㄴ걸요'를 쓴다.

① 가: 중급반이니까 이제 웬만한 한국어 단어는 다 알겠네요.
　나: 아니요. 아직도 모르는 단어가 많**은걸요**.
② 가: 인터넷 홈페이지를 어떻게 만드는지 가르쳐 주세요.
　나: 저도 어떻게 만드는지 모르**는걸요**.
③ 가: 아까 사장님께 혼이 나서 속상했죠?
　나: 아니에요. 제 잘못**인걸요**.

연습 1　'–(으)ㄴ/는걸요'를 사용해서 대화를 완성해 봅시다.

1) 가: 마이클 씨는 언제 고향에 갈 거래요?
　나: ________________________________.
2) 가: 은영 씨 동생은 대학교 몇 학년이에요?
　나: ________________________________.
3) 가: 제니 씨는 집이 멀어서 지각하는 날이 많겠네요.
　나: ________________________________.
4) 가: 그 사람이 그렇게 마음에 들면 고백해 보지 그래요?
　나: ________________________________.
5) 가: 오후에 동대문시장에 가려고 하는데 학교에서 많이 먼가요?
　나: ________________________________.

연습 2　'–(으)ㄴ/는걸요'를 사용해서 대화를 해 봅시다.

	상황	대화문
1	스마트폰에 사전 기능이 있는데 친구가 전자사전을 사라고 함.	가: 외국어를 공부하려면 전자사전부터 사세요. 나:
2	인터넷을 한 시간밖에 안 했는데 어머니가 그만하라고 함.	가: 나:

2. –었/았더라면

동사나 형용사, 명사 뒤에 붙어 이미 완료된 과거 사실을 회상하며 그와 반대되거나 그렇지 않았던 것으로 가정하여 현재 후회하고 있음을 표현한다. 뒤 문장에는 주로 '–었/았을 것이다', '–(으)ㄹ 걸 그랬다' 등의 형태가 쓰인다.

① 가: 오늘 한국어 시험 봤다면서요? 잘 봤어요?
   나: 아니요. 이렇게 어려울 줄 알**았더라면** 열심히 공부할 걸 그랬어요.

② 가: 감기 때문에 여행을 못 갔다면서?
   나: 응. 감기에 걸리지 않**았더라면** 여행을 갔을 텐데…….

연습 1 '–었/았더라면'을 사용해서 대화를 완성해 봅시다.

1) 가: 스마트폰 써 보니까 정말 편리하고 좋죠?
   나: 네. 이렇게 편리할 줄 알았더라면 ______________________.

2) 가: 주말에 스케이트 타다가 다칠 뻔했다면서요?
   나: 네. 친구가 잡아 주지 않았더라면 ______________________.

3) 가: 월요일 아침이라서 그런지 길이 많이 막히네요.
   나: ______________________.

4) 가: 지난 방학에 시간이 많았으면 뭘 하려고 했어요?
   나: ______________________.

5) 가: 만약에 한국에 오지 않았으면 뭘 했을 것 같아요?
   나: ______________________.

6) 가: 대학 성적이 안 좋아서 취직이 잘 안 되는 거예요?
   나: 네. ______________________.

연습 2 '–었/았더라면'을 사용해서 다음에 대해 이야기해 봅시다.

	유학 생활에서 후회되는 일
1	한국어가 이렇게 어려울 줄 알았더라면 고향에서 배우고 올 걸 그랬어요.
2	
3	
4	

제 9 과

대화하기

Track 97

야마다: 선생님, 새로 산 스마트폰은 잘 쓰고 계세요? 사용하기가 어렵지 않으세요?

선생님: 아니요. 생각보다 쉬운걸요. 컴퓨터가 없어도 필요한 정보를 쉽게 검색할 수 있어서 정말 좋아요.

야마다: 그래서 스마트폰을 손 안의 PC라고들 하잖아요. 정보 검색은 물론이고 인터넷뱅킹이나 간단한 문서 작성도 할 수 있어요.

선생님: 저는 카카오톡 같은 서비스가 가장 편리하고 좋은 것 같아요. 일반 문자 메시지와 달리 한번에 많은 사람들과 대화를 주고받을 수 있잖아요.

야마다: 저도 외국에 있는 친구들과 자주 연락하는데 스마트폰 덕분에 생활이 더욱 편해진 것 같아요.

선생님: 이렇게 편리한 기능이 많을 줄 알았더라면 좀 더 일찍 바꿔서 사용할 걸 그랬어요.

야마다: 스마트폰은 여러 가지 기능이 많으니까 쓰면서 더 좋다고 느끼실 거예요.

선생님: 제가 왕강 씨한테 더 많이 배워야 할 것 같아요.

1. 다음 질문에 대답해 봅시다.

1) 스마트폰을 손 안의 PC라고 하는 이유는 무엇입니까?
2) 선생님은 스마트폰의 기능 중 무엇을 가장 편리하게 느낍니까?
3) 선생님은 스마트폰으로 바꾸고 나서 어떤 후회를 했습니까?

2. 다음 단어를 공부하고 문장을 완성해 봅시다.

검색하다　　손 안의 PC　　인터넷뱅킹　　문서　　작성하다　　기능

1) 노트북 안에 불필요한 ________ 많이 들어 있어서 정리하려고 한다.
2) 요즘 새로 나오는 휴대폰들은 ________ 아주 많아서 컴퓨터나 다름없다.
3) 다음 주가 입학 신청 기간이니까 입학 원서를 미리 ________ 두어야 한다.
4) 여행하기 전에 인터넷으로 그 지역의 볼거리와 맛집에 대한 정보를 ________.

3. 다음에 대해서 이야기해 봅시다.

1) 여러분은 스마트폰을 사용하면서 어떤 점을 가장 편리하다고 느낍니까?
2) 여러분 생각에는 앞으로 스마트폰에 어떤 기능들이 더 생길 것 같습니까?

듣고 말하기

1. 다음 대화를 잘 듣고 맞으면 O, 틀리면 X표 하십시오. Track 98

1) 남자는 스마트폰으로 전화 통화보다 다른 서비스 이용을 더 많이 한다. ( )
2) 은행 통장도 곧 전자 문서로 신청할 수 있게 될 것이다. ( )

2. 다음 대화를 잘 듣고 맞지 않는 것에 ☑표 하십시오. Track 100

1) ☐ 남자는 종이책보다 전자책을 더 선호한다.
☐ 남자는 여자에게 전자책을 읽어 보라고 했다.
☐ 여자는 앞으로도 계속 종이책을 읽을 생각이다.
☐ 여자는 종이책과 전자책의 가격이 같다고 생각했다.

2) ☐ 현대사회에서는 정보를 많이 아는 것이 중요하다.
☐ SNS 광고를 이용하면 바로 정보를 얻을 수 있어서 좋다.
☐ 인터넷의 발달로 SNS는 중요한 정보 교환 수단이 되었다.
☐ 공공기관에서 SNS 서비스를 시작하기는 쉽지 않을 것이다.

3. 다음을 잘 듣고 질문에 대답하십시오. Track 102

1) 세대별로 가장 선호하는 SNS가 어떻게 달랐습니까?

20대		30대		40대	

2) 사람들이 SNS를 이용하는 주된 이유 두 가지는 무엇입니까?
① 친목과 인맥 관리 ② ______________

3) 사용 목적에 따라 선호하는 SNS는 어떻게 다르게 나타났습니까?

미투데이	재미	트위터	
싸이월드	친목과 인맥 관리	페이스북	

4) 여러분은 SNS를 어떤 목적으로 많이 이용합니까?

______________________________.

읽고 말하기

1. 다음을 읽고 질문에 대답하십시오.

이용자가 많은 모바일앱의 유형 (복수 응답, %)

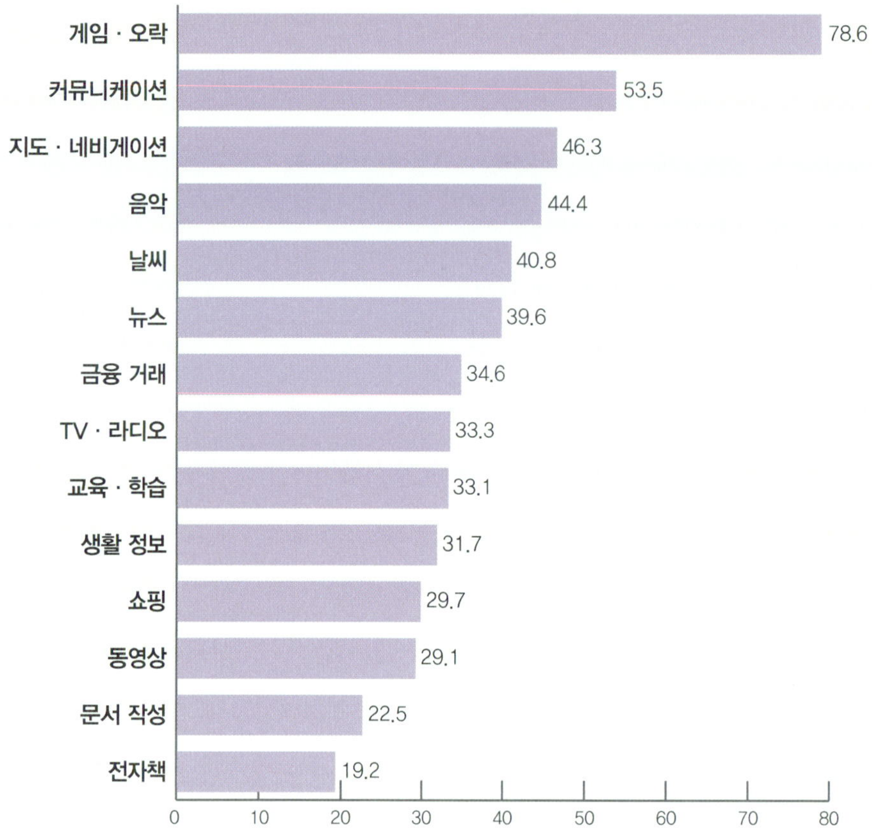

1) 사람들은 어떤 용도로 모바일앱을 다운로드 하고 있습니까?

2) 사람들이 가장 많이 다운로드 하는 모바일앱은 무엇입니까?

2. 여러분이 추천하고 싶은 모바일앱을 분야별로 나누어 이야기해 봅시다.

		추천하는 앱	장점 및 단점	이용 요금
1	교육 및 학습			□ 유료 □ 무료
2	게임 및 오락			□ 유료 □ 무료
3	동영상			□ 유료 □ 무료
4	쇼핑			□ 유료 □ 무료

새 단어: 모바일앱 유형 커뮤니케이션 네비게이션 금융 학습 전자책

읽고 쓰기

1. 다음 글을 읽고 질문에 대답해 봅시다.

정보 시대 한글의 우수성

한글이 만들어진 지 570년 가까이 되었지만 한글은 현대에 와서 그 우수성과 과학성을 더욱 인정 받고 있다. 특히 IT 시대를 맞아 한글은 정보 시대에 매우 적합한 문자로 새롭게 주목을 받고 있는데, 이는 한글이 정보 검색과 문자 입력에서 다른 어떤 문자보다 빠르고 과학적이기 때문이다. 속도가 경쟁력인 현대 사회에서 정보 검색과 문자 입력 속도는 개인과 기업의 발전뿐만 아니라 국가의 경쟁력에도 영향을 주기 때문에 한글은 정보 사회에 매우 잘 맞는 문자라고 할 수 있다.

한글이 주목을 받기 시작한 것은 컴퓨터가 등장하면서부터였다. 컴퓨터 한글 자판은 왼쪽에 자음, 오른쪽에 모음이 있어서 양손으로 번갈아 치기 때문에 편하게 작업할 수 있으며, 입력 속도도 다른 언어에 비해 두세 배 빠르다. 휴대전화의 경우에도 자음 다섯 자(ㄱ, ㄴ, ㅁ, ㅅ, ㅇ)와 모음 석 자(· ㅡ ㅣ)로 모든 한글 문자를 빠르고 쉽게 입력할 수 있다. 이처럼 다섯 개의 자음과 세 개의 모음만으로 19개의 자음과 21개의 모음을 만들 수 있기 때문에 알파벳마다 따로 자판을 둘 필요가 없다. 휴대전화에서 한글 자판이 12개뿐인 것은 바로 이 때문인데, 다른 자판보다 넓게 쓸 수 있어 문자 입력에서도 실수가 적은 장점이 있다. 또한 한글은 최근 스마트폰의 주요 기능 중 하나인 음성 인식과 필기 인식에서도 앞서 있다. 한글은 세계에서 가장 많은 발음을 표기할 수 있는 문자이며, 한 글자가 하나의 음만을 가지기 때문에 음성 인식과 필기 인식에서 다른 어떤 문자보다도 인식의 오류가 적다.

인터넷의 발달로 우리의 생활도 빠르게 변화하고 있다. 현대의 정보 사회에서는 누가 정보를 더 빠르고 정확하게 검색하는지가 가장 중요하다. 한국이 짧은 시간 내에 세계 최고의 IT 강국이 된 것은 디지털시대에 꼭 맞는 문자를 갖고 있기 때문이다. 만약 한글이 없었더라면 한국의 경제적, 문화적 발전 속도는 훨씬 늦어졌을지도 모른다.

1) 한글이 정보 검색과 문자 입력에서 앞서 있는 이유는 무엇입니까?
2) 한글이 음성 인식과 필기 인식에서 앞서 있는 이유는 무엇입니까?

2. 여러분 나라의 문자의 역사와 특징에 대해 써 봅시다.

새 단어: 우수성 과학성 인정 받다 적합하다 주목을 받다 문자 입력 경쟁력 자판
자음 모음 양손 번갈아 알파벳 음성 인식 필기 표기하다 오류 강국

제9과

제 9 과 정보 시대 <2>

학습목표

주제	인터넷의 장점과 단점
어휘	① 인터넷의 편리함 관련 어휘 ② 인터넷의 문제점 관련 어휘
문법	① -기엔 -지 않아요? ② -다시피
과제	① 정보 사회의 특성에 대해 듣고 말하기 ② SNS의 효율성과 부작용에 대한 글 읽고 쓰기

도입과 준비

하루 중 SNS 투자 시간

(단위: %)

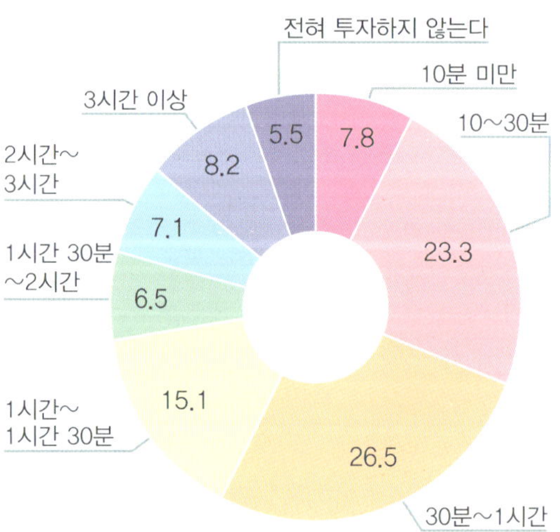

1. 위의 그림은 무엇에 대한 내용인지 말해 봅시다.
2. 여러분은 하루에 몇 시간 정도 SNS를 이용합니까?

어휘 제시와 연습

1. 다음 인터넷 관련 표현을 공부하고 알맞게 연결해 봅시다.

1) 네티즌(누리꾼) ·	· 인터넷 속의 가상공간
2) 정보의 바다 ·	· 정보의 양이 아주 많음
3) 사이버공간 ·	· 인터넷을 이용하는 사람
4) 네티켓 ·	· 인터넷에서 지켜야 할 예절
5) 익명성 ·	· 인터넷에 올라온 글에 짧게 답하는 글
6) 댓글 ·	· 어떤 행위를 누가 했는지 밝히지 않음

2. 인터넷으로 할 수 있는 일과 관련된 단어를 공부하고 문장을 완성해 봅시다.

전자우편　영상 채팅　영상 회의　인터넷 게임　인터넷뱅킹　사이버 강의

1) ______________ 신청하면 은행에 가지 않아도 은행 업무를 볼 수 있다.
2) 입학 서류를 ______________ 보내면 되니까 우체국에 가지 않아도 된다.
3) ______________ 하면 부모님의 얼굴을 보면서 이야기를 할 수 있어서 좋다.
4) 영어를 배우기 위해 저녁마다 집에서 인터넷으로 ______________ 듣고 있다.

제 9 과

3. 다음 인터넷의 문제점 관련 단어를 공부하고 질문에 대답해 봅시다.

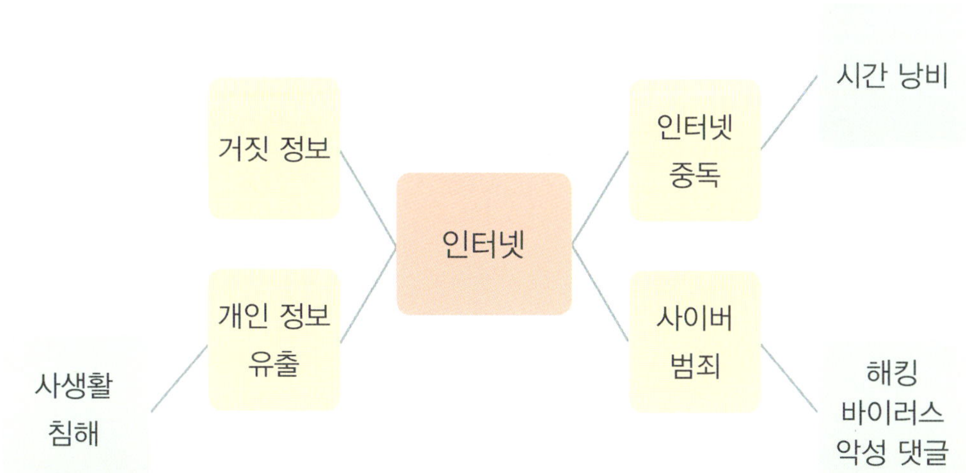

1) 악성 댓글 때문에 생기는 피해에는 어떤 것이 있습니까?
2) 인터넷에 올려진 거짓정보의 사례에는 어떤 것이 있습니까?
3) 요즘 여러분 나라에서는 어떤 사이버 범죄가 많이 일어납니까?

문법 제시와 연습

1. -기엔 -지 않아요?

앞 문장은 동사, 뒤 문장은 형용사 뒤에 붙어 앞의 상황이나 내용을 기준으로 생각했을 때 뒤 문장과 같은 상황이 됨을 나타내는 표현이다. 뒤 문장은 자신의 의견을 강조하며 상대방의 동의를 구하기 위해 의문문 형태로 표현하는 경우가 많다.

① 가: 주말에 벚꽃 구경을 하러 남산에 가려고 해요.
   나: 벚꽃 구경을 하**기엔** 여의도가 좋**지 않아요**?
② 가: 수업 시간에 한국 역사에 대한 다큐멘터리를 볼까 해요.
   나: 외국 학생들이 보**기엔** 내용이 너무 어렵**지 않을까요**?

연습 1 '-기엔 -지 않아요?'를 사용해서 대화를 완성해 봅시다.

1) 가: 지난달에 소개 받은 사람하고 결혼하려고 해요.
   나: ______________________________.
2) 가: 날씨가 좀 풀려서 오늘은 반팔을 입어도 될 것 같아요.
   나: ______________________________.
3) 가: 선생님께 여쭤 보고 싶은 게 있는데 지금 전화 드려도 될까요?
   나: 밤 11시가 다 됐는데 ______________________________.
4) 가: 집이 좀 좁기는 하지만 집들이 때 우리 반 친구들을 다 초대할까 해요.
   나: ______________________________.
5) 가: 오늘까지 이 서류들을 정리해야 하는데 다 끝낼 수 있을지 모르겠어요.
   나: ______________________________.

연습 2 '-기엔 이/가 좋다'를 사용해서 다음을 할 때 어떤 것이 좋은지 말해 봅시다.

문서 작성하기
전자책 읽기
친구 사귀기
동영상 보기
게임하기

1	친구를 사귀기엔 페이스북이 좋다.
2	
3	
4	
5	

2. -다시피

일부 동사와 함께 쓰여 청자가 이미 알고 있는 사실을 재확인할 때 쓰인다. 또 동사 뒤에 붙어 실제로 그 행위를 하는 것은 아니지만 거의 그 행위를 하는 것과 같다는 의미를 나타낸다.

① 가: 요즘 대학생들의 가장 큰 고민거리는 취업이래요.
　나: 아시**다시피** 경제가 어려워서 일자리가 없잖아요.
② 가: 어제 발표 준비 하느라고 힘들었죠?
　나: 네. 준비할 게 많아서 거의 밤을 새우**다시피 했어요**.

연습 1　'-다시피'를 사용해서 대화를 완성해 봅시다.

1) 가: 항상 엘리베이터를 타지 않고 계단으로 다니시네요.
　나: ____.
2) 가: 요즘 도서관에 사람이 많아서 자리를 잡기가 힘들어요.
　나: ____.
3) 가: 젊은 사람들은 대부분 도시 생활을 더 선호하는 것 같아요.
　나: ____.

연습 2　'-다시피 하다'를 사용해서 대화를 완성해 봅시다.

1) 가: 요즘도 회사 일이 많이 바빠요?
　나: 네. 일이 많아서 거의 회사에 ____________________.
2) 가: 그 친구하고 요즘에도 자주 만나요?
　나: 네. 거의 날마다 ____________________.
3) 가: 어제 독감 때문에 결석했다면서요? 많이 아팠어요?
　나: 네. 너무 아파서 하루 종일 ____________________.

연습 3　'-다시피'를 사용해서 다음에 대해서 이야기해 봅시다.

	인터넷 사용의 장점	인터넷 사용의 단점
1	알다시피 정보를 검색하기가 쉬워요.	알다시피 거짓 정보가 많아요.
2		
3		

제 9 과

대화하기

Track 103

은영: 왕강 씨, 아까부터 뭘 그렇게 열심히 하고 있어요?

왕강: 인터넷 카페에 가입하려고 하는데 여기에 뭘 써야 할지 모르겠어요. 외국인이 이용하기엔 어려운 단어가 너무 많아요.

은영: 왕강 씨는 외국 사람이니까 외국인등록번호를 쓰면 돼요. 근데 이건 무슨 카페예요?

왕강: 한국 문화를 소개하는 카페인데 자료를 이용하려면 먼저 카페에 가입을 해야 한다고 해서요.

은영: 다른 곳을 좀 더 찾아보지 그래요? 왕강 씨도 아시다시피 요즘 사이버 범죄가 많잖아요. 카페에 가입할 때 가끔 개인 정보가 유출되는 경우도 있어요.

왕강: 그래요? 저는 여기저기 가입해 놓은 카페가 많은데 조심해야겠네요.

은영: 이용하지 않는 카페는 빨리 탈퇴하도록 하세요. 그리고 인터넷을 이용할 때 개인 정보는 비공개로 하는 게 좋아요.

왕강: 알겠어요. 인터넷은 편리하기는 하지만 주의해야 할 점도 많은 것 같아요.

1. 다음 질문에 대답해 봅시다.

1) 왕강은 왜 인터넷 카페에 가입하려고 합니까?
2) 은영은 왜 왕강에게 인터넷 카페에 가입하지 말라고 했습니까?
3) 인터넷에서 개인 정보를 보호하려면 어떻게 해야 합니까?

2. 다음 단어를 공부하고 문장을 완성해 봅시다.

사이버 범죄　　개인 정보　　유출되다　　탈퇴하다　　비공개

1) 인터넷이 발달하면서 해킹 같은 ____________ 점점 증가하고 있다.
2) 입학 원서에 사진도 붙이고 이름이나 주소 같은 ____________ 써야 한다.
3) 우리 동호회는 회원들의 만족도가 높아서 ____________ 회원이 거의 없다.
4) 회사의 비밀 정보가 ____________ 바람에 신제품 개발이 중단되었다고 한다.

3. 다음에 대해서 이야기해 봅시다.

1) 외국인들이 한국에서 인터넷을 이용할 때 불편한 점은 무엇입니까?
2) 인터넷을 이용할 때 개인 정보를 보호하려면 어떻게 해야 합니까?

듣고 말하기

1. 다음 대화를 잘 듣고 맞으면 O, 틀리면 X표 하십시오. Track 104

1) 여자는 요즘 SNS를 이용해서 취업 준비를 하고 있다. ( )

2) 남자는 인터넷에 중독된 후로 인간관계에 어려움을 겪고 있다. ( )

2. 다음 대화를 잘 듣고 여자의 생각으로 맞지 않는 것을 고르십시오. Track 106

1) ☐ 정보기기 덕분에 직접 만나서 회의할 필요가 없다.
☐ 스마트워킹을 하면 업무를 볼 때 불편할 수도 있다.
☐ 스마트워킹을 하면 시간을 자유롭게 쓸 수 있어서 좋다.
☐ 스마트워킹은 직원들의 만족도와 업무 효과를 높여 준다.

2) ☐ SNS에서는 개인 정보를 보호 받기가 쉽지 않다.
☐ SNS를 이용하면 사생활을 침해 받을 수도 있다.
☐ SNS는 편리함 점도 있지만 문제점도 많이 가지고 있다.
☐ SNS는 친구를 사귈 때 편리하니까 자주 이용하는 것이 좋다.

제 9 과

3. 다음을 잘 듣고 질문에 대답하십시오. Track 108

1) 사이버 범죄가 점점 증가하는 것은 인터넷의 어떤 특성 때문입니까?

____

2) 최근 들어 어떤 사이버 범죄들이 자주 발생하고 있습니까?

① 언어폭력 ② ______________

③ 거짓 정보 ④ ______________

3) 사이버 범죄를 줄이기 위해서는 어떻게 해야 합니까?

① ______________ ② 개인 정보를 잘 관리한다

4) 여러분은 사이버 범죄를 줄이기 위해 어떤 노력을 해야 한다고 생각합니까?

____

읽고 말하기

1. 다음을 읽고 질문에 대답하십시오.

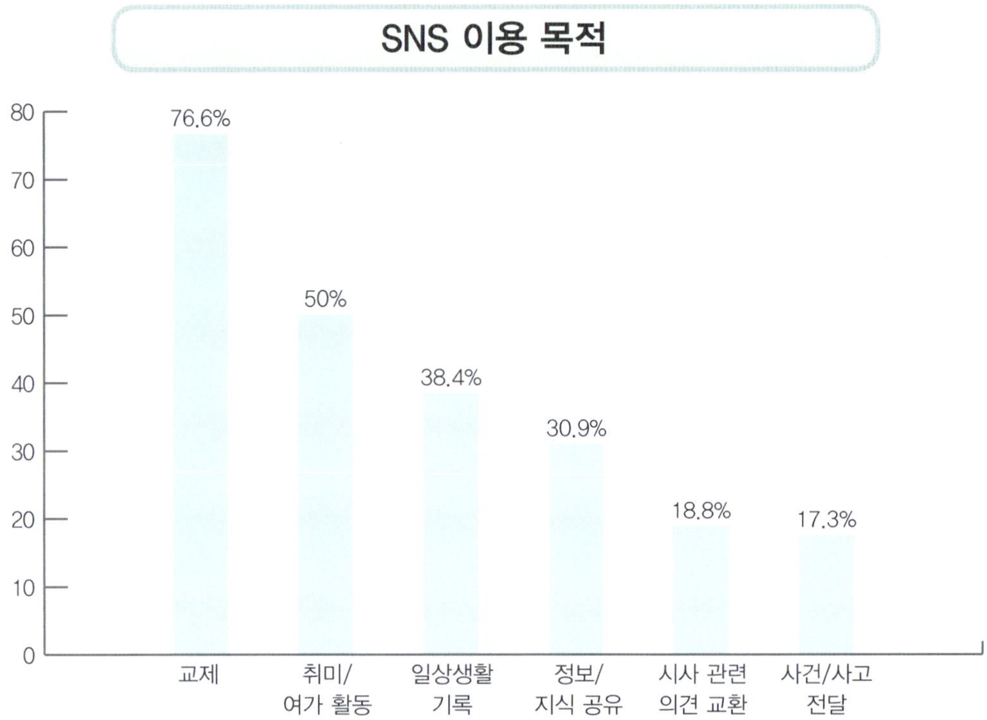

1) 사람들은 어떤 목적으로 SNS를 이용합니까?

2) 여러분은 어떤 목적으로 SNS를 자주 이용합니까?

2. 요즘 SNS에서 화제가 되고 있는 것은 무엇인지 찾아봅시다.

제목	
중심 내용	
SNS 이용자들의 주요 의견	① ② ③

새 단어: 일상생활 기록 시사 사건 사고 전달

읽고 쓰기

1. 다음 글을 읽고 질문에 대답해 봅시다.

SNS의 빛과 그림자

SNS란 소셜 네트워크 서비스(Social Network Service)의 줄임말로 인터넷에서 지인과의 관계를 강화시키고 폭넓은 인간관계를 맺을 수 있도록 해 주는 서비스다. 사람들은 SNS를 이용해서 글이나 사진을 올려 자신을 알리기도 하고, 댓글로 의견을 주고받으며 다른 사람과 소통하기도 한다. 대중의 관심 속에서 살아가는 연예인이나 정치인들도 자신의 지지자들과 소통하고 이미지를 관리하기 위해 SNS를 적극적으로 활용한다.

초기에 SNS는 주로 친목 도모나 오락 등의 목적으로 이용되었으나 최근에는 비즈니스, 취업, 공공업무 등에 활용되기도 한다. SNS의 인기가 높아지면서 종류도 다양해지고 그 내용도 전문화되어 가고 있는 것이다. 대기업에서 근무하는 진준식(32) 씨는 "업무에 대해서 급하게 의논해야 할 때 SNS로 의견을 주고받을 수 있어서 업무 처리가 쉽고 빨라졌다. 또 SNS는 전화나 문자보다 더 가깝게 소통할 수 있어 동료들과 쉽게 친해질 수 있는 것 같다."고 말한다.

SNS는 사람들의 마음과 마음을 연결해 주는 놀라운 기술이다. 하지만 그에 따른 부작용도 많다. 가장 심각한 것은 SNS 중독 현상이다. 최근 인터넷중독센터를 찾은 대학생 A씨는 "하루 종일 SNS에 빠져 있다시피 하는 것이 싫다. 하지만 스마트폰 배터리가 닳아 가면 불안해서 견딜 수가 없다."고 한다. SNS 중독은 새로운 현상이기 때문에 아직 효과적인 해결책이 없다는 것도 큰 문제이다. 인터넷이나 게임 중독의 경우 PC를 없애거나 인터넷 사용 시간을 줄이는 등의 방법이 있지만 모바일기기는 언제, 어디에서나 필요하기 때문에 없애는 것이 불가능하기 때문이다.

SNS는 현대를 살아가는 우리에게 약이 될 수도 있고 독이 될 수도 있다. SNS가 독이 되지 않도록 하기 위해서는 우리들 스스로 적당히 이용하려는 노력이 필요하다.

1) SNS는 인간관계를 어떻게 변화시켰습니까?

2) SNS는 어떤 부작용을 안고 있습니까?

2. 정보 사회의 편리함과 역효과에 대해 써 봅시다.

새 단어: 빛 그림자 줄임말 지인 강화하다 폭넓다 지지자 활용하다 공공 업무 전문화되다 소통하다 부작용 중독 현상 닳다 효과적 해결책 모바일 기기 없애다 불가능하다

제9과

제10과 고민과 상담 <1>

학습목표

주제	고민 내용과 고민 해결 방법
어휘	① 고민 내용 관련 어휘　② 고민 관련 표현
문법	① -(으)ㄴ/는 법이다　② -(ㄴ/는)다고 치다
과제	① 연령별 고민 내용에 대해 듣고 말하기 ② 고민 해결 방법에 대한 글 읽고 쓰기

도입과 준비

청소년 고민 상담 대상

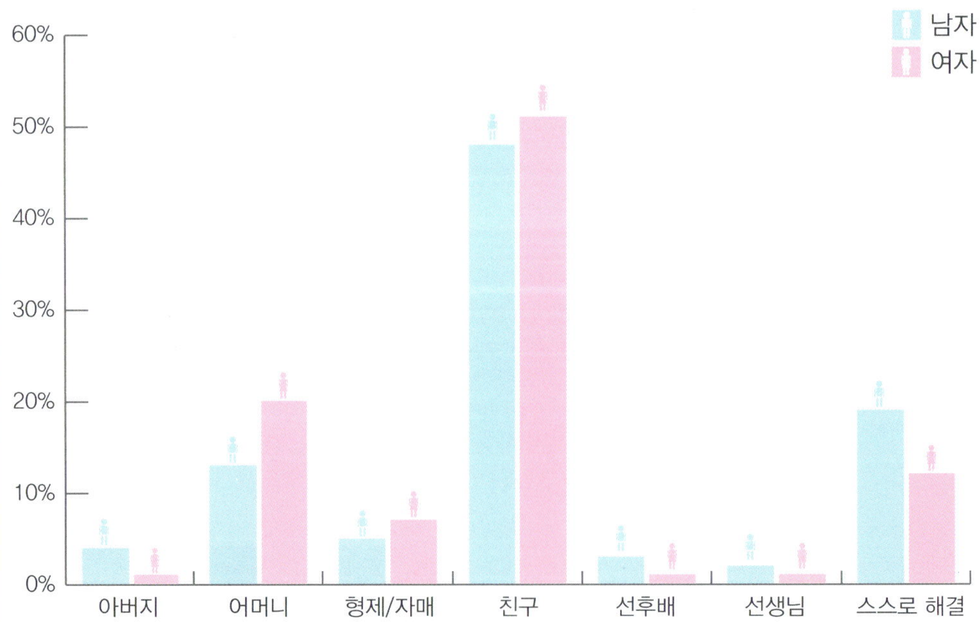

1. 위의 그림은 무엇에 대한 내용인지 말해 봅시다.
2. 여러분은 고민이 있을 때 누구와 상담합니까? 그 이유는 무엇입니까?

어휘 제시와 연습

1. 다음 고민 내용에 대한 단어를 공부하고 문장을 완성해 봅시다.

대인 관계	성격	학교	진로	기타
선후배	소극적	성적	전공	돈
동성 친구	내성적	폭력	진학	외모
이성 친구	소심함	집단 따돌림	취업	인터넷 중독

1) ________ 적성에 안 맞아서 그런지 대학 공부가 재미없게 느껴진다.
2) 나는 남자 고등학교를 다녔기 때문에 ________ 사귈 기회가 별로 없었다.
3) ________ 사람은 좋은 기회가 찾아와도 기회를 잡지 못하고 놓칠 때가 많다.
4) 컴퓨터와 스마트폰 사용이 늘면서 ________ 심해지는 아이들이 많다고 한다.

2. 다음 고민 관련 표현을 공부하고 질문에 대답해 봅시다.

고민하다	갈등하다		고민을 해결하다
고민에 빠지다	갈등을 겪다		갈등을 해소하다
고민거리가 있다	갈등을 느끼다		갈등을 극복하다

1) 요즘 어떤 고민거리가 있습니까?
2) 고민이 있을 때 어떻게 고민을 해결합니까?
3) 최근에 다른 사람과 갈등을 겪은 적이 있습니까? 무엇 때문이었습니까?
4) 다른 사람과의 갈등을 해소할 수 있는 방법에는 어떤 것들이 있습니까?

3. 고민이 있을 때 생기는 증상에 대해서 말해 봅시다.

1	식욕이 없다.	6	의욕이 없다.
2	잠이 안 온다.	7	머리가 무겁다.
3	집중이 안 된다.	8	소화가 안 된다.
4	가슴이 답답하다.	9	마음이 불안하다.
5	모든 일에 짜증이 난다.	10	사람들과 대화하기가 싫다.

문법 제시와 연습

1. -(으)ㄴ/는 법이다

동사나 형용사에 붙어 앞 문장의 동작이나 상태 등이 이미 그렇게 정해져 있거나 그런 것이 당연함을 표현한다. 따라서 자연적인 법칙이나 격언, 속담 등과 함께 쓰이는 경우가 많으며 '-기 마련이다'보다 더 당위성이 높은 경우에 사용한다. 형용사와 결합할 때는 '-(으)ㄴ 법이다', 동사와 결합할 때는 '-는 법이다'를 쓴다.

① 가: 어제 잠을 못 자서 머리가 너무 아파요.
　나: 잠을 제대로 못 자면 머리가 아**픈 법이지요**.
② 가: 1시에 합격자 발표를 한다고 했는데 시간이 왜 이렇게 안 가죠?
　나: 원래 기다리는 일이 있으면 시간이 더 안 가**는 법이에요**.

연습 1 '-(으)ㄴ/는 법이다'를 사용해서 대화를 완성해 봅시다.

1) 가: 요즘 스트레스가 많이 쌓여서 그런지 우울해요.
　나: ______________________________.
2) 가: 회사에서 날마다 똑같은 일만 하니까 너무 지겨워요.
　나: ______________________________.
3) 가: 한국에서 오래 살아서 친구들이랑 정이 많이 들었어요.
　나: ______________________________.
4) 가: 과일하고 야채를 많이 먹었더니 피부가 정말 좋아졌어요.
　나: ______________________________.
5) 가: 말하기 실력이 좋지 않아서 꾸준히 연습했더니 좋아졌어요.
　나: ______________________________.

연습 2 '-(으)ㄴ/는 법이다'를 사용해서 다음에 대해 이야기해 봅시다.

1) 나이가 들면 어떤 일이 생길까요?
2) 사랑에 빠지면 어떤 일이 생길까요?
3) 고민을 많이 하면 어떤 일이 생길까요?
4) 외국 생활을 오래 하면 어떤 일이 생길까요?
5) 먹기만 하고 운동을 하지 않으면 어떤 일이 생길까요?

2. –(ㄴ/는)다고 치다

동사나 형용사, 명사 뒤에 붙어 앞의 행위나 상태가 실제로 그렇지는 않지만 그렇다고 가정할 때 쓰인다. '–(ㄴ/는)다고 치다', '(이)라고 치다', '–었/았다고 치다' 등의 형태로 활용되며 뒤 문장에는 주로 명령형이나 청유형이 온다.

① 가: 이 음식은 맛없어서 먹기 싫어요.
　나: 건강에 좋은 거니까 약**이라고 치고** 드세요.
② 가: 운동을 해야 하는데 시간 내기가 힘드네요.
　나: 그럼 운동**한다고 치고** 매일 계단으로 다니세요.
③ 가: 친구가 제 책을 빌려 갔는데 계속 안 돌려줘요.
　나: 그냥 친구한테 선물로 **줬다고 치세요**.

연습 1 '–(ㄴ/는)다고 치다'를 사용해서 대화를 완성해 봅시다.

1) 가: 한국에 가족이 없어서 좀 외로워요.
　나: ______________________________.
2) 가: 너무 바빠서 하루 종일 아무것도 못 먹었어요.
　나: ______________________________.
3) 가: 아까 은영 씨가 저한테 했던 말 때문에 너무 기분 나빠요.
　나: ______________________________.
4) 가: 내일 면접시험을 보는데 연습을 하나도 안 해서 걱정이에요.
　나: ______________________________.
5) 가: 회사 사정이 갑자기 안 좋아져서 이번 달 월급을 못 받았어요.
　나: ______________________________.

연습 2 '–(ㄴ/는)다고 치다'를 사용해서 다음 고민에 대해 조언을 해 봅시다.

	고 민	조 언
1	헤어진 애인을 잊기가 힘들어요.	
2	사람들 앞에서 발표할 때마다 너무 떨려요.	
3	직장 동료 때문에 회사에 다니기가 싫어요.	
4		

제10과

대화하기

Track 109

한솔: 제니 씨, 무슨 일 있어요? 살이 좀 빠진 것 같아요.

제니: 요즘 고민이 좀 많거든요. 외국에서 혼자 살아서 그런지 크고 작은 고민들이 계속 생기네요.

한솔: 외국에서 혼자 생활하면 힘든 일도 많고 고민할 일도 많이 생기는 법이죠.

제니: 그렇기는 한데 고민이 있어도 그걸 털어놓을 사람이 없어서 더 답답해요. 부모님께서 걱정하실 것 같아서 부모님께는 말씀도 못 드리겠고요.

한솔: 그럼, 고민이 있을 때는 누구하고 상담해요?

제니: 그냥 혼자서 해결할 때가 많아요.

한솔: 그러지 말고 한국 친구들을 가족이라고 치고 상담해 보세요. 나이가 비슷하니까 대화도 잘 통하고 한국 생활에 대한 조언도 해 줄 수 있잖아요. 제가 도울 수 있는 일이 있으면 저도 도와줄게요.

제니: 알았어요. 다음에 고민이 생기거나 의논할 일이 있으면 이야기할게요.

1. 다음 질문에 대답해 봅시다.

1) 제니는 고민이 있을 때 어떤 점이 답답하게 느껴집니까?
2) 제니는 고민이 있을 때 누구하고 상담합니까?
3) 한솔은 제니에게 어떤 조언을 했습니까?

2. 다음 단어를 공부하고 문장을 완성해 봅시다.

고민을 털어놓다 답답하다 상담하다 통하다 조언 의논하다

1) 오늘 친구들을 만나서 방학에 어디로 여행을 갈지 ____________.
2) 가슴이 ____________ 때는 높은 산에 올라가서 소리를 지르곤 한다.
3) 고민이 있을 때 부모님께 말씀 드리면 적절한 ____________ 해 주신다.
4) 그 사람과 나는 생각이 잘 ____________ 때문에 같이 일하면 편할 것 같다.

3. 다음에 대해서 이야기해 봅시다.

1) 외국에서 살면 어떤 어려움들을 겪게 됩니까?
2) 여러분은 한국 생활을 하면서 어떤 고민들을 합니까?

듣고 말하기

1. 다음 대화를 잘 듣고 맞으면 O, 틀리면 X표 하십시오. Track 110

1) 여자는 요즘 입사시험에 계속 떨어져서 고민이다. ( )

2) 남자는 여자에게 성격을 고치도록 노력해 보라고 조언했다. ( )

2. 다음 대화를 잘 듣고 질문에 대답하십시오. Track 112

1) '고민탈출'이라는 프로그램이 시청자들에게 인기를 끄는 이유는 무엇입니까?

______________________________.

2) 최근 대학생들이 가장 많이 느끼는 고민은 무엇입니까? 그 이유는 무엇입니까?

______________________________.

3. 다음을 잘 듣고 질문에 대답하십시오. Track 114

1) 뉴스의 내용으로 맞지 않는 것을 고르십시오.

☐ 청소년 인기 직업

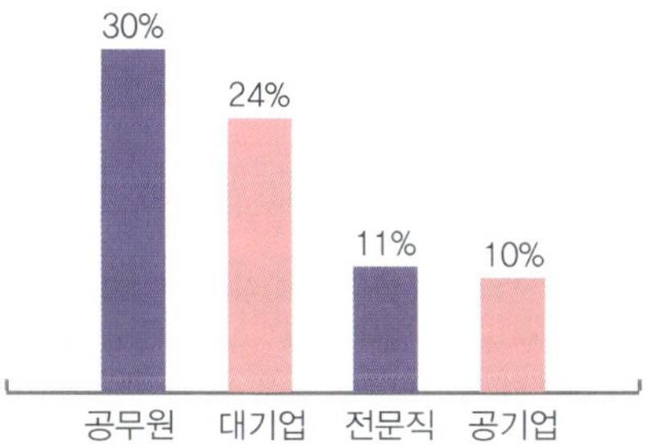

☐ 청소년 고민거리

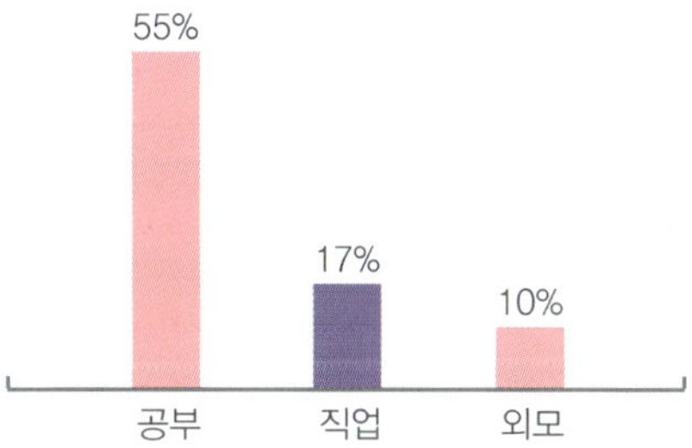

☐ 청소년 스트레스

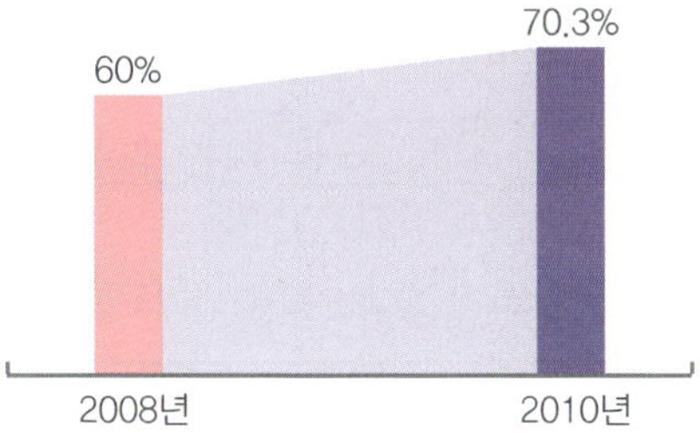

☐ 학생과 부모 대화 시간

2) 직업 선택이 청소년들의 고민거리가 된 이유는 무엇입니까?

______________________________.

3) 여러분은 청소년 시기에 어떤 고민을 했습니까? 누구에게 고민을 털어놓았습니까?

______________________________.

읽고 말하기

1. 다음을 읽고 질문에 대답하십시오.

대학생 고민거리

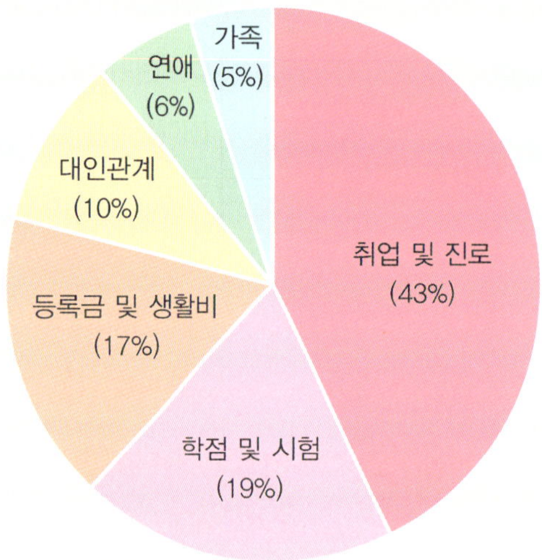

대학생 고민 극복 방법

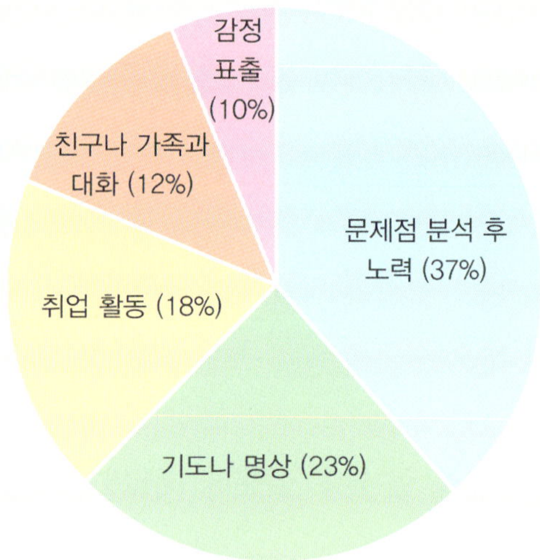

1) 요즘 대학생들은 어떤 고민거리를 가지고 있습니까?

2) 대학생들은 어떤 방법으로 고민을 극복하고 있습니까?

2. 자신의 고민거리와 그에 대한 친구의 조언에 대해 이야기해 봅시다.

〈나의 고민〉

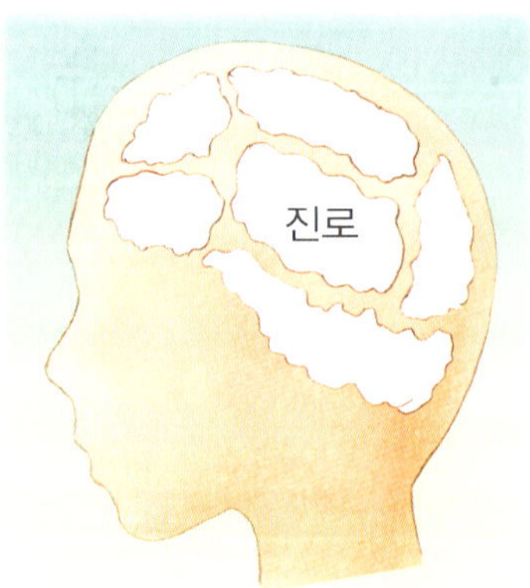

나의 고민	
친구들의 조언	

새 단어: 문제점 분석하다 명상 감정 표출하다 조언

읽고 쓰기

1. 다음 글을 읽고 질문에 대답해 봅시다.

쓸데없는 일로 고민하지 말라

사람은 누구나 고민을 안고 살아가는 법이다. 하지만 사람들이 고민하는 것의 대부분은 과거에 대한 후회나 미래에 대한 걱정일 때가 많다. '왜 그런 선택을 했을까?', '입학시험을 잘 볼 수 있을까?' 등 먼 과거나 미래의 일에 대해 고민하며 괴로워한다. 하지만 이러한 고민들은 현재의 문제를 해결하는 데 전혀 도움이 되지 않으며 오히려 심리적인 불안과 두려움만 커지게 한다.

한 가지 예를 들어 보자. 전쟁에 나간 한 남자가 전사자와 행방불명자의 명단을 작성하는 일을 맡게 되었다. 그 일을 하면서 그는 '내가 살아서 돌아갈 수 있을까?' 하는 걱정을 하기 시작했다. 걱정이 깊어질수록 체중은 점점 줄었고 마음도 약해져 날마다 울면서 지냈다. 그 무렵 다행히 전쟁이 끝나 고향으로 돌아갈 수 있었지만 만일 전쟁이 끝나지 않았더라면 그는 아마 정신병에 걸렸을 것이다. 이처럼 쓸데없는 고민은 삶의 의욕을 빼앗고 모든 것을 절망스럽게 한다. 그런데도 사람들은 자신의 꿈을 이루기 위해 써야 할 에너지를 고민하느라고 다 써 버리는 경우가 많다. 따라서 자신의 꿈을 이루기 위해서는 이미 지나간 과거나 아직 일어나지 않은 미래에 대해 너무 오랫동안 고민하지 않도록 해야 한다.

하지만 '고민하지 말아야지!'라는 결심을 한다고 해서 바로 고민이 해결되는 것은 아니다. 오히려 고민은 극복하려고 하면 할수록 그것에 더 빠지기 쉽다. 더 깊은 고민에 빠지지 않으려면 우선 자신의 고민에 대해 명확한 판단을 할 필요가 있다. 즉, 그 고민이 자신의 능력으로 해결할 수 있는 것인지 아닌지를 결정하는 것이다. 만일 해결할 수 있는 일이라면 해결 방법을 찾아 행동하면 될 것이고, 해결할 수 없는 일이라면 더 이상 그 일에 신경 쓰지 말아야 한다. 그 고민 때문에 '오늘' 할 일을 하지 않는다면 더 큰 고민이 생길 것이기 때문이다. 따라서 과거에 대해 후회하거나 미래에 대해 걱정하는 마음을 버리고 현재를 열심히 살아간다면 고민은 극복할 수 있다.

1) 사람들이 고민하는 것의 대부분은 어떤 일에 대한 것입니까?

2) 고민을 극복하려면 어떻게 해야 합니까?

2. 자신이 고민했던 일과 그 고민을 해결한 방법에 대해 써 봅시다.

새 단어: 쓸데없다　괴로워하다　오히려　심리적　두려움　전사자　행방불명자　명단　맡다　무렵　빼앗다　절망스럽다　명확하다　판단하다　신경을 쓰다

제10과

제 10 과 고민과 상담 <2>

학습목표

주제	상담과 조언
어휘	① 상담 관련 어휘 ② 고민 극복 방법 관련 어휘
문법	① -다가 보면 ② -(으)ㄴ/는 데에는
과제	① 상담 방법에 대해 듣고 말하기 ② 상담 사례 읽고 조언하는 글 쓰기

도입과 준비

청소년 상담소

유학 상담소

취업 상담소

가정 문제 상담소

1. 위의 그림은 무엇에 대한 내용인지 말해 봅시다.
2. 여러분은 어떤 상담소에 가 보고 싶습니까?

어휘 제시와 연습

1. 다음 상담 관련 단어를 공부하고 질문에 대답해 봅시다.

상담소	➡		
		상담자	상담을 받다, 조언을 구하다, 상담 치료를 받다, 해결책을 찾다
		상담원	조언하다, 충고하다, 해결책을 제시하다

1) 고민이 있을 때 주로 누구하고 상담을 합니까?
2) 상담소에 간다면 무엇에 대해 상담하고 싶습니까?
3) 조언을 구할 때 좋은 해결책을 제시해 주는 사람은 누구입니까?
4) 최근에 상담을 받은 적이 있습니까? 그 사람이 어떤 조언을 했습니까?

2. 다음 고민 극복 방법 표현을 공부하고 문장을 완성해 봅시다.

고민을 털어놓다	문제점을 분석하다
긍정적으로 생각하다	마음의 여유를 갖다

1) 자신이 가진 ____________ 잘못된 점을 고치도록 해야 한다.
2) 요즘 회사 일로 너무 바빠서 ____________ 생활하기가 쉽지 않다.
3) 어제 친구하고 오랫동안 이야기를 주고받으며 서로의 ____________.
4) 그는 모든 일을 ____________ 때문에 어떤 상황에서든지 희망을 잃지 않는다.

3. 좋은 상담원이 되기 위해서 어떻게 해야 하는지 말해 봅시다.

마음의 문을 열다

상대방에게 먼저 손을 내밀다

상대방의 이야기에 귀를 기울이다

신경을 써 주다

상대방에게 눈높이를 맞추다

상대방에게 관심을 기울이다

문법 제시와 연습

1. -다가 보면

동사에 붙어 앞의 행위나 상태가 계속되면 그 일을 하는 도중에 뒤 문장과 같은 일이 생긴다는 의미를 나타낸다. 어떤 전제나 가정에 대한 일반적인 결과를 말하며 뒤 문장에 완료 시제는 쓰지 않는다.

① 가: 저는 한국어 발음이 너무 나빠서 고민이에요.
　나: 꾸준히 연습하**다가 보면** 발음이 좋아질 거예요.

② 가: 이번에는 꼭 성공할 줄 알았는데 또 실패로 끝났네요.
　나: 살**다가 보면** 일이 뜻대로 될 때도 있고 안 될 때도 있어요.

연습 1　'-다가 보면'을 사용해서 대화를 완성해 봅시다.

1) 가: 한국 음식이 입에 맞지 않아서 잘 못 먹겠어요.
　나: ______________________________.

2) 가: 빨리 취직해야 되는데 일자리를 못 구해서 걱정이에요.
　나: ______________________________.

3) 가: 얼마 전에 부서를 옮겼는데 일이 익숙하지 않아서 힘들어요.
　나: ______________________________.

4) 가: 룸메이트하고 아직 친해지지 않아서 같이 있으면 좀 어색해요.
　나: ______________________________.

5) 가: 뉴스는 어려운 단어가 많아서 아무리 들어도 이해를 못 하겠어요.
　나: ______________________________.

연습 2　'-다가 보면'을 사용해서 앞으로 생길 수 있는 결과에 대해 말해 봅시다.

		긍정적인 결과	부정적인 결과
1	계속 고민을 하다가 보면	해결 방법이 생겨요.	스트레스가 쌓여요.
2	유학 생활을 하다가 보면		
3	자주 여행을 다니다가 보면		
4	계속 다이어트를 하다가 보면		

2. -(으)ㄴ/는 데에는

주로 동사에 붙어 앞 문장에는 어떤 경우나 상황이 제시되고 뒤 문장에는 그에 대한 해결 방법을 제시한다.

① 가: 감기에 걸렸는데 잘 안 나아요.
나: 감기에 걸**린 데에는** 생강차가 아주 좋대요.

② 가: 담배를 끊고 싶은데 끊기가 너무 힘들어요.
나: 담배를 끊**는 데에는** 자신의 의지가 가장 중요해요.

연습 1 '-(으)ㄴ/는 데에는'을 사용해서 대화를 완성해 봅시다.

1) 가: 어떻게 하면 환경오염을 줄일 수 있을까요?
나: ________________________________.

2) 가: 더위를 이길 수 있는 좋은 방법이 없을까요?
나: ________________________________.

3) 가: 어제 친구들하고 축구를 하다가 발목을 삐었어요.
나: ________________________________.

4) 가: 자꾸 살이 쪄서 고민인데 좋은 다이어트 방법이 없을까요?
나: ________________________________.

5) 가: 일 때문에 스트레스가 많이 쌓이는데 어떻게 하면 풀 수 있을까요?
나: ________________________________.

제10과

연습 2 '-(으)ㄴ/는 데에는'을 사용해서 해결 방법에 대해 말해 봅시다.

사람들과 빨리 친해지다	기분 전환을 하다	갈등을 해소하다	교통사고를 줄이다

대화하기

Track 115

은영: 왕강 씨, 뭘 그렇게 생각해요? 무슨 고민 있어요?

왕강: 한국어 공부 때문에 고민이에요. 오늘 수업 시간에 발표를 했는데 발음이랑 문법이 많이 틀렸거든요.

은영: 왕강 씨는 한국 사람도 아닌데 한국 사람처럼 유창하게 할 수는 없잖아요.

왕강: 그건 그렇지만 앞으로 대학교에 진학하면 한국어로 수업을 들어야 하는데 이런 실력으로 수업을 따라갈 수 있을지 모르겠어요.

은영: 너무 걱정하지 마세요. 열심히 하다가 보면 실력이 늘 거예요.

왕강: 하지만 한국어를 배운 지 벌써 일 년이나 되었는데도 말하기가 서툴러서 제 생각을 정확하게 표현하기가 어려워요.

은영: 제 생각에 말하기 실력을 늘리는 데에는 꾸준하게 연습하는 것이 제일 좋은 방법인 것 같아요.

왕강: 앞으로는 한국 사람들과 자주 이야기하고 반 친구들하고도 한국어로만 말해야겠어요.

1. 다음 질문에 대답해 봅시다.

1) 왕강은 무엇 때문에 고민하고 있습니까?
2) 은영은 왕강에게 어떤 조언을 해 주었습니까?
3) 은영은 말하기 실력을 늘리는 최선의 방법이 뭐라고 했습니까?

2. 다음 단어를 공부하고 문장을 완성해 봅시다.

유창하다　　서투르다　　표현하다　　실력이 늘다　　꾸준하다

1) 살을 빼려면 하루에 한 시간씩 __________ 운동을 하는 것이 좋다.
2) 외국어를 __________ 하려면 어릴 때부터 배우는 것이 좋다고 한다.
3) 나는 감정 표현이 __________ 때문에 사람들한테 오해를 받을 때가 많다.
4) 친구는 태권도 __________ 위해 이번 달부터 태권도 학원에 다니기로 했다.

3. 다음에 대해서 이야기해 봅시다.

1) 한국어를 공부하면서 여러분에게 가장 고민되는 것은 무엇입니까?
2) 한국어 공부에 대한 친구들의 고민을 듣고 적절한 조언을 해 봅시다.

듣고 말하기

1. 다음 대화를 잘 듣고 맞으면 O, 틀리면 X표 하십시오. Track 116

1) 여자가 가장 마음 편하게 고민 상담을 할 수 있는 사람은 언니이다. ( )

2) 남자는 고민이 있을 때 국제지원센터에 가서 상담하곤 한다. ( )

2. 다음 대화를 잘 듣고 맞지 않는 것에 ☑표 하십시오. Track 118

1) ☐ 여자는 아들과의 관계가 좋지 않아서 속상해한다.
☐ 남자는 여자에게 상담센터의 도움을 받아 보라고 했다.
☐ 청소년상담센터는 청소년과 부모, 교사 모두에게 열려 있다.
☐ 청소년상담센터는 곧 문자메시지 서비스를 실시할 계획이다.

2) ☐ 남자는 자신감이 없는 태도 때문에 고민하고 있다.
☐ 여자는 남자에게 친구들과 함께 발표하라고 충고했다.
☐ 남자는 사람들 앞에서 발표할 때 긴장감을 많이 느낀다.
☐ 여자는 사회 생활을 잘 하려면 자신감이 필요하다고 했다.

3. 다음을 잘 듣고 질문에 대답하십시오. Track 120

1) '또래 상담사'는 어떤 프로그램입니까?

______________________________.

2) 학교에서 '또래 상담사' 프로그램을 실시하는 이유는 무엇입니까?

______________________________.

3) 프로그램을 진행하면서 상담사와 상담자는 각각 어떤 점에서 만족감을 느낍니까?

상담사	
상담자	고민거리도 해결되고 친구도 사귈 수 있다

4) 어학원에 '또래 상담사' 프로그램이 생긴다면 여러분은 무엇을 상담하고 싶습니까?

______________________________.

읽고 말하기

1. 다음을 읽고 질문에 대답하십시오.

대학생 멘토 모집

후배들에게 도움도 주고 학비도 마련할 수 있는 좋은 기회!!

여러분의 소중한 경험이 후배들의 인생을 바꿀 수도 있습니다. 바로 지금 대학생 멘토 모집에 지원하세요!

주요 활동	온라인상에서 고등학생들에게 진학, 진로, 학습, 생활 상담
활동 기간	2013년 10월 초부터
멘토 혜택	매월 장학금 지급, 우수 멘토에게는 어학연수 기회 제공
모집 방식	모집 대상: 국내외 대학생 모집 인원: 000명 접수 기간: 2013년 9월 13일까지 접수 방법: 이메일(everystudy@mentor.co.kr) 접수

1) 대학생 멘토는 어떤 일을 하는 것입니까?

2) 대학생 멘토가 되면 어떤 혜택을 받게 됩니까?

2. 다음 상황 중 하나를 골라 상담자와 상담원이 되어 역할극을 해 봅시다.

	상담자	상담 내용
1	24세의 남자	친구의 애인을 사랑하게 된 후 사랑과 우정 사이에서 갈등함.
2	30세의 여자	국제결혼을 하고 싶지만 언어와 문화 차이 때문에 고민함.

가:

나:

가:

나:

새 단어: 멘토 모집 마련하다 기회 혜택 지급 제공 인원 접수

읽고 쓰기

1. 다음 글을 읽고 질문에 대답해 봅시다.

고민 상담소

〈**고민**〉 저는 대학교 3학년 학생입니다. 제 고민은 미래에 대한 아무 계획도 목표도 없다는 것입니다. 대학교에 입학할 때도 별 고민 없이 성적에 맞춰서 들어왔는데 지금까지도 제 꿈을 찾지 못하고 있습니다. 다른 친구들은 1학년 때부터 대학원 진학 준비나 취업 준비를 하면서 자신의 목표를 향해 부지런히 달려가고 있습니다. 하지만 저는 아직도 제가 정말로 원하는 일이 무엇인지, 저에게 잘 맞는 일이 무엇인지 모르겠습니다. 시간은 자꾸 흘러가고 내년이면 벌써 4학년인데 아무것도 준비해 놓은 것이 없어서 불안하고 초조하기만 합니다. 무언가를 시작하기엔 너무 늦은 것은 아닐까요?

〈**답변**〉 졸업할 때가 다가오니까 진로에 대한 고민이 많으시죠? 사실 인생의 목표를 찾지 못한 채 살아가는 사람들이 생각보다 많다고 합니다. 하지만 아무도 자신의 삶을 대신 살아 줄 수 없는 것처럼 삶의 목표 역시 스스로 찾을 수밖에 없습니다. 그러니까 지금부터 자신에 대해 진지하게 생각해 보세요. 자신이 미래에 어떤 모습으로 살아가기를 원하는지, 또 자신이 정말 하고 싶은 일과 잘할 수 있는 일은 무엇인지 생각해 보시기 바랍니다. 만약 답을 찾기가 어렵다면 학교의 학생 생활 상담소나 전문 상담 기관에서 몇 가지 심리 검사를 받아 보는 것도 좋습니다. 성격 검사나 흥미 검사, 적성 검사 등을 받고 나면 자신에 대한 객관적인 정보를 얻을 수 있거든요. 이렇게 자신이 원하는 것을 찾아가다가 보면 자연스럽게 인생의 목표도 찾게 될 겁니다. 그 후에는 자신의 목표를 이루기 위해 구체적인 계획을 세우고 스스로 실천해 나가는 것이 중요하겠지요. 늦었다고 생각할 때가 가장 빠르다는 말이 있습니다. 좀 더 자신감을 갖고 자신의 꿈을 찾아가시기 바랍니다.

1) 상담자는 지금 무엇 때문에 고민하고 있습니까?

2) 상담원은 상담자에게 어떤 조언을 해 주었습니까?

2. 상담원이 되어 친구의 고민에 대해 조언하는 글을 써 봅시다.

새 단어: 목표　향하다　시간이 흘러가다　자꾸　초조하다　진지하다　상담 기관　심리
객관적　자연스럽다　구체적　실천하다

제 11 과 전통 명절 <1>

학습목표

주제	한국의 명절	
어휘	① 명절 관련 어휘	② 명절 풍속 관련 어휘
문법	① 그렇다고 (해서) -(으)ㄹ 수는 없다	② -는 통에
과제	① 한국의 명절 풍속에 대해 듣고 말하기 ② 정월 대보름에 대한 글 읽고 쓰기	

도입과 준비

설 연휴 풍경

1. 위의 그림은 무엇에 대한 내용인지 말해 봅시다.
2. 여러분 나라에는 어떤 명절이 있습니까?

어휘 제시와 연습

1. 다음 한국의 명절을 공부하고 문장을 완성해 봅시다.

설날　　정월 대보름　　단오　　추석

1) 옛날 사람들은 ______________ 보름달을 보면서 소원을 빌었다.
2) 한국 사람들은 새해 첫날인 ______________ 아침에 떡국을 끓여 먹는다.
3) 우리 집은 ______________ 때마다 가족들과 함께 송편을 만들어 먹곤 한다.
4) ______________ 음력으로 5월 5일인데 매년 강릉 지방에서 큰 축제가 열린다.

2. 다음 명절 풍속 관련 단어를 공부해 봅시다.

설날	정월 대보름	단오	추석
세배 설빔 복주머니	오곡밥 달맞이 쥐불놀이	단오제 씨름 그네타기	벌초 성묘 강강술래

3. 다음 명절 관련 표현을 공부하고 문장을 완성해 봅시다.

명절을 쇠다　　차례를 지내다　　차례상을 준비하다
설빔을 입다　　세배를 드리다　　성묘를 하다

1) 추석 연휴 때 부모님과 함께 할아버지 산소에 __________ 갔다 왔다.
2) 기차역은 고향에서 __________ 서울로 올라가려는 사람들로 매우 붐볐다.
3) 우리 어머니는 명절 때마다 __________ 하루 종일 부엌에서 살다시피 한다.
4) 설날에 부모님께서 사 주신 __________ 집안 어른들께 새해 인사를 드렸다.

문법 제시와 연습

1. 그렇다고 (해서) -(으)ㄹ 수는 없다

동사 뒤에 붙어 그러한 행위를 할 수 없거나 그렇게 할 상황이 아님을 나타낸다. 상대방이 말한 상황이나 의미를 '그렇다고'로 대체하여 표현하며 뒤 문장은 주로 '-잖아요'의 형태를 사용한다.

① 가: 내일 면접시험이 있는데 너무 긴장돼요.
나: **그렇다고 해서** 면접시험을 안 **볼 수는 없잖아요**.

② 가: 너무 피곤해서 이번 연휴에는 그냥 집에서 쉬고 싶어요.
나: **그렇다고** 명절인데 고향에 안 **갈 수는 없잖아요**.

연습 1 '그렇다고 (해서) -(으)ㄹ 수는 없다'를 사용해서 대화를 완성해 봅시다.

1) 가: 이가 많이 아픈데 치과에 가기가 싫어요.
나: ______________________________.

2) 가: 연극 대회가 얼마 안 남았는데 연습할 시간이 부족해요.
나: ______________________________.

3) 가: 직장 상사하고 성격이 안 맞아서 같이 일하기가 힘들어요.
나: ______________________________.

4) 가: 명절 음식을 준비하려고 하는데 물가가 너무 많이 올랐어요.
나: ______________________________.

5) 가: 요즘 주변에 결혼하는 사람이 많아서 축의금이 너무 많이 나가요.
나: ______________________________.

연습 2 다음 친구에게 '그렇다고 (해서) -(으)ㄹ 수는 없다'를 사용해서 말해 봅시다.

1) 고속도로가 너무 막힌다고 불만인 친구
2) 고향에 가고 싶어서 매일 울고 있는 친구
3) 조금만 먹어도 살이 찐다고 걱정하는 친구
4) 취업하기가 힘들어서 포기하고 싶다는 친구
5) 시험공부 때문에 잠을 잘 시간이 없다는 친구

2. -는 통에

동사 뒤에 붙어 뒤 문장의 부정적인 상황이나 결과가 나타나게 한 원인을 나타낸다. 앞 문장의 상황은 주로 정신을 차릴 수 없을 정도로 급박하거나 복잡한 상황이기 때문에 뒤 문장에는 부정적인 결과가 나타난다. 그리고 미래 시제와 명령형, 청유형이 올 수 없다. '통에'와 직접 결합하는 명사는 '전쟁, 장마, 물난리' 등으로 제한된다.

① 가: 왜 이렇게 늦게 오셨어요? 다들 기다리고 계신데…….
　나: 정말 죄송해요. 차가 밀리**는 통에** 꼼짝도 할 수 없었어요.

② 가: 이번 장마 **통에** 피해를 입은 사람들이 많대요.
　나: 그러게요. 매년 여름만 되면 이런 일이 반복돼서 걱정이에요.

연습 1　'-는 통에'를 사용해서 대화를 완성해 봅시다.

1) 가: 이번 홍수로 비 피해가 많았다면서요?
　나: ______________________________.

2) 가: 왜 엘리베이터를 타지 않고 걸어서 와요?
　나: ______________________________.

3) 가: 학교에 올 때 숙제를 안 가지고 오면 어떡해요?
　나: 죄송합니다. ______________________________.

4) 가: 오늘까지 일을 끝내기로 했는데 왜 아직 못 끝냈어요?
　나: ______________________________.

5) 가: 비행기가 제시간에 출발을 못 하고 있는데 무슨 일이 있대요?
　나: ______________________________.

연습 2　'-는 통에'를 사용해서 명절에 어떤 일이 일어날 수 있는지 말해 봅시다.

1	귀성객들이 몰리다	귀성객들이 몰리는 통에 표를 사기가 어렵다.
2	음식을 너무 많이 먹다	
3		
4		
5		

제11과

대화하기

Track 121

왕강: 이번 설 연휴에 친구들하고 여행을 갈까 했는데 기차표가 매진돼서 여행은 포기해야 할 것 같아요.

은영: 명절 연휴에 여행 가는 건 꿈도 꾸지 마세요. 고향에 내려가는 사람들 때문에 기차표 사기가 하늘의 별 따기예요.

왕강: 그렇다고 집에서만 지낼 수는 없으니까 연휴에 갈 만한 곳이 있으면 소개 좀 해 주세요.

은영: 남산한옥마을이나 민속박물관에 가 보는 건 어때요? 명절에는 민속놀이 행사가 많이 열리는데 외국인들이 참가할 수 있는 프로그램도 많아요.

왕강: 재미있겠네요. 한번 가 봐야겠어요. 은영 씨는 연휴에 고향에 갈 거죠?

은영: 네. 작년 설에는 전국적으로 폭설이 내리는 통에 고향에 못 갔는데 올해는 연휴가 시작되자마자 명절을 쇠러 갈 거예요.

왕강: 오랜만에 가족들을 볼 수 있어서 정말 좋겠네요.

은영: 네. 이번에는 연휴가 기니까 친척 집에도 들렀다가 오려고 해요.

1. 다음 질문에 대답해 봅시다.

1) 왕강은 왜 설 연휴에 여행 가는 것을 포기했습니까?
2) 은영은 왕강에게 연휴에 갈 만한 곳으로 어디를 추천했습니까?
3) 은영은 작년 설에 왜 고향에 내려가지 못 했습니까?

2. 다음 단어를 공부하고 문장을 완성해 봅시다.

매진되다　　꿈도 꾸지 말다　　민속놀이　　행사　　참가하다　　폭설

1) 며칠 동안 계속된 ______________ 때문에 버스 운행이 중단되었다.
2) 정월 대보름을 맞이하여 전국 곳곳에서 다양한 ______________ 열렸다.
3) 한글날에 한국어 말하기 대회가 열리는데 저도 ______________ 생각이에요.
4) 주말이어서 그런지 영화표가 ______________ 극장까지 갔다가 그냥 돌아왔다.

3. 다음에 대해서 이야기해 봅시다.

1) 여러분 나라에서는 명절 연휴에 보통 무엇을 합니까?
2) 여러분 나라에서는 명절 연휴에 어떤 행사들이 열립니까?

듣고 말하기

1. 다음 대화를 잘 듣고 맞으면 O, 틀리면 X표 하십시오. Track 122

1) 여자는 폭설 때문에 고향에 내려가다가 돌아왔다. ( )

2) 남자는 힘들더라도 명절에 차례를 지내야 한다고 생각한다. ( )

2. 다음 대화를 잘 듣고 질문에 대답하십시오. Track 124

1) 강릉 단오제에 가면 어떤 체험을 할 수 있습니까?

______________________________.

2) 여자는 이번 추석 때 왜 송편을 빚지 못하게 되었습니까?

______________________________.

3. 다음을 잘 듣고 질문에 대답하십시오. Track 126

1) 이 축제에서 준비한 체험 프로그램이 아닌 것을 고르십시오.

☐ 민속 씨름 체험

☐ 민속놀이 체험

☐ 농기구 체험

☐ 한지 손거울 만들기 체험

2) 외국인 관광객들을 위한 프로그램은 무엇이 있습니까? (2가지)

______________________________.

3) 여러분 나라에는 어떤 전통 축제가 있는지 소개해 봅시다.

______________________________.

읽고 말하기

1. 다음 표를 보고 질문에 대답하십시오.

설맞이 민속 한마당

이번 '설맞이 민속 한마당'에서는 전통문화 공연과 민속놀이 체험 행사, 전통 생활 체험 행사가 마련되어 있으니 가족과 함께 즐거운 설 명절을 즐기시기 바랍니다. 고향을 찾지 못한 관람객들에게는 고향의 정을 느낄 수 있는 자리가 될 것입니다.

1) 위 프로그램은 무슨 내용인지 이야기해 봅시다.

2) 여러분 나라에서는 명절에 어떤 행사가 열립니까?

2. 여러분 나라의 민속놀이를 소개해 봅시다.

	민속놀이 〈1〉	민속놀이 〈2〉
이름		
방법		

새 단어: 설맞이 민속 한마당 마련하다 정

읽고 쓰기

1. 다음 글을 읽고 질문에 대답해 봅시다.

정월 대보름

〈**의미**〉 농사를 지으며 살아온 한국에서는 달의 역할이 중요했다. 그래서 새해가 되어 맨 처음 보름달이 뜨는 정월 보름(음력 1월 15일)을 '대보름'이라 부르면서 더욱 중요하게 생각했다. 이 날 뜨는 보름달을 보고 소원을 빌면 그 소원이 반드시 이루어진다고 해서 너나 할 것 없이 소원을 빌었다.

〈**풍습**〉 정월 대보름은 재미있는 풍습이 많다. 이날 아침엔 '부럼 까기'를 하는데 호두나 잣, 밤, 땅콩 등을 까서 먹는 것을 말한다. 이것을 먹으면 일 년 동안 얼굴에 부스럼이 생기지 않는다고 생각했다. 실제로 '부럼'에는 피부에 좋은 것이 많이 들어 있어서 피부병을 막을 수 있다고 한다. 또 부럼 까는 소리가 시끄럽게 나는 통에 나쁜 귀신들이 도망간다고도 생각했다. 그리고 이날 아침에는 차가운 술을 한 잔씩 마셨는데 이것을 '귀밝이술'이라고 한다. 이 귀밝이술을 마시면 귀가 밝아지고 일 년 동안 즐거운 소식을 듣는다고 믿었다. 또 '더위팔기'란 것도 있다. 아침에 "ㅇㅇ야! 내 더위 사가라."라고 하면서 친구를 부르면 그 친구가 내 더위를 사게 되어 그 해 여름에는 별로 덥지 않게 지낸다고 한다. 이것은 더운 여름을 피하고 싶은 마음에서 생긴 풍습이다.

〈**놀이**〉 정월 대보름에는 연날리기, 달맞이, 쥐불놀이, 다리밟기 등의 놀이를 했다. '다리밟기'는 큰 다리 위를 자기 나이 수만큼 건너는 것인데, 이 놀이를 하면 일 년 동안 다리가 건강해진다고 믿었다. 그리고 밤에는 '달맞이를 하는데 보름달이 뜨는 것을 보면서 소원을 빌었다.

〈**음식**〉 정월 대보름에는 오곡밥과 나물을 먹는다. 오곡밥은 다섯 가지의 곡식으로 만든 밥이다. 그리고 묵은 나물을 삶아서 기름에 볶아 먹는데 한국 사람들은 정월 대보름에 오곡밥과 묵은 나물을 먹으면 일 년 동안 건강하게 지낼 수 있다고 믿었다.

1) 정월 대보름은 어떤 의미를 가진 명절입니까?

2) 정월 대보름은 어떤 풍습이 있습니까? 어떤 음식을 먹습니까?

2. 여러분 나라의 명절을 소개하고 그날의 풍습에 대해 써 봅시다.

새 단어: 농사를 짓다 정월 풍습 부럼 호두 잣 밤 땅콩 까다 부스럼 귀가 밝다 피하다 연날리기 달맞이 쥐불놀이 다리밟기 오곡밥 나물 곡식 묵다

제11과

제 11 과 전통 명절 <2>

학습목표

주제	전통적인 명절 풍습과 현대의 명절 풍습
어휘	① 명절 풍습 관련 어휘 ② 전통적인 사고방식 관련 어휘
문법	① -다가는 ② -(으)ㄹ 리가 없다
과제	① 명절 풍습에 대해 듣고 말하기 ② 명절 문화의 변화에 대한 글 읽고 쓰기

도입과 준비

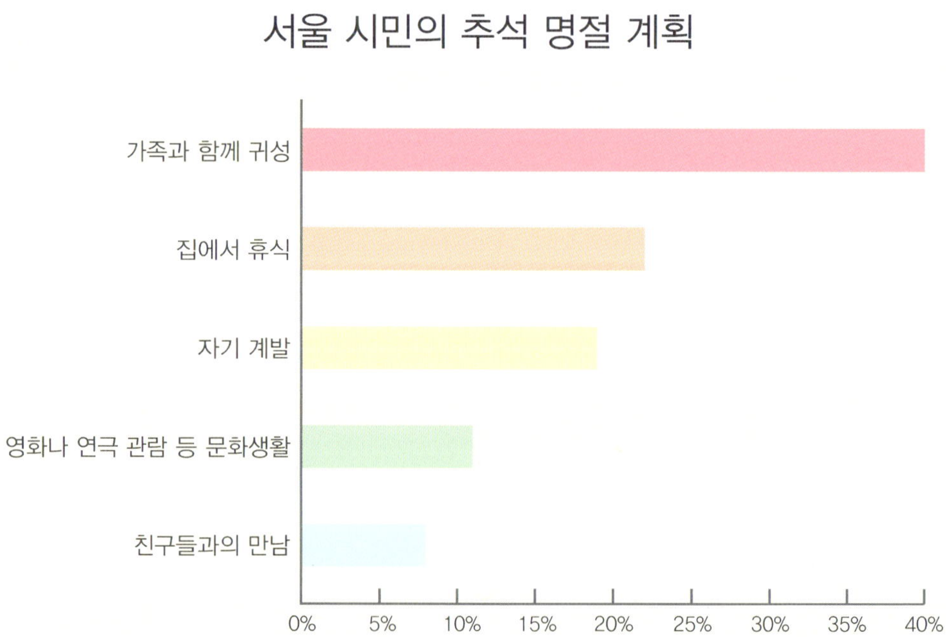

1. 위의 그림은 무엇에 대한 내용인지 말해 봅시다.
2. 여러분은 명절에 보통 무엇을 합니까?

어휘 제시와 연습

1. 다음 명절 관련 단어를 공부하고 문장을 완성해 봅시다.

조상	귀성객	풍습
명절 연휴	명절 음식	명절 증후군

1) 한국에는 정월 대보름에 오곡밥과 나물을 먹는 ____________ 있다.
2) 한국 사람들은 ____________ 잘 모시기 위해서 명절마다 차례를 지낸다.
3) 명절 연휴에는 고향에 내려가는 ____________ 때문에 교통 체증이 심하다.
4) ____________ 명절을 앞두고 주부들이 가사에 대한 부담감을 느끼는 증상이다.

2. 다음 중 전통 명절과 현대 명절의 특징에 해당하는 것에 번호를 써 봅시다.

1 전통 명절	2 현대 명절
□ 고향에 간다.	□ 성묘를 한다.
□ 연휴에 여행을 간다.	□ 전통 한복을 입는다.
□ 여자들도 차례를 지낸다.	□ 집안 어른들께 절을 한다.
□ 영화나 연극 관람을 한다.	□ 여자들만 차례상을 준비한다.
□ 명절 음식을 집에서 준비한다.	□ 친척 집에 인사를 드리러 간다.

3. 다음 표현을 공부하고 전통적 사고방식이 현대에 어떻게 변화했는지 말해 봅시다.

전통적인 사고방식		현대적인 사고방식
가부장 제도	➡	
남아 선호 사상		
아들이 대를 잇는다		

문법 제시와 연습

1. -다가는

동사 뒤에 붙어 어떤 행위를 계속하면 뒤에 부정적인 결과가 생기게 될 것임을 경계할 때 쓰인다. 어떤 전제나 가정에 대한 부정적인 결과를 말하며 뒤 문장은 추측을 나타내는 표현과 함께 쓰인다.

① 가: 시험공부를 해야 하는데 밖에 나가서 놀고 싶어요.
나: 그렇게 계속 놀**다가는** 시험을 망칠 거예요.

② 가: 어제 술을 많이 마셨더니 머리가 아파요.
나: 그렇게 술을 많이 마시**다가는** 건강이 나빠질 거예요.

연습 1 '-다가는'을 사용해서 대화를 완성해 봅시다.

1) 가: 오늘 아이스크림을 다섯 개나 먹었어요.
나: ______________________________.

2) 가: 요즘 날씨가 너무 더워서 날마다 에어컨을 켜고 자요.
나: ______________________________.

3) 가: 일이 많아서 3일 동안 밤을 새웠더니 정말 죽을 것 같아요.
나: ______________________________.

4) 가: 방학하고 나서 아침 열 시까지 늦잠을 자는 버릇이 생겼어요.
나: ______________________________.

5) 가: 저는 성격이 좀 소심한 편이어서 사소한 일에도 신경을 많이 써요.
나: ______________________________.

연습 2 다음 친구에게 '-다가는'을 사용해서 충고해 봅시다.

1	돈을 계속 낭비하는 친구	
2	돈을 쓰지 않고 모으기만 하는 친구	
3	일하지 않고 놀기만 하는 친구	
4	건강을 생각하지 않고 일만 하는 친구	

2. -(으)ㄹ 리가 없다

동사나 형용사, 명사 뒤에 붙어 앞의 내용이 사실이 아닐 것이라는 화자의 확신을 표현한다. 또는 그럴 이유가 없을 때나 불가능하다고 생각함을 나타낸다.

① 가: 어제 네가 추천해 준 식당에 가 봤는데 손님이 우리밖에 없었어.
   나: 손님이 없**을 리가 없는데** 이상하네. 음식이 아주 맛있는 식당이거든.

② 가: 한솔 씨가 다음 달에 결혼한다고 하던데요.
   나: 네? 결혼**할 리가 없어요**. 여자 친구가 없다고 했는데요.

연습 1　'-(으)ㄹ 리가 없다'를 사용해서 대화를 완성해 봅시다.

1) 가: 저 두 사람이 쌍둥이래요.
   나: 얼굴이 저렇게 다른데 ________________________.

2) 가: 영화표가 남아 있는지 알아볼까요?
   나: 주말이어서 ________________________.

3) 가: 왕강 씨가 발표 준비를 오늘 다 끝낼 수 있을까요?
   나: ________________________.

4) 가: 선생님께 시험 문제를 가르쳐 달라고 부탁해 볼까요?
   나: ________________________.

5) 가: 한솔 씨가 사람을 폭행해서 경찰서에서 조사를 받고 있대요.
   나: ________________________.

6) 가: 저 두 사람은 매일 같이 다니는 걸 보니까 사귀고 있나 봐요.
   나: ________________________.

제11과

연습 2　'그럴 리가 없다'를 사용해서 가능성이 없는 일에 대해 말해 봅시다.

대화하기

Track 127

왕강: 추석 연휴라서 길이 많이 막히네요.

한솔: 그러게요. 이렇게 가다가는 평소보다 두 배 이상 걸리겠는데요.

왕강: 연휴 첫날부터 길이 많이 막히는 걸 보면 명절을 쇠러 고향에 가는 사람들이 많은가 봐요.

한솔: 그럼요. 아무리 바빠도 명절에는 다들 고향에 내려가요.

왕강: 한국은 전통 명절을 지키려는 풍습이 여전하네요. 근데 한국 사람들은 추석에 보통 뭘 해요?

한솔: 아침에 조상들께 차례를 지내고 성묘를 하러 가거나 집안 어른들께 인사를 드리러 가요. 왕강 씨한테는 한국의 명절을 체험할 수 있는 기회가 될 거예요.

왕강: 네. 한솔 씨 덕분에 좋은 경험을 할 수 있을 것 같아요. 근데 제가 가면 가족들이 불편해하시지 않을까요?

한솔: 그럴 리가 없어요. 다들 반가워하실 거예요. 추석 연휴 동안 명절 음식도 먹고 윷놀이도 하면서 즐겁게 지내요.

1. 다음 질문에 대답해 봅시다.

1) 한솔과 왕강은 어디에 가는 중입니까?
2) 한국 사람들은 추석날 아침에 보통 무엇을 합니까?
3) 한솔은 왕강에게 추석 연휴에 무엇을 하자고 했습니까?

2. 다음 단어를 공부하고 문장을 완성해 봅시다.

여전하다　　성묘　　집안　　체험하다　　윷놀이

1) 그는 감기로 병원에 다녀왔다고 했지만 기침 소리는 ________.
2) 우리는 명절 때마다 ________ 하면서 즐거운 시간을 보내곤 했다.
3) 나는 문화수업을 하면서 다양한 한국 문화를 ________ 수 있었다.
4) 이번 주말에 ________ 행사가 있어서 가족들과 고향에 내려가야 한다.

3. 다음에 대해서 이야기해 봅시다.

1) 여러분 나라에서는 명절 아침에 무엇을 합니까? 특별한 풍습이 있습니까?
2) 명절에 가족이 모이면 주로 무엇을 하면서 시간을 보냅니까?

듣고 말하기

1. 다음 대화를 잘 듣고 맞으면 O, 틀리면 X표 하십시오. Track 128

1) 남자는 요즘 차례를 지내지 않는 한국 사람들이 많다고 생각한다. ( )

2) 여자는 명절에 남편이 음식 준비를 도와줘서 힘들지 않았다. ( )

2. 다음 대화를 잘 듣고 질문에 대답하십시오. Track 130

1) 남자는 설날에 왜 혼자 집에 있었습니까?

______________________________.

2) 여자는 이번 설날에 왜 고향에 가지 않으려고 했습니까?

______________________________.

3. 다음을 잘 듣고 질문에 대답하십시오. Track 132

1) '한가위'는 어떤 의미가 있습니까?

______________________________.

2) 들은 내용과 다른 것에 ☑표 하십시오.

☐ 추석에는 이웃들과 음식을 나누어 먹곤 했다.

☐ 추석은 조상들께 감사하는 마음을 잊지 않는 날이다.

☐ 추석에는 한 해 동안 기른 곡식과 과일로 차례를 지낸다.

☐ 추석날 아침에는 산소에 가서 성묘를 한 후에 차례를 지낸다.

3) 여러분 나라의 명절 풍습이 어떻게 달라졌는지 이야기해 봅시다.

	전통 명절	현대 명절
1		
2		
3		

제11과

읽고 말하기

1. 다음 표를 보고 질문에 대답하십시오.

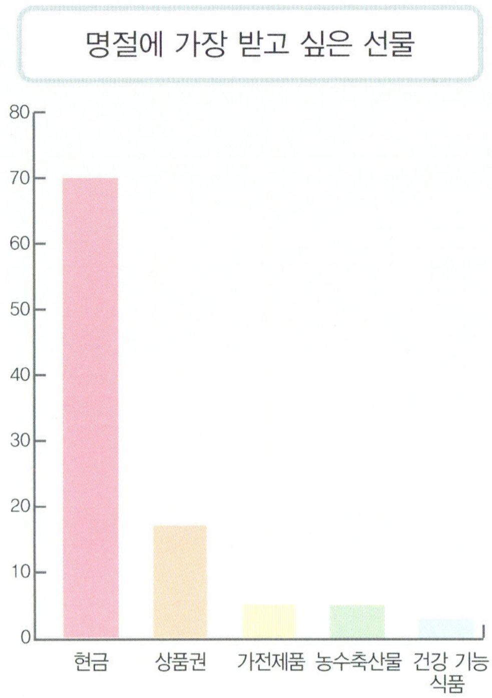

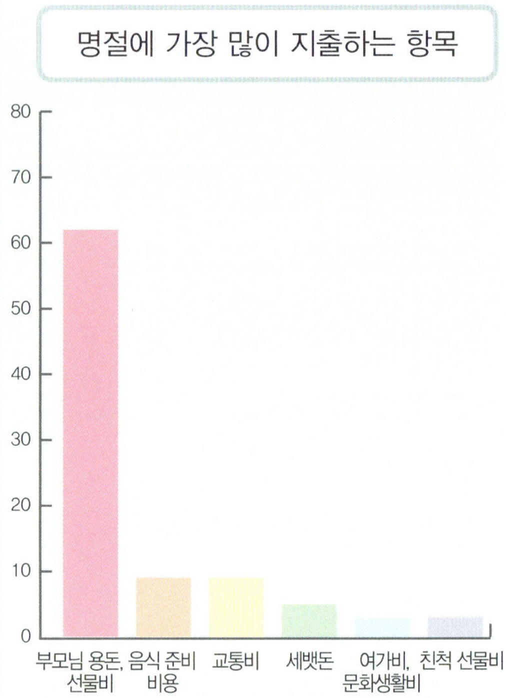

1) 명절에 가장 받고 싶어하는 선물과 가장 많이 지출하는 항목은 무엇입니까?

2) 여러분은 명절에 무슨 선물을 받았습니까? 무엇 때문에 지출을 많이 했습니까?

2. 여러분 나라의 명절 중 하나를 골라 소개해 봅시다.

이름	
의미	
날짜	
음식	
풍습 (놀이, 선물)	

새 단어: 상품권 지출 농수축산물

읽고 쓰기

1. 다음 글을 읽고 질문에 대답해 봅시다.

현대인의 추석 명절

요즘은 추석 명절을 쇠러 고향에 가지 않고 연휴에 휴식과 여가를 즐기는 사람들이 점점 늘고 있다. 해마다 추석 연휴에 3천만 명에 가까운 사람들이 대이동을 하지만 이들이 모두 귀성객인 것은 아니다. 명절에 집이나 가까운 친척집에서 차례를 지내는 사람들이 가장 많기는 하지만 긴 연휴를 이용해 해외여행을 다녀오는 경우도 많아지고 있다. 추석 전후로 인천공항 국제선의 이용객수가 해마다 급증하는 것은 이런 이유 때문이다.

언제부터인가 차례상도 바뀌고 있다. 명절 음식을 마련하는 대신 '차례상 대행업체'를 이용하거나 호텔 뷔페를 찾는 경우가 적지 않다. 뿐만 아니라 차례 대행업체나 절 등에서 대신 차례를 지내 주기도 하고 해외여행을 떠난 사람을 위해 인터넷으로 차례 지내는 장면을 보여 주기도 한다. 옛날 풍습대로 명절을 쇨 수는 없지만 차례를 안 지낼 수는 없기 때문에 생겨난 풍경인데, 가족과 친지들이 한자리에 모여 송편을 빚으며 이야기꽃을 피우고 함께 차례를 지내며 조상을 모시던 전통 명절의 풍습이 사라지고 있는 것이다.

그렇다면 전통 명절 풍습이 점점 사라져 가는 이유는 무엇 때문일까? 전문가들은 옛날 농경문화에서는 조부모에서 손자까지 3대의 대가족이 기본이었으나, 이제는 부모와 자식 2대의 핵가족이 많아져 풍습이 변할 수밖에 없다고 말한다. 또 평소에는 근무 시간이 길고 휴가가 짧아 가족과 함께 보낼 수 있는 시간이 별로 많지 않은 점도 그 이유 중 하나라고 한다. 한 민속학자는 "서양 문화가 들어오면서 명절은 서양의 크리스마스처럼 휴가나 쉬는 날이라는 의미로 바뀌고 있다."며 "현대 생활의 편리함만을 생각하다가는 오랫동안 지켜온 전통문화는 사라질 것이다."라고 충고하였다.

1) 과거와 현재의 명절 풍습이 어떻게 바뀌고 있습니까?

2) 최근에 전통 명절 풍습이 사라지는 이유는 무엇입니까?

2. 현대의 달라진 명절 풍경과 그에 대한 자신의 생각에 대해 써 봅시다.

새 단어: 대행 업체 대 이동 전후 이용객 급증하다 마련하다 절 장면 친지 송편을 빚다 이야기꽃을 피우다 농경문화 조부모 손자 대가족 핵가족 근무 민속학자

제 12 과 사건과 사고 <1>

학습목표

주제	사건 발생의 원인과 예방
어휘	① 범죄의 유형 관련 어휘 ② 사건 발생의 원인 관련 어휘
문법	① -다기에 ② 에 따르면
과제	① 범죄 사건에 대한 뉴스 듣고 말하기 ② 사건 기사문 읽고 쓰기

도입과 준비

1. 위의 그림은 무엇에 대한 내용인지 말해 봅시다.
2. 여러분이 최근에 본 신문 기사는 무엇입니까?

어휘 제시와 연습

1. 다음 범죄의 유형 관련 단어를 공부하고 문장을 완성해 봅시다.

범죄 — 절도 강도 살인 폭행 사기

1) 최근 빈집에 들어가 금품을 훔쳐 달아나는 ______ 사건이 많아졌다.
2) 밤늦게 집에 가다가 ______ 만나서 가지고 있던 돈을 모두 빼앗겼다.
3) 그 증권회사 직원은 천억 원대의 금융 ______ 치고 외국으로 도망쳤다.
4) 옆집 남편은 술만 마시면 ______ 하기 때문에 부인이 집을 나가 버렸다.
5) 그는 이웃집 남자를 죽이기 위해 오래 전부터 ______ 계획한 것으로 밝혀졌다.

2. 다음 사건 발생의 원인 관련 단어를 공부하고 질문에 대답해 봅시다.

무관심	이기주의	경제난
유해 환경	유해 매체	물질 만능주의

1) 청소년 유해 매체에는 어떤 것들이 있습니까?
2) 요즘 사회가 이기주의 사회라고 느낄 때는 언제입니까?
3) 물질 만능주의는 우리 사회에 어떤 영향을 미치고 있습니까?
4) 경제난이 계속되면서 사람들의 생활이 어떻게 변화하고 있습니까?
5) 사람들이 이웃에게 무관심하다고 생각되는 예는 어떤 것들이 있습니까?

3. 다음 사건 발생 관련 표현을 공부하고 문장을 완성해 봅시다.

범행을 저지르다	범죄가 발생하다	사건이 일어나다
신고를 하다	수사를 하다	범인을 검거하다

1) 형사들은 ____________ 위해 사건 현장을 떠나지 않고 있다.
2) 살인 ____________ 지역의 주민들은 공포에 떨고 있다고 한다.
3) 그는 자신의 감정을 참지 못하고 순간적으로 ____________ 말했다.
4) 지하철 안에서 이상한 사람을 보면 즉시 역무원에게 ____________ 한다.

문법 제시와 연습

1. -다기에

동사나 형용사, 명사 뒤에 붙어 앞의 문장은 다른 사람에게 들은 사실이고 뒤 문장의 행위의 이유가 되거나 판단의 근거가 됨을 나타낸다. 명사와 결합할 때는 '(이)라기에'를 쓴다. 후행절에는 명령형과 청유형을 쓰지 않는다.

① 가: 오늘 모임에 안 가세요?
  나: 친구들이 바쁘**다기에** 다음에 만나자고 했어요.
② 가: 무슨 일이 있어요? 요즘 갑자기 공부를 열심히 하는 것 같네요.
  나: 일등을 하면 부모님이 여행을 보내 **준다기에** 열심히 공부하려고요.

연습 1 **'-다기에'를 사용해서 대화를 완성해 봅시다.**

1) 가: 요즘 학교에 올 때 왜 걸어서 와요?
  나: ____.
2) 가: 우리 학교에 지원한 이유는 무엇입니까?
  나: ____.
3) 가: 웬 겨울옷을 이렇게 많이 사 가지고 왔어요?
  나: ____.
4) 가: 갑자기 소형 자동차로 바꾸려는 이유가 뭐예요?
  나: ____.
5) 가: 지난번에 소개한 사람을 계속 만나기로 했어요?
  나: ____.

연습 2 **'-다기에'를 사용해서 다음에 대해 말해 봅시다.**

1	한국어를 배우는 이유	
2	한국어 공부가 끝난 후의 계획	
3	미래의 직업에 대한 계획	
4	미래에 살고 싶은 곳과 그 이유	

2. 에 따르면

명사와 함께 쓰며 어떤 내용을 설명하고 판단하기 위한 기준이나 근거를 나타낼 때 사용한다. 후행문에는 주로 간접화법이 온다.

① 가: 이번 폭행 사건은 아주 사소한 일 때문에 발생했다면서요?
　나: 네. 뉴스**에 따르면** 친구들끼리의 작은 말다툼에서 시작되었대요.
② 가: 요즘 취업하기가 정말 힘들다고들 하던데요.
　나: 취업 정보지**에 따르면** 경기가 안 좋아서 회사마다 신입 사원을 적게 뽑는대요.

연습 1　'에 따르면'을 사용해서 대화를 완성해 봅시다.

1) 가: 대학 축제가 언제부터 시작된대요?
　나: ______________________________.
2) 가: 한국의 자동차 수출이 계속 늘고 있다면서요?
　나: ______________________________.
3) 가: 이번 선거 때 불법 선거 운동이 있었다면서요?
　나: ______________________________.
4) 가: 혹시 다음 문화수업 때는 무엇을 하는지 알아요?
　나: ______________________________.
5) 가: 한국에서도 가끔 총기 범죄 사건이 발생한다고 하던데 정말이에요?
　나: ______________________________.
6) 가: 이번 주말에 친구들하고 여행을 가기로 했는데 날씨가 어떨지 모르겠어요.
　나: ______________________________.

연습 2　'에 따르면'을 사용해서 요즘의 주요 뉴스를 소개해 봅시다.

1	뉴스에 따르면 외국인 관광객이 지난해에 비해 30% 증가했다고 한다.
2	외신 보도에 따르면 이번 G20 회의는 멕시코시티에서 열린다고 한다.
3	
4	
5	

대화하기

Track 133

한솔: 어제 우리 아파트에 경찰들이 왔다기에 나가 봤더니 아파트 입구에 있는 편의점에 강도가 들어서 경찰들이 조사를 하고 있었어요.

제니: 강도요? 다친 사람은 없었어요?

한솔: 다행히 다친 사람은 없었어요. 주인이 소리 지르는 것을 보고 동네 사람들이 잡으려고 했는데 범인이 놀라서 도망을 갔대요.

제니: 그럼, 범인은 아직도 못 잡은 거예요?

한솔: 네. 가게 주인 말에 따르면 이 동네 사람은 아닌 것 같다고 하는데 경찰에서 계속 찾고 있는 중이래요.

제니: 가게 주인이 얼마나 놀랐을까요? 생각만 해도 가슴이 떨리네요.

한솔: 옛날에는 대문도 안 잠글 만큼 서로 믿고 살았는데 요즘에는 인심도 각박해지고 서로를 믿을 수도 없게 된 것 같아요.

제니: 그래도 아직 어려운 일이 있을 때는 서로 도와주는 따뜻한 마음이 남아 있잖아요.

1. 다음 질문에 대답해 봅시다.

1) 경찰이 편의점에 다녀간 이유는 무엇입니까?
2) 편의점에 들어온 범인은 왜 도망을 갔습니까?
3) 가게 주인은 범인에 대해서 뭐라고 말했습니까?

2. 다음 단어를 공부하고 문장을 완성해 봅시다.

강도가 들다 범인 가슴이 떨리다 문을 잠그다 인심이 각박하다

1) 편의점에서 물건을 가져간 ________ 얼굴을 기억하고 있다.
2) 얼마 전에 ________ 은행은 예전보다 경비가 더 엄격해졌다.
3) 면접시험을 볼 때 ________ 면접관의 질문에 제대로 대답을 못 했다.
4) 아침에 늦게 일어나는 바람에 학교에 올 때 ________ 않고 그냥 왔다.

3. 다음에 대해서 이야기해 봅시다.

1) 사람들의 인심이 각박해졌다고 느낄 때는 언제입니까?
2) 어떻게 하면 범죄가 없는 사회를 만들 수 있을까요?

듣고 말하기

1. 다음 대화를 잘 듣고 맞으면 O, 틀리면 X표 하십시오. Track 134

1) '묻지마 범죄'는 평소에 알고 지내던 사람들 사이에서 발생한다. ( )

2) 경찰에서는 지난 5년간 강력범죄가 두 배 이상 늘었다고 했다. ( )

2. 다음 대화를 잘 듣고 질문에 대답하십시오. Track 136

1) 여자는 야구장에서 무슨 일이 있었습니까?

______________________________.

2) 전화 금융 사기범은 여자에게 무엇을 알려 달라고 했습니까?

______________________________.

3. 다음을 잘 듣고 질문에 대답하십시오. Track 138

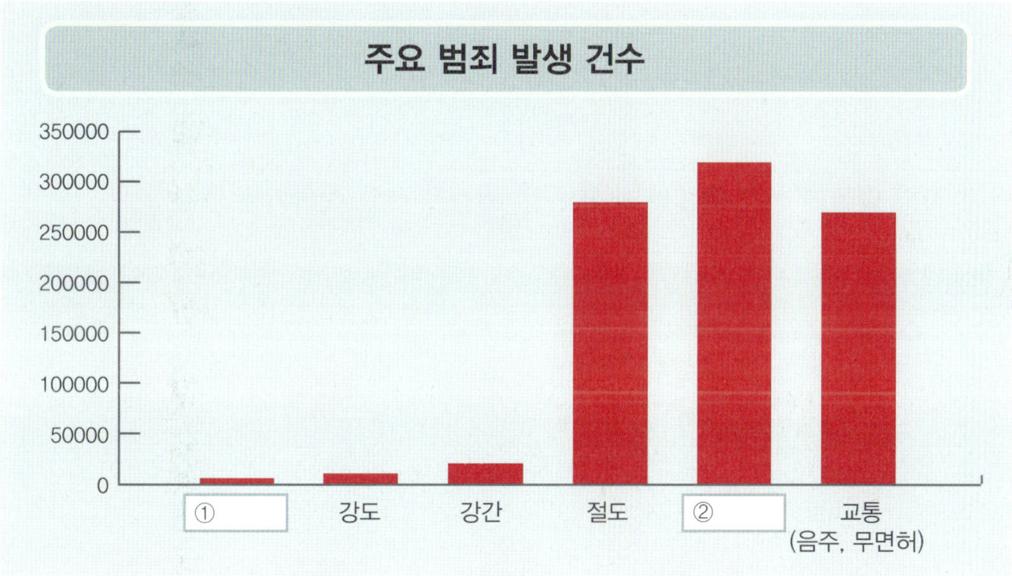

1) 발생 건수가 가장 적은 범죄와 가장 많은 범죄는 무엇인지 쓰십시오.

① ______________. ② ______________.

2) 범죄별로 범죄자의 특성이 어떻게 다르게 나타났습니까?

① 강간, 강도, 절도: ______________. ② 살인: ______________.

3) 범죄 예방을 위해 우리가 할 수 있는 것은 무엇인지 이야기해 봅시다.

______________________________.

읽고 말하기

1. 다음을 읽고 질문에 대답하십시오.

[대학생] 범죄자 얼굴과 신상 공개에 대한 견해

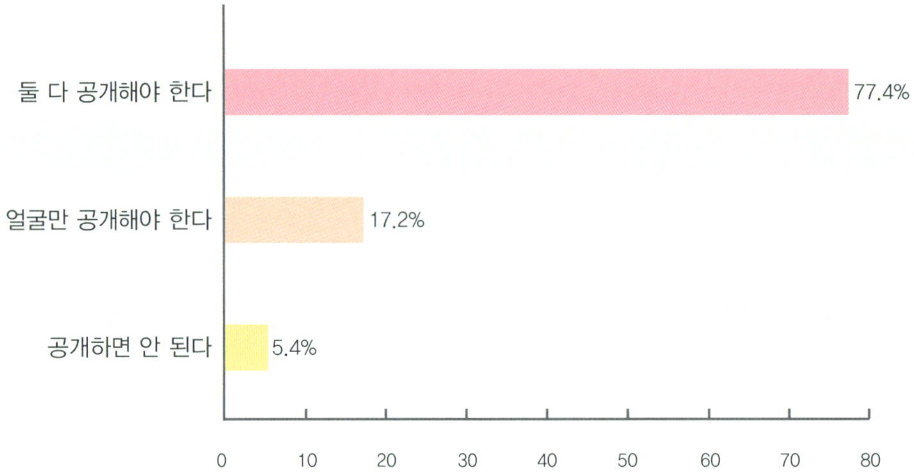

1) 대학생들은 범죄자의 신상을 공개하는 것에 대해 어떻게 생각하고 있습니까?

2) 여러분 나라에서는 범죄자의 얼굴과 신상을 공개하고 있습니까?

2. 범죄자 얼굴과 신상 공개에 대한 찬반 의견을 쓰고 이야기해 봅시다.

찬성 / 반대	찬성 / 반대하는 이유
찬성	① ② ③ ④
반대	① ② ③ ④

새 단어: 범죄자 신상 공개 견해

읽고 쓰기

1. 다음 글을 읽고 질문에 대답해 봅시다.

50여 년 만에 갚은 '손목시계 값' … 익명의 기부 천사들

팔순을 앞둔 한 남성이 젊은 시절 배고픔을 참지 못해 손목시계를 훔쳤다가 그 마음의 빚을 갚기 위해 오십여 년 만에 100만 원을 기부해 감동을 주고 있다. 담양군청에 따르면 그 남성은 청년 시절에 전국 무전여행을 하곤 했는데 어느 날 담양군을 여행하던 중 돈이 없어서 점심을 얻어먹기 위해 어떤 집에 들어갔다고 한다. 집에 주인은 없고 마루에 손목시계가 놓여 있는 것을 보고 배고픈 마음에 그 시계를 들고 나왔는데, 나중에 그 집에 다시 찾아가서 갚으려고 했지만 생활이 넉넉하지 못해 결국 그 빚을 갚지 못했다고 한다. 그는 "지금은 그 손목시계의 주인을 찾을 수 없지만, 담양은 내 기억 속에 아름답고 은인 같은 곳으로 남아 있다."며 "50여 년 전 담양의 그 주인에게 진 빚을 이렇게라도 갚고 싶어 작은 돈이지만 보낸다."고 밝혔다.

같은 날 담양군청 주민복지실에는 30대 후반의 한 여성이 방문해 천만 원이 든 돈 봉투를 전달했다. 광주에서 사업을 한다고 밝힌 이 여성은 "어렸을 때 부모님이 일찍 돌아가셔서 동생들과 함께 힘들게 자랐기 때문에 부모 없이 생계를 책임지고 있는 소년소녀가정들에게 도움이 됐으면 하는 마음에 기부하게 됐다."고 하면서 "더 이상 신분은 알려고 하지 말아 달라."고 부탁한 뒤 나가 버렸다고 한다. 지난 12월에도 익명을 요구한 한 주민이 "불우 이웃을 위해 써 달라."며 200만 원의 성금을 보내기도 했다.

담양군청 관계자는 "기부자들의 뜻을 존중해 신상에 대해서는 더 이상 묻지 않기로 했다."며 "그 대신 이름 없는 기부 천사들이 전한 감동을 지역의 어려운 이웃들에게 잘 전달하여 소중하게 사용할 계획이다."라고 밝혔다.

최근 연말을 맞아 익명의 기부자들이 늘면서 많은 사람들이 추운 겨울에도 따뜻한 온정을 느낄 수 있게 되었다.

1) 70대의 남성은 왜 백만 원을 기부했습니까?

2) 담양군청에서는 기부금을 어떻게 사용할 계획입니까?

2. 최근에 읽은 신문 기사 중에서 감동적인 기사의 내용을 써 봅시다.

새 단어: 갚다 기부 팔순 앞두다 훔치다 빚 무전여행 마루 넉넉하다 은인
소년소녀가정 요구하다 불우 이웃 성금 관계자 존중하다 신상 온정

제12과

제 12 과 사건과 사고 <2>

학습목표

주제	사고의 종류와 예방
어휘	① 사고 종류 관련 어휘　② 사고 발생의 원인 관련 어휘
문법	① -고 말다　② (으)로 인해
과제	① 사고에 대한 뉴스 듣고 말하기 ② 사고 기사문 읽고 쓰기

도입과 준비

1. 위의 내용은 무엇에 대한 내용인지 말해 봅시다.
2. 부주의 때문에 생기는 사고에는 어떤 것들이 있습니까?

어휘 제시와 연습

1. 다음 사고의 종류 관련 단어를 공부하고 문장을 완성해 봅시다.

교통사고　　화재사고　　안전사고　　의료사고

1) 갑자기 __________ 나는 바람에 집이 불에 타 버렸다.
2) __________ 났는데 의료진들은 자신들의 잘못을 인정하지 않고 있다.
3) 신호등이 바뀌기 전에 횡단보도를 건너는 것은 __________ 주요 원인이다.
4) 공연장이 복잡하니까 __________ 발생하지 않도록 모두 질서를 지켜야 한다.

2. 교통사고의 원인 관련 단어를 공부하고 알맞게 연결해 봅시다.

1) 졸음운전 ·	· 졸면서 운전하는 것
2) 과속 운전 ·	· 술을 마시고 운전하는 것
3) 음주 운전 ·	· 횡단보도가 아닌 길로 건너는 것
4) 무단 횡단 ·	· 교통 신호를 제대로 지키지 않는 것
5) 신호 위반 ·	· 정해진 속도보다 빠르게 운전하는 것
6) 중앙선 침범 ·	· 도로 가운데에 있는 차선을 넘어가는 것

3. 다음 사고 관련 표현을 공부하고 문장을 완성해 봅시다.

사고가 나다　　사고를 당하다　　사고를 예방하다
피해를 입다　　부상을 당하다　　사망하다

1) 축구를 하다가 __________ 환자를 급히 응급실로 옮겼다.
2) 이번 화재로 세 명이 __________ 여덟 명이 크게 다쳤다고 한다.
3) __________ 위해 학교 안에 교통안전 시설물을 설치할 거라고 한다.
4) 그 회사는 이번 가스사고 때문에 3천만 원 이상의 재산 __________ 한다.

문법 제시와 연습

1. -고 말다

동사 뒤에 붙어 화자가 의도하지 않거나 생각하지 못한 결과가 발생하여 유감임을 나타낸다. 또한 여러 과정을 거쳐 결국에는 어떤 일을 아주 힘들게 이루어 냄을 나타내는 경우도 있다. 명령형과 청유형을 쓸 수 없다.

① 가: 어제까지 이 꽃이 살아 있었는데 오늘은 왜 이래요?
　나: 열심히 물을 줬는데도 죽**고 말았어요**.
② 가: 이번 일은 정말 최선을 다하시는 것 같아요.
　나: 여러 번 실패했지만 이번에는 성공하**고 말 거예요**.

연습 1 '-고 말다'를 사용해서 대화를 완성해 봅시다.

1) 가: 김 선생님이 병원에 입원하셨다면서요?
　나: 그동안 너무 과로하더니 ______________________.
2) 가: 이번 학기엔 장학금을 받도록 열심히 해 보세요.
　나: 네, 열심히 해서 꼭 ______________________.
3) 가: 아직도 좋아하는 사람한테 사랑 고백을 못 했어요?
　나: 이번 발렌타인데이 때는 ______________________.
4) 가: 홍수 때문에 피해를 입은 것이 있나요? (집이 물에 잠기다)
　나: ______________________.
5) 가: 그 친구는 열심히 했으니까 시험에 합격했겠죠? (1점이 부족해서 떨어지다)
　나: ______________________.

연습 2 '-고 말다'를 사용해서 다음에 대해 말해 봅시다.

노력했으나 이루지 못해서 아쉬웠던 일	①
	②
앞으로 꼭 이루고 싶은 일	①
	②

2. (으)로 인해

명사 뒤에 붙어 뒤 문장에 나타난 상황이나 결과의 원인 및 이유가 됨을 표현한다. 주로 공식적인 문서 등의 문어체에 많이 사용되며 '인해'가 생략되거나 '(으)로 인해서', '(으)로 인하여', '(으)로 인한' 등의 형태로도 쓰인다.

① 가: 이번 고속도로 사고의 원인은 무엇입니까?
나: 이번 사고는 과속 운전**으로 인해** 일어난 것이라고 합니다.

② 가: 최근 20대의 취업이 어려운 이유는 무엇이라고 생각하십니까?
나: 계속되는 경제난**으로 인해** 취업난이 계속된다고 생각합니다.

연습 1 '(으)로 인해'를 사용해서 대화를 완성해 봅시다.

1) 가: 그 연예인은 왜 갑자기 자살했대요? (우울증)
나: ____.

2) 가: 과일 값이 갑자기 왜 이렇게 많이 올랐대요? (태풍)
나: ____.

3) 가: 이번 화재사고의 원인은 무엇이라고 하던가요? (부주의)
나: ____.

4) 가: 그 지역에 교통 체증이 심한 이유는 어디에 있습니까? (지하철 공사)
나: ____.

5) 가: 현대인들에게 성인병이 발생하는 가장 큰 이유는 뭐라고 해요? (식단의 변화)
나: ____.

연습 2 '(으)로 인해'를 사용해서 사건 기사문을 한 문장으로 쓰고 소개해 봅시다.

지진 폭우 음주 운전 중앙선 침범 이웃의 무관심

1	
2	
3	
4	

제12과

대화하기

Track 139

제니: 한솔 씨, 신문에 뭐 특별한 뉴스라도 있어요?

한솔: 어젯밤 올림픽대로에서 과속하던 승용차들끼리 삼중 추돌사고가 났는데 인명 피해가 컸다고 하네요.

제니: 그래요? 과속 감시 카메라가 있는데도 과속하는 차가 많은가 봐요.

한솔: 네. 도로 곳곳에 카메라가 있지만 밤늦게 과속하는 차는 줄어들지 않는 것 같아요. 운전자들이 교통법규를 지키지 않는다면 계속 큰 사고가 나고 말 거예요.

제니: 교통법규를 위반하는 것도 문제지만 서로 양보 운전을 하지 않는 것이 더 큰 문제인 것 같아요.

한솔: 맞아요. 교통사고를 줄이려면 운전자들의 의식이 무엇보다 중요해요.

제니: 오늘 아침에 학교에 오다가 전광판에 교통사고 발생 건수가 쓰여 있는 걸 봤는데 어제도 교통사고가 아주 많았어요.

한솔: 교통사고로 인해 부상을 당하거나 사망하는 사람이 많은 걸 보면 아직도 우리 사회에 안전 의식이 부족한 것 같아요.

1. 다음 질문에 대답해 봅시다.

1) 한솔이 본 뉴스의 내용은 무엇입니까?
2) 제니는 아침에 학교에 오다가 무엇을 봤습니까?
3) 한솔은 교통사고를 줄이려면 어떻게 해야 한다고 생각합니까?

2. 다음 단어를 공부하고 문장을 완성해 봅시다.

추돌 사고　　인명 피해　　감시　　교통법규　　양보 운전　　안전 의식

1) 모든 운전자들은 운전할 때 반드시 ____________ 지켜야 한다.
2) 전국적으로 비가 많이 내려서 ____________ 재산 피해가 발생했다.
3) 아무리 바쁘더라도 서로 ____________ 해야 교통사고를 줄일 수 있다.
4) 어린아이들은 ____________ 부족하기 때문에 사고가 나는 경우가 많다.

3. 다음에 대해서 이야기해 봅시다.

1) 여러분이 최근 들은 교통사고 관련 뉴스는 어떤 내용입니까?
2) 교통사고 현장을 본 적이 있습니까? 그때 상황이 어땠습니까?

듣고 말하기

1. 다음 대화를 잘 듣고 맞으면 O, 틀리면 X표 하십시오. Track 140

1) 여자는 어제 일어난 화재로 인해 큰 피해를 입었다. ( )

2) 남자의 친구는 계곡에서 물놀이를 하다가 사고를 당했다. ( )

2. 다음 대화를 잘 듣고 질문에 대답하십시오. Track 142

1) 지난 주말에 남자에게 어떤 일이 있었습니까?

______________________________.

2) 인기 가수 문제남 씨가 교통사고를 낸 원인은 무엇이었습니까?

______________________________.

3. 다음을 잘 듣고 질문에 대답하십시오. Track 144

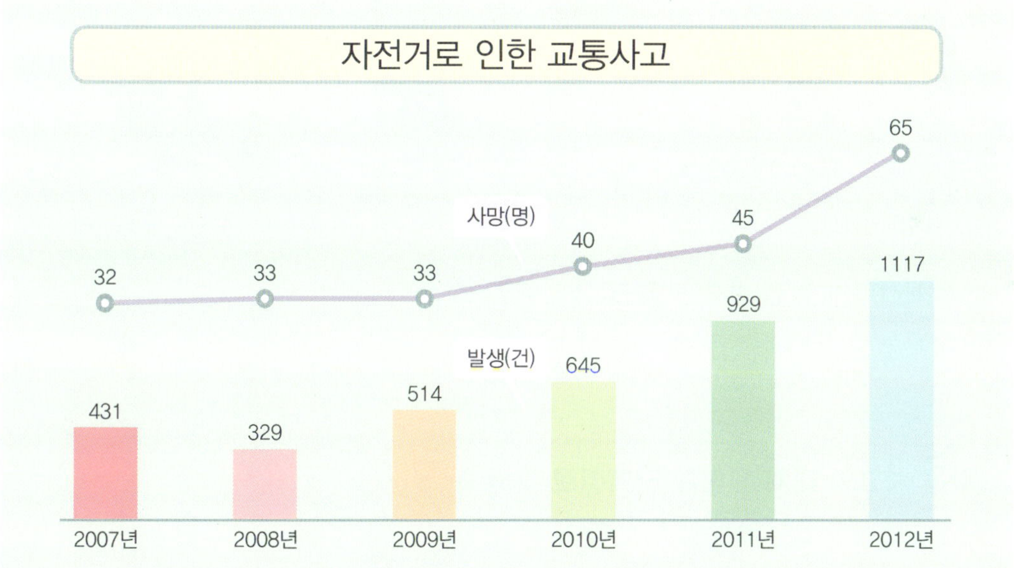

1) 최근 자전거 사고가 증가하고 있는 이유는 무엇입니까?

______________________________.

2) 자전거 사고가 가장 많이 발생하는 곳은 어디입니까? 이유는 무엇입니까?

______________________________.

3) 자전거를 안전하게 타기 위해서는 어떻게 해야 하는지 이야기해 봅시다.

______________________________.

제12과

읽고 말하기

1. 다음을 읽고 질문에 대답하십시오.

불이 났을 때 어떻게 해야 할까요?

주위에 빨리 알린다.

재빨리 대피한다.

119에 신고한다.

문밖의 화재로 인해 대피하지 못할 때 어떻게 해야 할까요?

손잡이가 뜨거운 경우는 나가지 않는다.

창문이나 문틈을 수건 등으로 틀어막는다.

창문에서 수건 등으로 구조를 요청한다.

1) 화재사고가 났을 때는 어떻게 대처해야 합니까?

2) 여러분은 화재사고를 당한 적이 있습니까? 그때 어떻게 대처했습니까?

2. 다음 사고의 대처 요령을 단계별로 말해 봅시다

	지진	물놀이 사고	교통사고
1단계			
2단계			
3단계			

새 단어: 대피 손잡이 문틈 틀어막다 구조 요청하다

읽고 쓰기

1. 다음 글을 읽고 질문에 대답해 봅시다.

1 60대 남성 달리다 사망

27일 오전 인천 송도에서 열린 국제마라톤대회에서 64살 최 모 씨가 달리던 도중 갑자기 의식을 잃고 쓰러져 심장마비로 숨지고 말았다. 최근 마라톤 인구가 늘어나면서 마라톤 도중 일어나는 안전사고도 해마다 계속되고 있다. 특히 날씨가 따뜻해지는 봄철이 가장 위험한 것으로 알려졌다. 심장내과 전문의는 "증상이 있으면 충분한 휴식을 취하고 바로 응급 전문의를 찾는 것이 중요하다."고 했다. 해마다 마라톤 도중 10명가량의 사망자가 나오고 있어 대책이 요구되고 있다.

2 여름철 물놀이사고 잇따라

여름철 물놀이사고가 잇따라 발생해 주의가 요구된다. 4일 오후 2시 50분경 제주시 함덕 서우봉 해변에서 A(10 · 여 · 서울 도봉구)양 등 2명이 물놀이를 하던 중 강한 바람으로 인해 튜브가 뒤집혀 물에 빠지는 사고가 발생했다. 마침 순찰 중이던 해양경찰 인명 구조원이 무사히 구조했다. 해양경찰 관계자는 "여름 피서철을 맞아 물놀이사고가 예상되니까 안전하게 물놀이를 해야 한다."고 했다. 또한 "물놀이사고가 발생하면 곧바로 구조하지 말고 주변에 해양경찰 인명 구조원에게 신고하거나 해양사고 전화번호인 122에 바로 신고해 줄 것"을 당부했다.

3 인천 가구공장 불, 8천만 원 재산 피해

인천의 한 가구 공장에서 불이 나 8천만 원의 재산 피해를 내고 한 시간 반 만에 진화됐다. 인천 서부경찰서와 소방서에 따르면 이날 오전 10시 50분쯤 인천시에 있는 한 가구 공장에서 불이 나 한 시간 반 만에 꺼졌다고 한다. 불이 나자마자 소방차 10여 대가 출동해 진화에 힘썼지만 건물 안에 쌓여 있던 목재들은 모두 불에 타고 가스와 연기로 인해 소방관들은 진화에 어려움을 겪었다. 경찰은 공장 창고 부근에서 불이 난 것으로 보고 공장 관계자와 목격자를 불러 화재 원인을 조사하고 있다.

1) 1, 2와 같은 안전사고가 발생하면 어떻게 해야 합니까?
2) 3에서 소방관들이 진화 작업에 어려움을 겪은 이유는 무엇입니까?

2. 최근에 읽은 신문 기사 중에서 사건이나 사고와 관련된 기사의 내용을 써 봅시다.

새 단어: 의식을 잃다 심장마비 숨지다 심장내과 전문의 가량 대책 요구되다 해변 튜브 뒤집히다 순찰 해양경찰 인명 구조원 구조하다 당부하다 진화되다 목재 목격자

제 13 과 재미있는 한국어 <1>

학습목표

주제	한국의 속담과 관용어
어휘	① 주제별 속담 ② 신체 관련 관용어
문법	① –(으)니/느니 만큼 ② –(으)ㄴ/는 김에
과제	① 한국의 속담과 관용어에 대해 듣고 말하기 ② 한국 속담의 문화적 의미에 대한 글 읽고 쓰기

도입과 준비

1. 위의 그림은 무엇에 대한 내용인지 말해 봅시다.
2. 여러분이 알고 있는 한국 속담이 있습니까? 그것은 어떤 의미를 갖고 있습니까?

어휘 제시와 연습

1. 다음 속담을 공부하고 의미에 맞게 연결해 봅시다.

1) 말의 중요성 ·	· 암탉이 울면 집안이 망한다.
2) 전통적 사고방식 ·	· 개구리 올챙이 적 생각 못 한다.
3) 자식에 대한 사랑 ·	· 낮말은 새가 듣고 밤말은 쥐가 듣는다.
4) 삶의 지혜와 태도 ·	· 열 손가락 깨물어 안 아픈 손가락 없다.

2. 다음 음식 및 동물 관련 속담을 공부하고 질문에 대답해 봅시다.

음식 관련 속담	동물 관련 속담
그림의 떡	꿩 대신 닭
누워서 떡 먹기	우물 안 개구리
금강산도 식후경	개천에서 용 난다
남의 떡이 더 커 보인다	소 잃고 외양간 고친다
떡 줄 사람은 생각지도 않는데 김칫국부터 마신다	원숭이도 나무에서 떨어진다

1) 여러분 나라의 속담 중 위의 음식 관련 속담들과 비슷한 것이 있습니까?

2) 여러분 나라의 속담 중 위의 동물 관련 속담들과 비슷한 것이 있습니까?

3. 다음 신체 관련 관용어를 공부하고 문장을 완성해 봅시다.

눈	입	코/귀/간	손/발	기타
눈이 높다	입이 짧다	코를 찌르다	손을 잡다	배꼽을 잡다
눈이 멀다	입이 무겁다	귀가 얇다	손발이 맞다	어깨가 무겁다
눈을 붙이다	입을 맞추다	귀에 못이 박히다	발이 넓다	얼굴이 두껍다
눈을 감아 주다	입이 나오다	간이 떨어지다	발등에 불이 떨어지다	양다리를 걸치다

1) 영화가 너무 재미있어서 보는 내내 ______________ 웃었다.

2) 우리 아버지는 ______________ 편이어서 여기저기 아는 사람이 많다.

3) 내 친구는 ______________ 때문에 비밀 이야기도 마음 놓고 할 수 있다.

4) 어젯밤에 잠을 못 잤더니 너무 피곤해서 쉬는 시간에 잠깐 ______________.

문법 제시와 연습

1. -(으)니/느니 만큼

동사나 형용사 뒤에 붙어 앞의 내용을 인정하거나 받아들이면서 그것이 뒤 내용의 원인이나 근거가 됨을 강조하는 표현이다. 명사 뒤에 붙는 경우에는 '(이)니 만큼'으로 활용되어 쓰인다.

① 가: 제품이 튼튼해서 고장이 잘 안 나겠네요.
  나: 그럼요. 품질이 좋**으니 만큼** 오래 쓰실 수 있을 거예요.
② 가: 대학교에 진학하려면 무엇부터 준비해야 해요?
  나: 한국어로 강의를 들어야 하**느니 만큼** 한국어부터 열심히 공부하세요.
③ 가: 최근 한국 가수를 좋아하는 외국인이 많아졌죠?
  나: 네. 요즘 K-pop이 유행**이니 만큼** 예전보다 관심이 많아진 것 같아요.

연습 1 '-(으)니/느니 만큼'을 사용해서 대화를 완성해 봅시다.

1) 가: 지금 출발하면 길이 막히지 않을까요? (퇴근 시간이다)
  나: ______________________.
2) 가: 왕강 씨가 이번에는 시험에 합격할 수 있겠죠? (열심히 공부했다)
  나: ______________________.
3) 가: 한국어를 공부할 때 속담도 배워야 해요? (속담에는 문화가 들어있다)
  나: ______________________.
4) 가: 등산하면 목이 마를 텐데 뭘 준비해 가면 좋을까요? (오이에는 수분이 많다)
  나: ______________________.
5) 가: 이번 대회에서 우리 대표팀이 우승할 수 있을까요? (두 선수가 손발이 잘 맞다)
  나: ______________________.

연습 2 다음 속담의 의미를 공부하고 '-(으)니/느니 만큼'을 사용해서 말해 봅시다.

1	가는 말이 고와야 오는 말도 곱다	가는 말이 고와야 오는 말도 고우니 만큼 말을 친절하게 해야 한다.
2	낮말은 새가 듣고 밤말은 쥐가 듣는다	
3	금강산도 식후경	

2. -(으)ㄴ/는 김에

동사 뒤에 붙어 어떤 행위를 하면서 그렇게 하는 기회에 그와 관계있는 다른 행위도 함께함을 표현한다. 앞 문장에는 원래의 목적이 되는 행위가 오며, 이미 완료된 상황일 때에는 '-(으)ㄴ 김에'를 사용한다.

① 가: 이따가 등록금 내려면 미리 환전해야 되지 않아요?
   나: 아까 통장 만들러 은행에 **간 김에** 환전도 했어요.

② 가: 지금 학생회관에 가려고 하는데 뭐 부탁할 거 있어요?
   나: 학생회관에 가**는 김에** 김밥 좀 사다 주세요.

연습 1 다음 문장을 완성해 봅시다.

1) 생각난 김에 ________________________________.
2) 말이 나온 김에 ________________________________.
3) 밖에 나가는 김에 ________________________________.
4) 인터넷에서 자료를 검색하는 김에 ________________________.

연습 2 '-(으)ㄴ/는 김에'를 사용해서 대화를 완성해 봅시다.

1) 가: 이사할 때 가구도 다 바꾸려고요? (가구도 바꾸다)
   나: 네. ________________________________.
2) 가: 목도리를 사러 간다더니 장갑도 샀네요. (장갑도 사다)
   나: ________________________________.
3) 가: 이번 여행에서 경주에만 다녀오실 거예요? (안동에도 가다)
   나: 아니요. ________________________________.

연습 3 어떤 일을 함께 할 수 있는지 '-(으)ㄴ/는 김에'를 사용해서 말해 봅시다.

1	제주도에 가는 김에 하고 싶은 일	
2	책상 정리를 하는 김에 할 수 있는 일	
3	친구 생일 선물을 사는 김에 하고 싶은 일	
4	한국에서 유학을 하는 김에 할 수 있는 일	

대화하기

Track 145

왕강: 야마다 씨가 이번 입사시험에서 미역국을 먹었다던데 정말이에요?

은영: 네. 원숭이도 나무에서 떨어진다고 하더니 그 말이 맞는 것 같아요. 야마다 씨는 실력이 좋으니 만큼 꼭 합격할 줄 알았거든요.

왕강: 그러게요. 열심히 시험 준비를 했는데 정말 속상하겠네요. 근데 저기 걸어오는 사람이 야마다 씨 아니에요?

은영: 아이고, 호랑이도 제 말 하면 온다더니 야마다 씨가 맞네요.

왕강: 호랑이가 온다니요? 갑자기 그게 무슨 말이에요?

은영: 한국 속담인데 어떤 사람에 대해 이야기하고 있을 때 마침 그 사람이 오는 경우에 사용해요.

왕강: 아, 그렇군요. 우리나라에도 비슷한 의미의 속담이 있는데 나라마다 비슷한 속담이 있어서 재미있네요.

은영: 말이 나온 김에 제가 한국 속담을 몇 가지 가르쳐 줄게요. 속담을 사용하면 자기 생각을 짧고 재미있게 표현할 수 있어서 좋아요.

1. 다음 질문에 대답해 봅시다.

1) 야마다의 시험 결과는 어떻습니까?
2) '호랑이도 제 말하면 온다'는 말은 어떤 뜻입니까?
3) 은영은 속담을 배우면 어떤 점이 좋다고 했습니까?

2. 다음 단어를 공부하고 문장을 완성해 봅시다.

미역국을 먹다 / 실력 / 마침 / 경우 / 속담

1) 대학 입학시험에서 __________ 때문에 일 년 더 공부해야 한다.
2) 점심을 못 먹어서 배가 고팠는데 __________ 친구가 빵을 사 왔다.
3) __________ 오래 전부터 써 온 말이기 때문에 문화적인 의미가 담겨 있다.
4) 갑자기 문화수업에 빠지게 되는 __________ 선생님께 꼭 연락을 드려야 한다.

3. 다음에 대해서 이야기해 봅시다.

1) 여러분 나라에도 '미역국을 먹다'와 같은 의미의 관용어가 있습니까?
2) 여러분 나라에도 '호랑이도 제 말 하면 온다'와 같은 의미의 속담이 있습니까?

듣고 말하기

1. 다음 대화를 잘 듣고 맞으면 O, 틀리면 X표 하십시오. Track 146

1) 여자는 평소에 자기 소신대로 행동하는 편이다. ( )

2) 남자는 추석 보너스로 노트북도 사고 휴대폰도 바꾸었다. ( )

2. 다음 대화를 잘 듣고 맞는 것에 ☑표 하십시오. Track 148

1) □ 남자는 생활할 때 관용어나 속담을 자주 쓴다.
□ 남자는 관용어와 속담을 더 많이 배우고 싶어한다.
□ 여자는 예를 들면서 관용어의 의미를 알려주고 있다.
□ 여자는 관용어나 속담은 외워서 익혀야 한다고 생각한다.

2) □ 남자는 신입 사원의 성격이 답답하다고 생각한다.
□ 여자는 신입 사원이 일을 잘해서 마음에 들어한다.
□ 남자는 신입 사원일 때 선배들에게 자주 혼나곤 했다.
□ 여자는 신입 사원에게 회사 업무를 많이 맡기려고 한다.

3. 다음을 잘 듣고 질문에 대답하십시오. Track 150

1) 며느리가 도사를 찾아간 이유는 무엇입니까?

____.

2) 도사는 며느리에게 어떤 해결책을 제시해 주었습니까?

____.

3) '미운 놈 떡 하나 더 준다'라는 속담에는 어떤 삶의 지혜가 들어있습니까?

____.

4) 여러분이 알고 있는 속담 중 삶의 지혜를 알려주는 속담에는 어떤 것이 있습니까?

1	
2	

제13과

읽고 말하기

1. 다음을 읽고 질문에 대답하십시오.

1) '우물 안 개구리'는 어떤 의미의 속담입니까?

2) '우물 안 개구리'가 되지 않으려면 어떻게 해야 합니까?

2. 한국 속담 중 하나를 사용하여 친구와 역할극을 해 봅시다.

가:

나:

가:

나:

새 단어: 우물 안 개구리

읽고 쓰기

1. 다음 글을 읽고 질문에 대답해 봅시다.

한국의 속담

속담이란 오랜 세월 동안 삶에서 얻은 경험과 교훈을 간결하게 표현한 말이다. 한국 속담에는 한국인의 생활 태도와 가치관이 들어 있으니 만큼 한국 속담을 알면 한국인과 한국의 문화를 더 잘 이해할 수 있다. 그러면 한국인의 생활태도와 가치관을 잘 보여주는 속담에는 어떤 것들이 있는지 살펴보자.

첫째, 한국인들이 협동을 중시하는 것을 잘 보여주는 속담으로는 '백지장도 맞들면 낫다'와 같은 말이 있다. 이것은 백지처럼 가벼운 것도 두 사람이 같이 들면 훨씬 더 쉽게 할 수 있다는 의미인데, 협동의 중요성을 강조하기 위한 속담이라고 할 수 있다.

둘째, 한국인들은 생활 속에서 예의와 겸손을 중요하게 생각하는데 이런 생활태도를 잘 보여주는 속담에는 '가는 말이 고와야 오는 말이 곱다', '찬물도 위아래가 있다' 등이 있다. 이와 같은 속담은 우리가 인간관계를 하면서 지켜야 할 예절을 가르쳐 주는 속담들이다. 또 '벼는 익을수록 고개를 숙인다', '빈 수레가 요란하다'와 같은 속담은 겸손을 중시하는 한국인의 가치관을 잘 나타내고 있다.

셋째, 한국인들이 꾸준한 노력과 실천을 중요하게 생각한다는 것을 알 수 있는 속담은 '시작이 반이다', '우물을 파도 한 우물을 파라' 등이 있다. 이 속담에는 도중에 그만두거나 포기하지 말고 끝까지 노력해야 한다는 교훈이 담겨 있다. 이는 어떤 일이든지 자신이 노력한 만큼 이루게 된다는 의미이기도 하다.

한국인의 가치관과 문화를 보여주는 속담은 이 외에도 많이 찾아볼 수 있다. 이러한 속담들은 현대인들도 자주 사용하고 있는데 속담에서 조상들의 지혜를 배우기도 하고 가르침을 얻기도 한다. 그런 점에서 속담은 조상들이 우리에게 남긴 소중한 교훈이라고 할 수 있다.

1) 속담이란 무엇을 의미합니까?

2) 한국인의 생활태도와 가치관이 잘 나타난 속담에는 어떤 것들이 있습니까?

2. 자기 나라의 속담을 소개하고 그 속담의 의미와 교훈에 대해 써 봅시다.

새 단어: 세월 교훈 간결하다 태도 협동 백지 맞들다 중요성 겸손 벼 익다 수레
요란하다 꾸준하다 실천 우물 파다 가르침

제 13 과 재미있는 한국어 <2>

학습목표

주제	한국어의 의성어와 의태어
어휘	① 의성어　② 의태어
문법	① -고 해서　② -(으)면서도
과제	① 의성어와 의태어에 대해 듣고 말하기 ② 한국 옛날이야기 읽고 자기 나라 옛날이야기 쓰기

도입과 준비

멍멍	야옹야옹	음매	꿀꿀

꼬끼오	꽥꽥	메에	찍찍

짹짹	개굴개굴	히잉	어흥

1. 위의 그림은 무엇에 대한 내용인지 말해 봅시다.
2. 여러분 나라에서는 동물의 울음소리를 어떻게 표현합니까?

어휘 제시와 연습

1. 다음 단어를 공부하고 문장을 완성해 봅시다.

흉내말　　의성어　　의태어　　소리　　모양　　움직임

1) 경기가 진행될수록 선수들의 ________ 활발해지기 시작했다.
2) 한국어에는 웃는 모습을 나타내는 ________ 아주 많다고 한다.
3) 오늘 수업 시간에 '멍멍'이나 '야옹야옹' 같은 ________ 많이 배웠다.
4) 어렸을 때 어머니께서 동물 ________ 과자를 자주 구워 주시곤 했다.

2. 다음 의성어를 공부하고 알맞게 연결해 봅시다.

1) 울 때 나는 소리 ·	· 냠냠, 후루룩
2) 몸에서 나는 소리 ·	· 엉엉, 훌쩍훌쩍
3) 먹을 때 나는 소리 ·	· 찰칵, 째깍째깍
4) 물건에서 나는 소리 ·	· 쨍그랑, 보글보글
5) 요리할 때 나는 소리 ·	· 꼬르륵, 콩닥콩닥

3. 다음 의태어를 공부하고 그림에 알맞은 의태어를 써 봅시다.

싱글벙글　　끄덕끄덕　　갸우뚱갸우뚱　　꾸벅꾸벅　　헐레벌떡
뻘뻘　　반짝반짝　　주룩주룩　　펑펑　　엉금엉금

싱글벙글			

제13과

문법 제시와 연습

1. -고 해서

동사나 형용사, 명사에 붙어 앞 문장의 내용이 뒤 문장의 행위나 상태의 이유이며 제시된 것 외에도 다른 이유가 더 있음을 나타낸다.

① 가: 웬일로 택시를 타고 집에 가세요?
   나: 짐이 많**고 해서** 오늘은 택시를 타고 가려고 해요.
② 가: 이 컴퓨터 버릴 거예요?
   나: 네. 자주 고장이 나**고 해서** 버리려고 해요.

연습 1 '-고 해서'를 사용해서 대화를 완성해 봅시다.

1) 가: 청바지를 자주 입으시네요.
   나: ______________________________.
2) 가: 쇼핑할 때는 보통 어디에 가요?
   나: ______________________________.
3) 가: 날마다 아침밥을 안 먹는다면서요?
   나: ______________________________.
4) 가: 날씨도 좋은데 왜 하루 종일 집에만 있어요?
   나: ______________________________.
5) 가: 요즘 얼굴 보기가 힘든데 무슨 바쁜 일이라도 있어요?
   나: ______________________________.
6) 가: 한국 드라마를 자주 보는 것 같은데 특별한 이유가 있어요?
   나: ______________________________.

연습 2 다음 문장을 완성해 봅시다.

1) 배에서 꼬르륵 소리가 나고 해서 ____________________.
2) 하루 종일 비가 주룩주룩 오고 해서 ____________________.
3) 친구가 수업 시간에 꾸벅꾸벅 졸고 해서 ____________________.
4) 문밖에서 고양이가 야옹야옹 울고 해서 ____________________.

2. –(으)면서도

형용사나 동사 뒤에 붙어 앞뒤 문장의 동작이나 상태가 서로 상반되는 관계에 있거나 대조적인 상황인 경우에 사용한다. 명사의 경우 사람을 가리키는 명사와 주로 결합한다.

① 가: 한솔 씨가 이번에도 또 일등을 했대요.
나: 항상 놀**면서도** 공부를 잘하니까 너무 부러워요.

② 가: 저 사람은 한국말을 잘하는 걸 보니까 한국 사람인가 봐요.
나: 아니에요. 외국 사람**이면서도** 한국말을 정말 잘해요.

③ 가: 저 사람이 이번 절도 사건의 범인 맞죠?
나: 네. 근데 자기가 물건을 훔**쳤으면서도** 안 훔쳤다고 했대요.

연습 1 다음 문장을 완성해 봅시다.

1) 가: 옷이 얇아서 좀 추울 것 같아요.
나: 아니에요. 이 옷은 ______________________________.

2) 가: 저 가수는 벌써 결혼해서 아들도 있다면서요?
나: 네. 근데 ______________________________.

3) 가: 성수 씨가 한솔 씨의 선배예요? 항상 반말을 하네요.
나: 아니에요. ____________________ 항상 한솔 씨한테 반말을 해요.

4) 가: 왕강 씨는 안 왔네요. 오늘 모임이 있는 걸 몰랐나 봐요.
나: 아니에요. ______________________________.

5) 가: 아는 것이 없으면서도 많이 아는 것처럼 말하는 사람한테 쓰는 속담을 아세요?
나: ______________________________.

연습 2 친구들의 성격이나 행동에 대해 '–(으)면서도'를 사용해서 말해 봅시다.

1	제니	많이 먹으면서도 살이 찌지 않는다.
2	마이클	제니 씨를 좋아하면서도 관심이 없는 척한다.
3		
4		
5		

제13과

대화하기

Track 151

은영: 왕강 씨, 왜 이렇게 헐레벌떡 뛰어와요? 무슨 일 있어요?

왕강: 한국어능력시험 결과를 확인하러 가는 길이에요.

은영: 지난번에 시험 잘 봤다고 큰소리 탕탕 쳤으니까 좋은 결과를 기대해도 되겠네요.

왕강: 물론이죠. 보나 마나 합격했을 거예요. 이번에 합격하면 제가 한턱낼게요.

은영: 떡 줄 사람은 생각지도 않는데 김칫국부터 마시는 거 아니에요? 먼저 결과부터 확인하고 이야기하세요. 근데 제니 씨도 시험 봤다고 하지 않았어요?

왕강: 네. 제니 씨한테 직접 물어보지는 않았지만 아까 싱글벙글 웃으면서 집에 가는 걸 보니까 합격한 것 같아요.

은영: 그래요? 그럼 다행이네요. 저는 제니 씨가 걱정을 많이 하고 해서 시험을 못 본 줄 알았어요.

왕강: 아니에요. 잘 봤으면서도 괜히 그렇게 말하는 거예요.

1. 다음 질문에 대답해 봅시다.

1) 왕강은 지금 어디에 가는 길입니까?
2) 왕강은 왜 제니가 시험에 합격했을 거라고 생각합니까?
3) 은영은 왜 제니가 시험을 못 봤을 거라고 생각했습니까?

2. 다음 단어를 공부하고 문장을 완성해 봅시다.

헐레벌떡 큰소리를 치다 탕탕 한턱내다 싱글벙글 괜히

1) 친구는 장학금을 받고 기분이 좋아서 친구들에게 ________.
2) 동생은 무슨 좋은 일이 있는지 아까부터 혼자 ________ 웃고 있다.
3) 오빠는 자기가 컴퓨터를 고칠 수 있으니까 걱정하지 말라면서 ________.
4) 수업 시간에 늦을 것 같아서 ________ 뛰어왔지만 결국 지각하고 말았다.

3. 다음에 대해서 이야기해 봅시다.

1) 여러분 나라에 기분 좋게 웃는 모양을 나타내는 의태어가 있습니까?
2) 한국어와 여러분 나라의 의성어와 의태어를 비교해서 말해 봅시다.

듣고 말하기

1. 다음 대화를 잘 듣고 맞으면 O, 틀리면 X표 하십시오. Track 152

1) 한국에서는 음식을 먹을 때 '후루룩후루룩' 소리를 내면 안 된다. ( )

2) 한국에서는 흉내말을 사용해서 동물의 이름을 부르기도 한다. ( )

2. 다음 대화를 잘 듣고 질문에 대답하십시오. Track 154

1) 남자가 박물관 구경을 제대로 하지 못한 이유는 무엇입니까?

______________________________________.

2) 여자는 의성어와 의태어를 넣어서 말하면 어떤 점이 좋다고 했습니까?

______________________________________.

3. 다음을 잘 듣고 질문에 대답하십시오. Track 156

1) 다음 그림에 맞게 의성어와 의태어를 넣어 문장을 완성하십시오.

 도끼가 연못에 (①　　　) 빠졌다.	 착한 나무꾼이 (②　　　) 울었다.
 연못에서 산신령이 (③　　　) 하고 나타났다.	 산신령은 (④　　　) 빛나는 금도끼와 은도끼를 보여줬다.

2) 산신령은 왜 나무꾼에게 금도끼와 은도끼를 모두 주었습니까?

______________________________________.

3) 여러분이 나무꾼이라면 산신령에게 뭐라고 대답할 것 같습니까?

______________________________________.

읽고 말하기

1. 다음을 읽고 질문에 대답하십시오.

1) '콜록콜록'은 어떤 것을 흉내내는 말입니까?

2) 여러분 나라에도 위와 같은 상황에서 쓸 수 있는 흉내말이 있습니까?

2. 의성어와 의태어를 사용하여 주말에 있었던 일을 이야기해 봅시다.

저는 지난 주말에

새 단어: 찬물　아이고　콜록콜록　당장　다녀오다

읽고 쓰기

1. 다음 글을 읽고 질문에 대답해 봅시다.

토끼와 호랑이

옛날에 토끼 한 마리가 바위 밑에서 쿨쿨 낮잠을 자고 있었다. 그때 호랑이 한 마리가 토끼 앞에 나타나 입맛을 쩝쩝 다시면서 토끼를 내려다보고 있었다. 호랑이 울음소리에 깜짝 놀란 토끼는 잠에서 깨어났다.

'아, 이 일을 어떡하지? 호랑이가 날 잡아 먹으려고 하네. 아, 무서워.'

토끼가 벌벌 떨고 있을 때 호랑이가 다가와서 말을 했다.

"내가 지금 심하게 배가 고프니 만큼 당장 널 잡아먹어야겠다. 어흥!"

꾀가 많은 토끼는 앞발을 싹싹 빌면서 살 수 있는 방법을 생각했다.

"호랑이 아저씨, 제가 세상에서 제일 맛있는 떡을 갖고 있는데 그것부터 드셔 보세요."

"이 놈, 거짓말하지 마라! 어흥."

"아니에요. 정말 둘이 먹다가 하나가 죽어도 모를 만큼 맛있는 떡이에요."

토끼의 말을 들은 호랑이는 침을 꿀꺽 삼키면서 토끼에게 빨리 떡을 가져오라고 했다. 그 말에 토끼는 땀을 뻘뻘 흘리면서 돌멩이를 주워 모아 불에 굽기 시작했다. 그것을 보고 이상하게 생각한 호랑이는 고개를 갸우뚱갸우뚱 하며 그 돌멩이를 어떻게 먹냐고 물었는데, 토끼는 불에 빨갛게 구워졌을 때 간장에 찍어서 한 입에 먹으면 된다고 했다.

"여기에는 간장이 없으니까 제가 산 아래 마을에 내려가서 간장을 가지고 올게요. 떡이 딱 열 개가 있는데 제가 오기 전에 절대로 하나도 드시면 안 돼요"

호랑이는 토끼에게 기다릴 테니까 빨리 갔다 오라고 했다. 토끼는 자기한테 속은 호랑이가 너무 바보 같아서 하하하 웃으면서 깡충깡충 뛰어 산을 내려갔다. 배가 고팠던 호랑이는 토끼가 마을로 내려가자마자 떡이 정말 열 개인지 세어 보았다. 하나, 둘, 셋, 넷……. 그런데 구운 떡은 열 개가 아니라 열한 개였다.

"열 개가 아니라 열한 개잖아. 토끼가 오기 전에 내가 얼른 하나 먹어야겠다." 호랑이는 구운 떡 하나를 얼른 입 안에 넣었다.

"으아! 호랑이 살려. 앗! 뜨거워. 앗! 뜨거워."

뜨거운 돌멩이를 삼킨 호랑이는 그때서야 토끼에게 속은 것을 깨달았다.

1) 토끼는 호랑이를 어떻게 속였습니까?

2) 토끼가 떡이 열 개라고 거짓말한 이유는 무엇입니까?

제13과

2. 의성어와 의태어를 사용해서 자신이 알고 있는 옛날이야기를 써 봅시다.

새 단어: 바위 쿨쿨 쩝쩝 입맛을 다시다 벌벌 싹싹 꿀꺽 삼키다 돌멩이 줍다 깡충깡충 속다

제 14 과 역사 속의 인물 <1>

학습목표

주제	한국의 역사 속 인물
어휘	① 한국의 역사시대 관련 어휘 ② 인물의 업적 관련 표현
문법	① -기로는 ② -는 대로
과제	① 한국의 역사 속 인물에 대해 듣고 말하기 ② 세종대왕 위인전 읽고 역사 인물 소개하는 글 쓰기

도입과 준비

한국인이 가장 존경하는 인물 순위

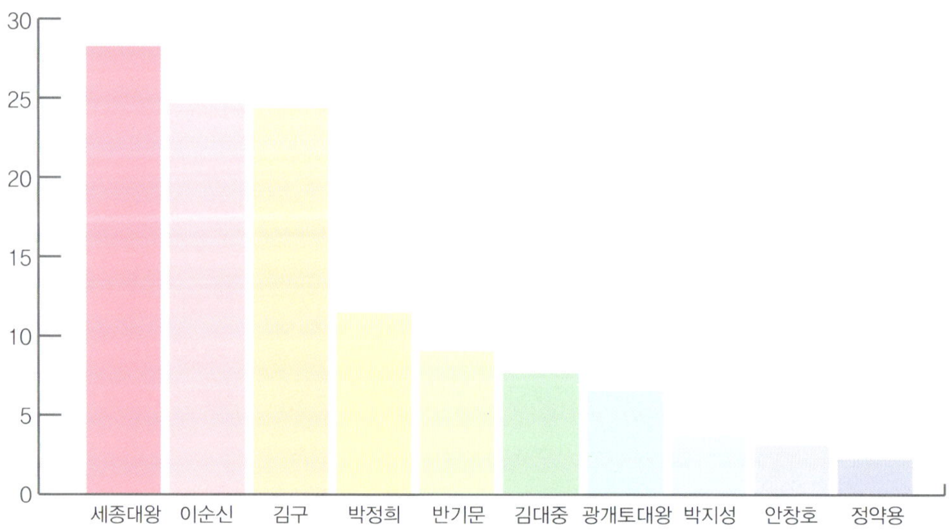

1. 위의 그림은 무엇에 대한 내용인지 말해 봅시다.
2. 여러분이 가장 존경하는 역사 속 인물은 누구입니까?

어휘 제시와 연습

1. 다음 한국의 역사시대 관련 어휘를 공부해 봅시다.

고조선
↓
삼국시대(고구려, 백제, 신라)
↓
통일신라시대
↓
고려시대
↓
조선시대
↓
대한민국

〈고조선 단군〉

2. 다음 한국의 화폐 속 인물들을 공부해 봅시다.

신사임당 (조선시대 예술가)	세종대왕 (조선시대 임금)	율곡 이이 (조선시대 학자)	퇴계 이황 (조선시대 학자)	이순신 (조선시대 장군)

3. 다음 역사 인물의 업적 관련 표현을 공부하고 문장을 완성해 봅시다.

뛰어나다	남다르다	발명하다
역사를 빛내다	업적을 남기다	존경을 받다

1) 이 책에는 한국의 ________ 인물들이 자세하게 소개되어 있다.
2) 그 사람은 우리나라의 역사에서 문화적으로 많은 ________ 인물이다.
3) 에디슨이 전기를 ________ 후로 우리의 생활은 놀랄 만큼 편리해졌다.
4) 그는 평생 모은 재산을 어려운 이웃들을 위해 썼기 때문에 사람들에게 ________.

문법 제시와 연습

1. -기로는

동사나 형용사 뒤에 붙어 어떤 행위나 상태에 해당되는 것을 나타내며 뒤 문장에는 화자가 최상이라고 생각하는 대상이 온다. 뒤 문장에는 주로 '이/가 제일이다', '이/가 최고다', '을/를 따를 이/가 없다'와 같은 표현이 온다. 명사와 결합할 경우에는 '(으)로는'을 쓴다.

① 가: 우리 반에서 누가 제일 성실한 것 같아요?
   나: 성실하**기로는** 제니 씨가 제일이에요.
② 가: 한국인이 가장 존경하는 인물은 누구예요?
   나: 존경을 많이 받**기로는** 세종대왕을 따를 사람이 없죠.
③ 가: 쇼핑을 하려고 하는데 어디가 좋아요?
   나: 쇼핑 장소**로는** 명동이 최고지요.

연습 1 '-기로는'을 사용해서 대화를 완성해 봅시다.

1) 가: 단풍이 아름다운 곳을 추천해 주세요. (설악산)
   나: ______________________.
2) 가: 세계에서 가장 인구가 많은 나라는 중국이죠? (중국)
   나: ______________________.
3) 가: 돌잔치에 초대를 받았는데 어떤 선물을 사 가면 좋을까요? (금반지)
   나: ______________________.
4) 가: 한국의 고궁 중에서 옛 모습이 가장 잘 보존된 곳은 어디인가요? (창덕궁)
   나: ______________________.
5) 가: 삼국시대 세 나라 중에서 불교문화가 가장 발달한 나라는 어디예요? (신라)
   나: ______________________.

연습 2 '-기로는'을 사용해서 대답해 봅시다.

1) 여러분 나라의 역사책에 가장 많이 등장하는 인물은 누구입니까?
2) 여러분 나라에서 가장 존경을 많이 받는 역사 속 인물은 누구입니까?
3) 여러분 나라의 역사 속 인물 중 세계적으로 가장 유명한 사람은 누구입니까?

2. -는 대로

동사 뒤에 붙어 어떤 일이 일어나는 '그때 바로, 즉시, 그 후에 곧'의 의미로서, 앞의 동작 후에 뒤의 행위가 곧바로 일어남을 나타낸다. 뒤 문장에는 과거 시제가 올 수 없다.

① 가: 이번에 새로 개봉하는 영화 재미있을 것 같지 않아요?
　나: 저도 보고 싶었는데 영화가 개봉되**는 대로** 보러 갑시다.
② 가: 고향에 돌아가서 가장 먼저 하고 싶은 일이 뭐예요?
　나: 고향에 도착하**는 대로** 할아버지, 할머니부터 뵙고 싶어요.

연습 1 '-는 대로'를 사용해서 대화를 완성해 봅시다.

1) 가: 회의는 언제 시작한대요?
　나: ______________________________.
2) 가: 오늘 퇴근하고 나서 뭘 할 생각이에요?
　나: ______________________________.
3) 가: 교수님께서 맡기신 일은 언제부터 시작할까요?
　나: ______________________________.
4) 가: 이따가 몇 시쯤 출입국관리사무소에 갈 거예요?
　나: ______________________________.
5) 가: 지난번에 저한테 빌린 돈은 언제 갚을 수 있어요?
　나: ______________________________.
6) 가: 기차 시간에 맞추려면 빨리 나가야 할 것 같은데 언제 출발할까요?
　나: ______________________________.

연습 2 '-는 대로'를 사용해서 앞으로의 계획을 말해 봅시다.

1	한국어 공부가 끝나다	
2	대학교를 졸업하다	
3	직장을 구하다	
4	돈을 모으다	
5	퇴직하다	

대화하기

Track 157

왕강: 광화문 광장은 볼거리가 많은 것 같아요.

은영: 저도 오랜만에 광화문 광장에 나왔는데 옛날보다 볼거리가 많아졌네요. 이따가 한글 전시관에도 한번 들러 봐요.

왕강: 한글 전시관은 뭘 하는 곳인데요?

은영: 세종대왕의 업적과 세종대왕이 한글을 창제하기까지의 과정을 소개해 놓은 곳인데 한글과 관련된 작품들도 전시되어 있어요. 그리고 외국인들이 한글로 자기 이름을 써 볼 수 있는 곳도 있대요.

왕강: 그런데 세종대왕은 한글을 창제한 것 말고 또 어떤 업적을 남겼어요?

은영: 조선시대 왕 중에서 업적이 많기로는 세종대왕을 따를 왕이 없어요. 조선시대의 음악과 과학도 크게 발전시키신 분이에요.

왕강: 그래서 많은 한국 사람들이 세종대왕을 존경하는군요. 저 세종대왕 동상을 배경으로 사진 좀 찍어 주실래요?

은영: 네. 사진을 찍는 대로 한글 전시관에 가 보도록 해요.

1. 다음 질문에 대답해 봅시다.

1) 광화문 광장에 있는 한글 전시관은 어떤 곳입니까?
2) 외국인들은 한글 전시관에서 무엇을 할 수 있습니까?
3) 세종대왕이 남긴 업적은 무엇입니까?

2. 다음 단어를 공부하고 문장을 완성해 봅시다.

볼거리 창제하다 과정 전시되다 업적을 남기다 동상 배경

1) 이 드라마는 조선시대를 ________ 하여 만들어졌다.
2) 광화문 광장에 가면 세종대왕과 이순신 장군의 ________ 볼 수 있다.
3) 주말에 친구들하고 쌀축제에 다녀왔는데 ________ 많아서 재미있었다.
4) 그는 과학 분야에서 큰 ________ 때문에 지금까지도 많은 존경을 받고 있다.

3. 다음에 대해서 이야기해 봅시다.

1) 여러분 나라에서 역사적으로 가장 업적이 많은 왕은 누구입니까?
2) 여러분은 어떤 업적을 남기는 사람이 훌륭한 인물이라고 생각합니까?

듣고 말하기

1. 다음 대화를 잘 듣고 맞으면 O, 틀리면 X표 하십시오. Track 158

1) 이이와 이황은 학문보다는 정치에 힘을 썼던 인물들이다. (　　)

2) 을지문덕은 삼국시대의 가장 뛰어난 장군으로 평가를 받는다. (　　)

2. 다음 대화를 잘 듣고 맞지 않는 것에 ☑표 하십시오. Track 160

1) □ 조선시대에는 여성과 남성이 동등하지 않았다.
□ 남자는 옛날에도 능력 있는 여성이 많았다고 생각한다.
□ 신사임당은 자식 교육을 위해 예술가의 삶을 포기했다.
□ 여자는 역사 속 인물 중에 여성이 별로 없어 아쉬워한다.

2) □ 장영실의 대표적인 발명품은 물시계이다.
□ 장영실은 조선시대 최고의 발명가로 손꼽힌다.
□ 장영실은 신분보다 능력을 중시하던 시대에 태어났다.
□ 장영실은 신분을 극복하고 자신의 재능을 발휘한 인물이다.

3. 다음을 잘 듣고 질문에 대답하십시오. Track 162

1) 한석봉은 무엇으로 유명한 인물입니까?

____.

2) 당시에 한석봉은 어떤 일을 담당하고 있었습니까?

____.

3) 한석봉이 뛰어난 서예가가 될 수 있었던 이유는 무엇입니까?

____.

4) 어머니가 한석봉을 다시 절로 돌려보낸 이유는 무엇입니까?

____.

5) 여러분 나라의 역사 인물 중 훌륭한 어머니로 이름을 남긴 사람을 소개해 봅시다.

____.

읽고 말하기

1. 다음을 읽고 질문에 대답하십시오.

뮤지컬 **선덕여왕**

종류 창작 뮤지컬

내용 자신의 신분을 모르고 살아가던 덕만이 신라 제27대 왕이 되기까지의 과정을 그리고 있다.

공연 기간: 2013. 3. 5(화)~2013. 3. 31(일)

공연 시간: 평일 8시, 주말 3시, 7시

공연 장소: 올림픽공원 아트홀

1) 뮤지컬 〈선덕여왕〉은 어떻게 만들어지게 되었습니까?

2) 뮤지컬 〈선덕여왕〉은 어떤 내용으로 이루어져 있습니까?

2. 여러분 나라의 여성 중 역사적으로 훌륭한 인물에는 누가 있는지 이야기해 봅시다.

	인물	시대	업적
1			
2			
3			

새 단어: 뮤지컬 창작 신분 평일

읽고 쓰기

1. 다음 글을 읽고 질문에 대답해 봅시다.

세종대왕과 훈민정음

어릴 때부터 공부하기를 좋아하고 생각이 깊었던 세종대왕은 1397년 태종의 셋째 아들로 태어나 조선의 4대 왕이 되었다. 세종이 왕위에 올랐을 때는 스물두 살의 젊은 왕이었는데, 이때 조선은 세워진 지 40년밖에 되지 않은 나라였고 정치와 문화는 안정되어 있지 않았다.

세종이 왕이 되자마자 가장 먼저 힘쓴 일은 학문을 발전시키는 일이었다. 고려시대부터 있었던 집현전에서 젊고 뛰어난 인재들이 마음껏 공부할 수 있도록 기회를 마련해 주었다. 집현전은 인재를 양성하고 학문을 연구하는 곳이었는데, 집현전 학자들은 임금이 정치를 올바로 할 수 있도록 유교를 가르치고 세자의 교육을 맡아서 하기도 하였다.

세종은 그 누구보다 백성을 사랑한 임금이었는데, 훈민정음은 글자를 모르는 백성을 가르치기 위해 여러 가지 어려움을 극복하고 만든 글자였다. 이때 집현전 학자들은 세종의 뜻대로 훈민정음을 만들고 백성들이 글자를 쉽게 배울 수 있도록 책으로 만드는 일을 하였다.

세종대왕은 훈민정음을 만들었을 뿐만 아니라 여러 분야에서 훌륭한 업적을 남겼다. 국력을 키우고 음악과 과학을 발전시키는 등 역사에서 가장 찬란한 시대를 열었다. 또 여러 음악들을 모아 정리하였으며 세계 최초로 비의 양을 재는 '측우기'를 만들어 농사에 큰 도움을 주었다.

조선시대 왕 가운데 뛰어난 능력을 가졌고 많은 업적을 남기기로는 세종을 따를 왕이 없다. 그러나 세종이 위대한 왕이 될 수 있었던 것은 이러한 능력 때문만은 아니다. 세종은 백성들을 위해 훈민정음을 창제할 만큼 백성을 진심으로 사랑한 왕이었기 때문에 지금까지도 많은 한국인에게 존경을 받고 있다.

1) 집현전의 의미는 무엇이며, 훈민정음과 관련하여 어떤 일을 했습니까?
2) 세종대왕의 업적을 정리해서 이야기해 보십시오.

2. 여러분 나라에서 가장 존경받는 인물에 대해 써 봅시다.

새 단어: 훈민정음 왕위에 오르다 세우다 힘쓰다 학문 집현전 인재 마음껏 양성하다 세자 맡다 백성 국력 찬란하다 재다 측우기 창제하다

제 14 과 역사 속의 인물 <2>

학습목표

주제	세계의 역사 속 인물
어휘	① 시대 관련 어휘 ② 역사 인물의 특성 관련 표현
문법	① -(으)려던 참이다 ② (이)나마
과제	① 세계의 역사 속 인물에 대해 듣고 말하기 ② 노벨 위인전 읽고 화폐 인물 소개하기

도입과 준비

토머스 에디슨

공자

루트비히 판 베토벤

에이브러햄 링컨

간디

테레사 수녀

1. 위의 그림은 무엇에 대한 내용인지 말해 봅시다.
2. 여러분이 알고 있는 세계의 역사 속 인물에는 누가 있습니까?

어휘 제시와 연습

1. 다음 시대 관련 단어를 공부하고 문장을 완성해 봅시다.

기원전　　기원후　　21세기

고대 ➡ 중세 ➡ 근대 ➡ 현대

1) 예수가 태어난 해를 기준으로 그 이전 시기를 ____________ 한다.
2) 1125년에 지어진 이 교회는 ____________ 건축 양식을 잘 보여 준다.
3) 2001년부터 시작된 ____________ 첨단 과학이 더 많은 발전을 이루었다.
4) 신라시대 유적지를 둘러보면서 ____________ 역사와 문화를 느낄 수 있었다.

2. 다음 역사 인물의 유형 관련 단어를 공부하고 문장을 완성해 봅시다.

위인	지도자	장군	정치가	철학자
교육자	예술가	작가	과학자	발명가

1) 간디는 인도 국민들의 정신적 ____________ 할 수 있다.
2) 링컨은 미국 역사에서 가장 훌륭한 ____________ 평가를 받는다.
3) 에디슨은 세계에서 가장 많은 것을 만들어 낸 뛰어난 ____________.
4) 안데르센은 130여 편의 작품을 남긴 세계 최고의 동화 ____________.
5) 이황은 학문을 연구하고 많은 제자를 길러 낸 조선시대의 ____________.

3. 다음 역사 인물의 특성 관련 표현을 공부하고 질문에 대답해 봅시다.

끈기가 있다	재주가 있다	리더십이 있다
어려움을 극복하다	책임감이 강하다	봉사 정신이 있다

1) 지금까지 가장 끈기 있게 해 낸 일은 무엇입니까?
2) 우리 반에서 가장 책임감이 강한 사람은 누구입니까?
3) 리더십이 있는 사람은 어떤 일을 하는 것이 좋습니까?
4) 봉사 정신이 있는 사람은 다른 사람들과 어떻게 다릅니까?
5) 여러분 나라에서 어려움을 극복하고 성공한 인물은 누구입니까?

문법 제시와 연습

1. –(으)려던 참이다

동사에 붙어 '무엇을 하려고 하는 순간' 또는 '의도를 가지고 있던 그 순간'의 뜻을 나타낸다. 미래를 나타내는 '–겠–'과는 함께 사용하지 않는다.

① 가: 빨리 일어나. 이러다가 학교에 늦겠어.
나: 안 그래도 지금 일어나**려던 참이었어**.

② 가: 아침밥을 제대로 못 먹었더니 배가 고파요.
나: 식당에 가**려던 참이었는데** 같이 갈래요?

연습 1 '–(으)려던 참이다'를 사용해서 대화를 완성해 봅시다.

1) 가: 잠깐 사무실 좀 갔다 올게요.
나: 같이 가요. 저도 ________________.

2) 가: 벌써 7시가 다 됐는데 퇴근 안 해요?
나: 지금 막 ________________.

3) 가: 오늘 점심 메뉴는 삼계탕으로 할까 하는데 괜찮아요?
나: 네, 좋아요. 안 그래도 ________________.

4) 가: 제니 씨도 오늘 모임에 참석할 수 있는지 전화해 볼까요?
나: ________________.

5) 가: 지금쯤 합격자 발표가 났을 텐데 인터넷으로 확인해 보지 그래요?
나: ________________.

연습 2 '–(으)려던 참이다'를 사용해서 다음에 대해 이야기해 봅시다.

	기분이 좋았을 때	기분이 나빴을 때
1	음식을 사러 나가려던 참이었는데 마침 친구가 사 왔을 때	공부하려던 참이었는데 어머니가 공부하라고 할 때
2		
3		

2. (이)나마

명사 뒤에 붙어 마음에 들지는 않지만 현재 상황으로는 할 수 없이 선택하거나 허용함을 나타낸다. '(으)로', '에', '에서', '에게' 등과 결합하기도 한다.

① 가: 그 사람을 다시 만나서 고백했어요?
   나: 고백은 못 했지만 잠깐**이나마** 만나서 행복했어요.

② 가: 명절에 고향에 못 가서 외로웠죠?
   나: 가족은 못 만났지만 친구하고**나마** 함께 있어서 괜찮았어요.

연습 1 '(이)나마'를 사용해서 대화를 완성해 봅시다.

1) 가: 지갑을 잃어버려서 집에 어떻게 갔어요? (교통카드)
   나: 주머니에 ______________________ 버스를 탈 수 있었어요.
2) 가: 연휴에 먼 곳으로 여행을 다녀왔어요? (가까운 곳에)
   나: 멀리 가지는 못했지만 ______________________ 기분 전환이 되었어요.
3) 가: 부모님하고 통화를 못 해서 아쉬웠겠네요. (동생하고)
   나: 부모님하고는 통화를 못 했지만 ______________________ 괜찮았어요.
4) 가: 한국어능력시험 4급을 못 따서 많이 속상하겠어요. (3급)
   나: 네. 그래도 ______________________ 다행이에요.
5) 가: 방학을 하면 얼굴을 자주 볼 수 없어서 섭섭할 것 같아요. (전화로)
   나: 만날 수는 없지만 ______________________.

연습 2 요즘 생활에 대해 '(이)나마'를 사용해서 이야기해 봅시다.

	처음 한국에서의 생활	요즘 한국에서의 생활
1	한국말을 하나도 듣지 못했다.	조금이나마 들을 수 있게 되었다.
2	한국 요리를 할 줄 몰랐다.	몇 가지나마 할 수 있게 되었다.
3		
4		
5		

대화하기

Track 163

한솔: 제니 씨는 가장 존경하는 인물이 누구예요?

제니: 글쎄요. 어렸을 때는 미국의 초대 대통령인 조지 워싱턴의 위인전을 읽고 그분을 존경했는데 지금은 테레사 수녀님을 존경해요. 한솔 씨는요?

한솔: 저도 초등학교 때 링컨 대통령 위인전을 읽고 감동을 받았는데, 사람들은 보통 왕이나 장군, 대통령 같은 인물을 존경하는 것 같아요.

제니: 그래서 나라마다 그런 인물들이 화폐에도 많이 등장하나 봐요.

한솔: 근데 한국 화폐에 나오는 인물들은 어떤 분들인지 알아요?

제니: 아니요. 그렇지 않아도 한국 화폐에 등장하는 인물에 대해 물어보려던 참이었어요. 한국 화폐에 나온 인물을 알면 한국의 역사에 대해서 조금이나마 알게 될 것 같아서요.

한솔: 한국의 화폐에는 조선시대의 왕하고 학자, 예술가, 장군이 등장해요.

제니: 아, 한국의 화폐에 나오는 사람들은 모두가 조선시대 인물들이군요.

1. 다음 질문에 대답해 봅시다.

1) 제니가 지금 가장 존경하는 인물은 누구입니까?
2) 제니는 왜 한국 화폐에 나오는 인물들을 알고 싶어합니까?
3) 한국의 화폐에는 어떤 인물들이 등장합니까?

2. 다음 단어를 공부하고 문장을 완성해 봅시다.

초대 대통령 위인전 수녀님 장군 화폐 역사

1) 한국의 수도인 서울은 600여 년의 ________ 가지고 있다.
2) 어렸을 때 ________ 읽으면서 훌륭한 인물들에 대해 많이 알게 됐다.
3) 그 회사의 ________ 회장은 어려움을 극복하고 큰 기업을 세운 인물이다.
4) 신라에는 김유신 같은 용감한 ________ 많아서 나라를 잘 지킬 수 있었다.

3. 다음에 대해서 이야기해 봅시다.

1) 여러분 나라의 초대 대통령은 누구입니까?
2) 만약 여러분이 지폐에 넣을 인물을 선택한다면 누구를 선택하겠습니까?

듣고 말하기

1. 다음 대화를 잘 듣고 맞으면 O, 틀리면 X표 하십시오. Track 164

1) 여자는 오드리 햅번이 뛰어난 배우였기 때문에 좋아한다. ( )

2) 남자는 넬슨 만델라 대통령을 닮고 싶어한다. ( )

2. 다음 대화를 잘 듣고 질문에 대답하십시오. Track 166

1) 테레사 수녀는 어떤 종교인이었습니까?

______________________________.

2) 인도 사람들은 왜 간디를 특별하게 생각합니까?

______________________________.

3. 다음을 잘 듣고 질문에 대답하십시오. Track 168

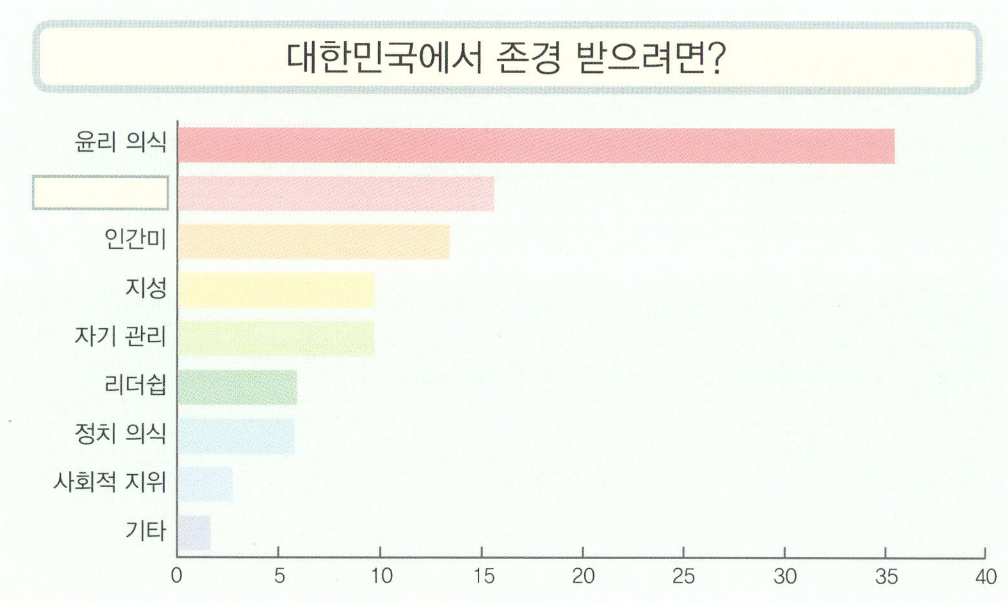

1) 위 그래프의 빈칸에 알맞은 말을 쓰십시오.

______________________________.

2) 여러분은 존경 받을 만한 인물이 갖추어야 할 조건이 무엇이라고 생각합니까?

______________________________.

제14과

읽고 말하기

1. 다음을 읽고 질문에 대답하십시오.

1 1990년 유럽에서 가장 아름다운 디자인으로 선정된 화폐이다. 이 인물은 오스트리아에서 태어나 35세에 죽은 세계적인 음악가이다. 〈모차르트〉

2 과거 프랑스에서 사용되었던 화폐이다. 이 인물은 '어린 왕자'라는 소설로 유명한 프랑스 출신의 작가이다. 〈생텍쥐페리〉

3 이스라엘 화폐에 등장하는 이 인물은 20세기가 낳은 천재 과학자이다. "지식보다 중요한 것은 상상력이다."라고 말했으며 1921년에 노벨 물리학상을 수상했다. 〈아인슈타인〉

4 몽골에서 사용되는 화폐이다. 이 인물은 어려운 환경에서 성장했지만 몽골의 통치자인 '칸'이 되어 세계 역사에서 가장 큰 영토를 차지했던 사람이다. 〈칭기즈칸〉

1) 위의 인물들은 어떤 분야에서 어떤 업적을 남겼습니까?

2) 여러분 나라에서 위의 인물들과 비슷한 업적을 남긴 사람은 누구입니까?

2. 여러분 나라의 화폐 속 인물에 대해 소개해 봅시다.

	금액 (단위)	인물	인물의 업적
1			
2			
3			

새 단어: 선정되다 화폐 출신 노벨 물리학상 수상하다 성장하다 통치자 차지하다

읽고 쓰기

1. 다음 글을 읽고 질문에 대답해 봅시다.

노벨의 값진 선물, 노벨상

노벨상의 창설자 알프레드 노벨(Alfred Bernhard Nobel, 1833~1896)은 1833년 10월 스웨덴에서 태어났다. 발명가 겸 기업가였던 그는 광산이나 공사장의 일꾼들이 힘들게 일하는 것을 보며 고민하다 1866년 '다이너마이트'라는 폭약을 만들었다. 그 덕분에 일꾼들은 더 안전하게 광산을 뚫고 길을 만들 수 있었다. 하지만 그 후 다이너마이트가 전쟁 등 부정적인 용도로 쓰이기 시작하면서 많은 사람들이 죽게 되었다.

노벨은 자신이 만든 발명품 때문에 죽게 된 사람들을 생각하며 괴로워했고, "발명을 하지 않았더라면 더 좋았을 걸." 하는 후회까지 하게 되었다. 그래서 자신의 모든 재산을 스웨덴 왕립 아카데미에 기증하였고, 그 돈을 인류 복지를 위해 일한 사람이나 과학 발전에 공을 세운 사람을 위해 조금이나마 사용해 달라는 유언을 남겼다. 그 유언에 따라 스웨덴 왕립 아카데미에서는 1901년부터 그의 이름을 사용하여 노벨상을 수여하기 시작했다.

노벨상은 세계에서 가장 권위 있는 상이며 과학자들뿐만 아니라 일반인들에게도 널리 알려져 있다. 생리의학상, 물리학상, 화학상, 문학상, 평화상, 경제학상으로 이루어진 노벨상은 평화상을 제외하고 개인에게만 주도록 되어 있다. 또한 국적과 인종, 종교에 관계없이 모든 사람에게 열려 있으며 한 사람이 한 번 이상 받을 수도 있다.

지난 100여 년간 우리가 살고 있는 세상은 빠르게 변화하였다. 많은 노벨상 수상자들의 업적은 우리의 삶의 질을 높였을 뿐만 아니라 인류 평화에도 크게 공헌하였다. 유명한 수상자로는 물리학상과 화학상의 마리 퀴리(프랑스), 문학상의 어니스트 헤밍웨이(미국), 평화상의 알베르트 슈바이처(프랑스) 등이 있다. 한국에서는 지난 2000년 김대중 전 대통령이 남북한의 평화적인 관계를 위해 노력한 업적으로 노벨평화상을 수상하였다.

1) 노벨이 자신의 재산을 스웨덴 왕립 아카데미에 기증한 이유는 무엇입니까?
2) 유명한 노벨상 수상자로는 어떤 인물들이 있습니까?

2. 자기 나라의 화폐 속 인물에 대해 써 봅시다.

제14과

새 단어: 값지다 창설자 광산 일꾼 다이너마이트 폭약 뚫다 용도 발명품 괴롭다 기증하다 인류 복지 공을 세우다 유언 수여하다 권위 제외하다 평화 공헌하다 수상하다

제 15 과 미신 <1>

학습목표

주제	한국의 생활 속 미신
어휘	① 미신 관련 어휘 ② 운세 관련 표현
문법	① -(으)ㄹ까 봐 ② -지 않을 수 없다
과제	① 미신에 대해 듣고 말하기 ② 열두 띠에 대한 글 읽고 쓰기

도입과 준비

부적	굿

1. 위의 그림은 무엇에 대한 내용인지 말해 봅시다.
2. 여러분은 부적을 붙이거나 굿을 하는 것에 대해 어떻게 생각합니까?

어휘 제시와 연습

1. 다음 미신 관련 단어를 공부하고 의미에 맞게 연결해 봅시다.

1) 미신 ·		· 앞날의 운명이나 운수
2) 운세 ·		· 이사하거나 개업할 때 좋은 날을 고르는 것
3) 사주팔자 ·		· 사람이 태어난 연월일시로 미래를 점치는 것
4) 손 없는 날 ·		· 과학적 근거는 없지만 사람들이 믿고 따르는 것

2. 다음 미신 관련 표현을 공부하고 문장을 완성해 봅시다.

운세를 보다	관상을 보다	손금을 보다
점을 보다	부적을 붙이다	굿을 하다

1) 신문에서 오늘의 ____________ 재물운이 있을 거라고 했다.

2) 친구가 내 ____________ 생명선이 길어서 오래 살 거라고 했다.

3) 지난주에 친구랑 ____________ 나에게 복이 많은 얼굴이라고 했다.

4) 옛날에는 집안에 안 좋은 일이 생기면 무당을 불러서 ____________.

5) 우리 할머니는 집안에 귀신이 들어오지 않도록 방문 위에 ____________.

3. 다음 운세 관련 표현을 공부하고 질문에 대답해 봅시다.

복이 있다　　복을 받다　　복이 나가다　　복을 빌다

운이 있다　　운이 좋다　　운이 따르다

1) 여러분은 어떤 복을 빌고 싶습니까?

2) 최근에 운이 따른다고 느꼈던 적이 있습니까?

3) 보통 어떤 얼굴을 복이 있는 얼굴이라고 생각합니까?

4) 여러분 나라에서는 어떤 행동을 하면 복이 나간다고 생각합니까?

5) 여러분은 자신이 다른 사람보다 운이 좋은 편이라고 생각합니까?

문법 제시와 연습

1. -(으)ㄹ까 봐

동사나 형용사 뒤에 붙어 앞으로 그런 행위나 상황이 발생할 것을 추측하며 주로 염려하거나 걱정하는 표현으로 많이 쓰인다. 뒤 문장에는 과거나 현재 시제가 쓰이며 명령형이나 청유형은 올 수 없다.

① 가: 학교에 왜 이렇게 일찍 와요?
  나: 출근 시간에 오면 지하철에 사람이 많**을까 봐** 일찍 와요.
② 가: 그렇게 아픈데 왜 부모님께 연락하지 않았어요?
  나: 부모님께서 걱정하**실까 봐** 연락 안 했어요.

연습 1　'-(으)ㄹ까 봐'를 사용해서 대화를 완성해 봅시다.

1) 가: 왜 이렇게 급하게 서둘러요?
  나: ______________________________.
2) 가: 음식을 왜 이렇게 많이 준비하셨어요?
  나: ______________________________.
3) 가: 알람 시계를 세 개나 맞춰 놓고 주무세요?
  나: ______________________________.
4) 가: 비도 안 오는데 왜 우산을 가지고 왔어요?
  나: ______________________________.
5) 가: 아이가 그렇게 자전거를 타고 싶어하는데 왜 안 사 주세요?
  나: ______________________________.

연습 2　여러분 나라에는 어떤 미신이 있는지 '-(으)ㄹ까 봐'를 사용해서 말해 봅시다.

한국	① 뱀이 나올까 봐 밤에 휘파람을 불지 않는다.
	② 복이 나갈까 봐 밥을 먹을 때 말을 많이 하지 않는다.
(　　)	①
	②
	③
	④

2. -지 않을 수 없다

동사 뒤에 붙어 앞의 행위를 꼭 해야 하거나 다른 방법이 없음을 나타내며 '-어/아야 하다', '-(으)ㄹ 수밖에 없다' 등의 의미로 대체할 수 있다. 이중부정으로 강한 긍정을 나타내기 때문에 화자의 의지나 상황을 강조하는 경우에 사용된다.

① 가: 한솔 씨는 너무 운세를 믿는 것 같아요.
나: 사실 지난번에 봤던 운세가 잘 맞아서 믿**지 않을 수 없어요**.

② 가: 평소에는 공부를 안 하더니 요즘에는 왜 그렇게 열심히 공부해요?
나: 중간시험을 너무 못 봐서 기말시험 준비를 열심히 하**지 않을 수 없거든요**.

연습 1 '-지 않을 수 없다'를 사용해서 대화를 완성해 봅시다.

1) 가: 휴대전화를 또 바꿔요?
나: ______________________________.

2) 가: 요즘 날마다 야근하시나 봐요.
나: ______________________________.

3) 가: 갑자기 왜 회사를 그만뒀어요?
나: ______________________________.

4) 가: 얼마 전에 이사했는데 또 이사해요?
나: ______________________________.

5) 가: 바쁘다면서 결혼식에 갈 수 있겠어요?
나: ______________________________.

6) 가: 이번 달에는 돈을 왜 그렇게 많이 썼어요?
나: ______________________________.

연습 2 '-지 않을 수 없다'를 사용해서 다음에 대해 말해 봅시다.

1	도와주지 않을 수 없는 사람은?	
2	가고 싶지 않은데 가지 않을 수 없는 곳은?	
3	하고 싶지 않은데 하지 않을 수 없는 일은?	
4	만나고 싶지 않은데 만나지 않을 수 없는 사람은?	
5	먹기 싫어도 먹지 않을 수 없고 많이 먹으면 죽는 것은?	

대화하기

Track 169

야마다: 은영 씨, 남자 친구랑 사귄 지 오래됐죠? 아직 결혼 계획 없어요?

은 영: 사실 내년에 결혼하려고 했는데 우리 어머니가 결혼을 반대하세요.

야마다: 왜요? 어머니께서 남자 친구를 마음에 안 들어하세요?

은 영: 네. 어머니가 저하고 남자 친구의 궁합을 보셨는데 결혼하면 안 좋대요. 그래서 당장 헤어지라고 하시네요.

야마다: 어머니 허락을 받으려면 정말 힘들겠네요. 어머니한테 다시 한번 잘 말씀 드려 보세요.

은 영: 어머니께서는 제가 불행해질까 봐 그러시는데 끝까지 반대하시면 어떻게 해야 할지 걱정이에요. 어머니가 반대하시는 결혼은 하기 싫거든요.

야마다: 그렇다고 미신 때문에 사랑하는 사람하고 헤어질 수는 없잖아요. 결혼해서 두 사람이 행복하게 잘 사는 모습을 보여 드리면 되지 않을까요?

은 영: 남자 친구도 중요하지만 어머니의 말씀도 듣지 않을 수 없어요. 어머니가 끝까지 반대하신다면 결혼을 못 할 수도 있어요.

1. 다음 질문에 대답해 봅시다.

1) 은영의 어머니는 왜 은영의 결혼을 반대합니까?
2) 야마다는 은영에게 어떤 충고를 했습니까?
3) 은영은 왜 결혼을 못 할 수도 있다고 생각합니까?

2. 다음 단어를 공부하고 문장을 완성해 봅시다.

궁합을 보다　　당장　　허락을 받다　　불행하다　　미신

1) 의사는 그에게 ______________ 수술하지 않으면 안 된다고 했다.
2) 어머니는 언니의 결혼을 앞두고 ______________ 점집에 다녀오셨다.
3) 옛날에는 사주팔자 같은 ______________ 믿고 따르는 사람들이 많았다.
4) 그는 어려운 가정 형편 때문에 스스로를 ______________ 생각하며 살았다.

3. 다음에 대해서 이야기해 봅시다.

1) 여러분은 결혼하기 전에 궁합을 보는 것이 좋다고 생각합니까?
2) 여러분이 은영의 경우라면 어떻게 하겠습니까?

듣고 말하기

1. 다음 대화를 잘 듣고 맞으면 O, 틀리면 X표 하십시오. Track 170

1) 남자는 매일 아침 '오늘의 운세'를 확인해야 안심할 수 있다. ( )

2) 여자의 할머니는 손녀의 취직 문제로 점을 보고 왔다. ( )

2. 다음 대화를 잘 듣고 맞지 않는 것에 ☑표 하십시오. Track 172

1) □ 여자는 미신을 많이 믿는 편은 아니다.
□ 남자는 빨간 색으로 이름을 쓰지 않는다.
□ 남자는 미신이 아무런 근거도 없다고 생각한다.
□ 여자는 따를 수밖에 없는 미신도 있다고 생각한다.

2) □ 여자는 사주팔자를 보러 갔다.
□ 점쟁이는 여자의 성격을 잘 맞혔다.
□ 여자는 요즘 연하남 때문에 고민하고 있다.
□ 점쟁이는 내년에 고백하면 성공할 거라고 했다.

3. 다음을 잘 듣고 질문에 대답하십시오. Track 174

1) 젊은 여성들이 매달 별자리 운세를 보면서 확인하는 것은 무엇입니까?
① ______ ② 행운이 있는 날 ③ ______

2) 중요한 일이 있을 때 별자리 운세를 더욱 믿는 이유는 무엇입니까?
______.

3) 대부분의 사람들은 별자리 운세에 대해서 어떻게 생각합니까?
______.

4) 여러분은 별자리 운세에 대해서 어떻게 생각합니까?

	이유
□ 믿는다	
□ 믿지 않는다	

제15과

읽고 말하기

1. 다음을 읽고 질문에 대답하십시오.

띠별 성격

쥐띠	성실하고 인내심이 강하기로는 쥐띠를 따를 사람이 없다.
소띠	겉으로는 별로 개성이 없고 엄격한 성격처럼 보이지만 따뜻한 마음을 가지고 있다.
호랑이띠	우정을 중요하게 생각하고 리더십이 있다.
토끼띠	부드러운 성격이며 정이 많다.
용띠	마음이 넓고 활기차며 도전 정신이 있다.
뱀띠	무슨 일이든 포기하지 않으며 머리가 좋다.
말띠	남들에게 다정하게 대하며 인기가 많고 이야기하기를 좋아한다.
양띠	조용한 편이며 용기 있게 행동한다.
원숭이띠	판단력이 뛰어나며 성격이 밝고 긍정적이다.
닭띠	자신에 대한 믿음이 강하고 꼼꼼해서 실수를 잘 하지 않는다.
개띠	자존심과 책임감이 강한 성격으로 어떤 일이든지 잘해 낸다.
돼지띠	성실하고 친절하며 목표를 정하면 그것을 이룰 때까지 꾸준히 한다.

1) 위 내용에서 설명한 자신의 장점을 찾아보십시오.

2) 위 내용과 친구의 성격이 맞는지 비교해 보십시오.

2. 여러분 나라에서 많이 믿는 미신과 여러분이 믿고 있는 미신에 대해 이야기해 봅시다.

우리나라에서 많이 믿는 미신	①
	②
	③
내가 믿는 미신	①
	②
	③

새 단어: 인내심 엄격하다 정 활기차다 다정하다 대하다 자존심 목표

읽고 쓰기

1. 다음 글을 읽고 질문에 대답해 봅시다.

열두 띠 이야기

옛날 옛날에 하느님이 이 세상을 만들면서 하늘과 땅과 바다에 온갖 자연물을 만들고 인간도 정성껏 만들었다. 마지막으로 하느님은 인간에게 살아가는 방법을 가르쳐 줄 열두 신이 필요하다고 생각했다. 그래서 잔치를 열어서 가장 먼저 도착하는 열두 마리의 동물을 신으로 뽑기로 했다.

잔치가 시작된 후 쥐신이 가장 먼저 도착했다. 쥐신은 사람들도 쥐들처럼 부지런해야 배불리 먹고 살 수 있다고 하면서 자신을 뽑아 달라고 했다. 함께 온 소신은 아무리 부지런해도 힘이 없다면 제대로 일을 할 수 없으니까 사람들도 황소처럼 굳센 힘을 길러야 한다고 했다. 다음으로 도착한 것은 호랑이신과 토끼신이었는데 호랑이신은 사람들에게 힘과 용기를, 토끼신은 옳고 그른 것을 가릴 줄 아는 지혜를 선물하겠다고 했다. 얼마 뒤 용신이 날아와 자신은 물을 이용하는 방법을 가르쳐 주겠다고 했고, 뒤따라온 뱀신은 끈기와 참을성을 길러 주겠다고 했다. 며칠 뒤 소문을 듣고 찾아온 말신은 사람들에게 이 세상이 얼마나 크고 넓은지 알려 주고 싶다고 했고, 양신은 넓은 세상에서 서로 나누고 양보하며 사는 법을 가르쳐 주겠다고 했다. 뒤이어 도착한 원숭이신은 자신이 가진 꾀와 재주를 사람들에게 나누어 주겠다고 했고, 닭신은 시간에 맞춰 행동하는 법을, 개신은 사람 사이의 믿음을, 돼지신은 느긋한 마음을 알려 주겠다고 했다. 하느님은 열두 신을 모두 세상으로 내려 보냈다. 고양이신이 잔치에 도착했을 때는 열두 신들이 모두 세상에 내려간 뒤였기 때문에 고양이신은 포기한 채 돌아가지 않을 수 없었다.

열두 신들이 세상에 내려온 뒤 사람들의 삶은 평안해졌지만 열두 신들은 세상이 평화로워진 것은 모두 자기 덕분이라며 다투기 시작했다. 하느님은 열두 신들의 다툼이 커질까 봐 해마다 대장의 역할을 차례를 정해 주었는데, 쥐신, 소신, 호랑이신, 토끼신, 용신, 뱀신, 말신, 양신, 원숭이신, 닭신, 개신, 돼지신의 순이었다. 이때부터 세상에는 열두 띠가 생겼고 사람들도 모두 자기 띠를 가지고 태어나게 되었다고 한다.

1) 열두 신은 사람들에게 각각 어떤 것을 가르치겠다고 했습니까?
2) 열두 띠의 순서가 정해지게 된 것은 어떤 이유 때문입니까?

2. 자기 나라에 전해지는 미신과 그 의미에 대해 써 봅시다.

새 단어: 온갖 자연물 정성껏 황소 굳세다 옳다 그르다 가리다 끈기 참을성 꾀
재주 느긋하다 평안하다 평화롭다 다투다 대장

제 15 과 미신 <2>

학습목표

주제	관혼상제와 미신
어휘	① 생활 관련 미신 ② 관혼상제 관련 미신
문법	① -느니 차라리 ② (으)로 보아서는
과제	① 한국의 미신에 대해 듣고 말하기 ② 생활 속 미신에 대한 글 읽고 쓰기

도입과 준비

1. 위의 그림은 무엇에 대한 내용인지 말해 봅시다.
2. 여러분 나라에도 시험과 관련된 미신이 있습니까?

어휘 제시와 연습

1. 다음 한국의 미신을 배우고 여러분 나라에도 비슷한 것이 있는지 말해 봅시다.

1	생활 습관 관련 미신	다리를 떨면 복이 나간다.
		밤에 손톱을 깎으면 귀신이 나온다.
2	결혼 관련 미신	결혼식 날 신부가 웃으면 딸을 낳는다.
		결혼 날짜가 잡히면 다른 결혼식에는 가지 않는다.
3	이사 및 개업 관련 미신	손 없는 날에 이사하거나 개업하면 복이 들어온다.
		이사한 첫날밤에 거꾸로 자면 귀신이 들어오지 않는다.

2. 다음 한국의 관혼상제 관련 미신을 공부하고 문장을 완성해 봅시다.

출산	결혼		장례	

금줄을 치다	궁합을 보다	택일하다	수의를 마련하다	풍수지리를 보다

1) 경복궁은 ____________ 아주 좋은 자리에 지었다고 한다.

2) 옛날에는 남녀가 결혼하기 전에 서로의 사주팔자로 ____________.

3) 옛날에는 아이를 낳으면 집 앞에 ____________ 사람들의 출입을 막았다.

4) 한국에는 부모님의 ____________ 놓으면 부모님이 장수하신다는 미신이 있다.

3. 다음 표현을 공부하고 질문에 대답해 봅시다.

비과학적이다 근거가 없다 불안감을 해소하다 두려움을 극복하다

1) 젊은 사람들이 미신을 따르지 않는 이유는 무엇입니까?

2) 현대에도 미신을 믿는 사람들이 많은 이유는 무엇입니까?

3) 여러분은 미신을 믿으면서 두려움을 극복한 적이 있습니까?

문법 제시와 연습

1. -느니 차라리

동사 뒤에 붙어 앞의 행위나 상황보다 뒤의 것이 나음을 나타낸다. 뒤의 내용도 화자가 만족스럽게 생각하지 않는 경우가 많다.

① 가: 늦었는데 우리 택시를 탈까요?
   나: 길이 막혀서 택시를 타**느니 차라리** 걷는 게 낫겠어요.
② 가: 이번에도 대학 입학시험에 떨어지면 삼수를 할 거예요?
   나: 아니요. 다시 공부하**느니 차라리** 죽고 말겠어요.

연습 1 '-느니 차라리'를 사용해서 대화를 완성해 봅시다.

1) 가: 집에 먹을 만한 반찬이 없는데 그냥 빵을 먹을까요? (빵 < 라면)
   나: ______________________________.
2) 가: 날씨가 좀 덥기는 하지만 등산하러 갈까요? (등산을 가다 < 잠을 자다)
   나: ______________________________.
3) 가: 살다 보면 거짓말을 해야 할 때도 있어요. (거짓말하다 < 아무 말도 안 하다)
   나: ______________________________.
4) 가: 상사에게 적당히 아부해야 승진할 수 있어요. (아부하다 < 회사를 그만두다)
   나: ______________________________.
5) 가: 힘들면 성수 씨한테 도와 달라고 하세요. (성수 씨한테 부탁하다 < 혼자 하다)
   나: ______________________________.
6) 가: 이거 엄마가 대학교 때 입던 옷인데 너 입을래? (그 옷을 입다 < 벗고 다니다)
   나: ______________________________.

연습 2 '-느니 차라리'를 사용해서 다음 상황에서 어떻게 할 건지 이야기해 봅시다.

1	자유가 없이 살아야 할 때	
2	휴대전화를 못 쓰게 할 때	
3	가족 같은 강아지를 못 키우게 할 때	
4	마음에 안 드는 사람과 결혼하라고 할 때	
5	내가 아끼는 자동차를 빌려 달라고 할 때	

2. (으)로 보아서는

명사 뒤에 붙어 '앞 문장을 판단 기준으로 평가하면'의 뜻을 나타낸다. 동사의 경우 '-(으)ㄴ/는 것으로 보아서는', 형용사의 경우 '-(으)ㄴ 것으로 보아서는'과 결합한다.

① 가: 제 건강이 많이 안 좋은가요?
　나: 검사 결과**로 보아서는** 괜찮은 것 같습니다.
② 가: 마이클 씨는 어떤 사람일 것 같아요?
　나: 말이 별로 없**는 것으로 보아서는** 내성적인 사람일 것 같아요.

연습 1　'(으)로 보아서는'을 사용해서 대화를 완성해 봅시다.

1) 가: 제가 이번에 진급할 수 있을까요? (중간시험 성적)
　나: ______________________________.
2) 가: 이번 말하기 대회에서 누가 일등을 할까요? (평소 실력)
　나: ______________________________.
3) 가: 제니 씨가 노래를 아주 잘한다던데 정말일까요? (목소리가 좋다)
　나: ______________________________.
4) 가: 이번에 새로 들어온 신입 사원은 어떤 것 같아요? (자주 지각하다)
　나: ______________________________.
5) 가: 저 두 사람이 형제라고 하던데 정말 그래 보여요? (얼굴이 닮았다)
　나: ______________________________.

연습 2　'(으)로 보아서는'을 사용해서 우리 반 친구들에 대해 이야기해 봅시다.

1	돈이 제일 많을 것 같은 사람은 누구?	
2	이성 친구가 있을 것 같은 사람은 누구?	
3	미래에 가장 성공할 것 같은 사람은 누구?	
4	결혼을 제일 먼저 할 것 같은 사람은 누구?	
5	기말시험을 제일 잘 볼 것 같은 사람은 누구?	

대화하기

Track 175

야마다: 시험이 코앞으로 다가와서 너무 긴장돼요.

은 영: 내일이 시험이라고 했죠? 이번에 꼭 합격하라는 의미로 제가 엿하고 찹쌀떡을 사 왔으니까 이거 먹고 시험 잘 보세요.

야마다: 고마워요. 근데 한국에서는 시험 전에 엿하고 찹쌀떡을 선물하나 봐요.

은 영: 네. 시험에 잘 붙으라는 의미로 선물하는 거예요. 어떤 사람들은 공부한 내용을 잊어버릴까 봐 시험 보는 날 아침에 머리를 안 감고 가기도 해요.

야마다: 아직도 그런 걸 믿는 사람들이 있단 말이에요? 저라면 머리를 안 감고 가느니 차라리 시험을 포기하겠어요.

은 영: 보통 때는 안 믿어도 중요한 일이 있을 때는 불안해서 믿게 되는 것 같아요.

야마다: 저는 가끔 별자리 점을 보는데 믿지는 않고 그냥 재미로만 봐요. 근데 이번 달 제 별자리 점으로 봐서는 시험을 잘 볼 것 같아요.

은 영: 야마다 씨도 운세를 확인하고 나니까 마음이 좀 편해지지 않아요? 그래서 사람들이 미신을 믿게 되는 거예요.

1. 다음 질문에 대답해 봅시다.

1) 한국에서 시험 전에 엿과 찹쌀떡을 선물하는 이유는 무엇입니까?
2) 은영은 사람들이 왜 미신을 믿게 된다고 생각합니까?
3) 야마다는 이번에 왜 시험을 잘 볼 거라고 생각합니까?

2. 다음 단어를 공부하고 문장을 완성해 봅시다.

코앞으로 다가오다　　엿　　찹쌀떡　　머리를 감다　　별자리 점

1) 출국 날짜가 __________ 준비를 하나도 하지 못했다.
2) 머리를 짧게 잘랐더니 아침에 __________ 시간이 많이 줄었다.
3) __________ 사탕처럼 달고 맛있기 때문에 어린아이들이 좋아한다.
4) 내 친구는 매달 잡지를 사면 __________ 보면서 자신의 운세를 확인한다.

3. 다음에 대해서 이야기해 봅시다.

1) 여러분 나라에도 시험과 관련된 미신이 있습니까?
2) 여러분이 생활하면서 따르게 되는 미신은 무엇입니까?

듣고 말하기

1. 다음 대화를 잘 듣고 맞으면 O, 틀리면 X표 하십시오. Track 176

1) 선생님은 부케를 받으면 결혼을 못 할 수도 있다고 했다. (   )

2) 여자는 말띠 여자들의 성격이 강하다고 생각한다. (   )

2. 다음 대화를 잘 듣고 맞지 않는 것에 ☑표 하십시오. Track 178

1) □ 남자는 시험을 망칠까 봐 수염을 깎지 않는다.
□ 남자는 수염을 깎았다가 시험에 떨어진 적이 있다.
□ 여자는 불안해하느니 수염을 깎지 말라고 충고했다.
□ 여자는 수염을 깎는 것과 시험은 관계가 없다고 생각한다.

2) □ 남자의 어머니는 미신을 믿고 따르는 편이다.
□ 남자의 어머니는 나쁜 꿈 때문에 출장을 못 가게 한다.
□ 여자는 남자에게 어머니를 위해 부적을 가져가라고 했다.
□ 남자는 부적을 가져가면 나쁜 일을 막을 수 있다고 생각한다.

3. 다음을 잘 듣고 질문에 대답하십시오. Track 180

1) 사람들은 연말연시에 어떤 이유로 점집을 찾습니까?

________________________________.

2) 사람들이 점을 믿지 않으면서도 점집을 찾는 이유는 무엇입니까? (2가지)

① ________________________________.

② ________________________________.

3) 여러분은 만약 점집에 간다면 어떤 것에 대해서 물어보고 싶습니까?

1	
2	

제15과

읽고 말하기

1. 다음을 읽고 질문에 대답하십시오.

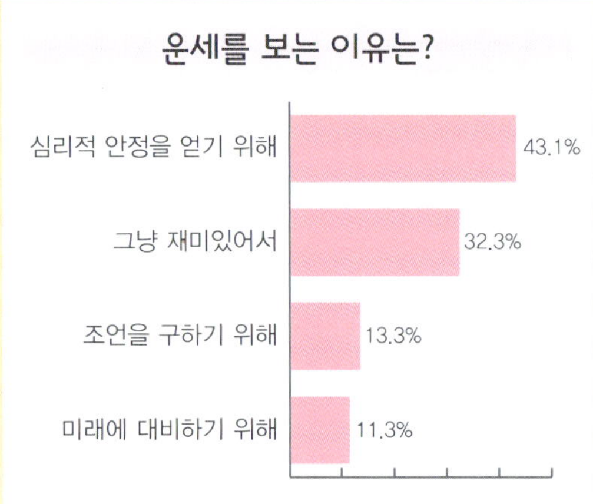

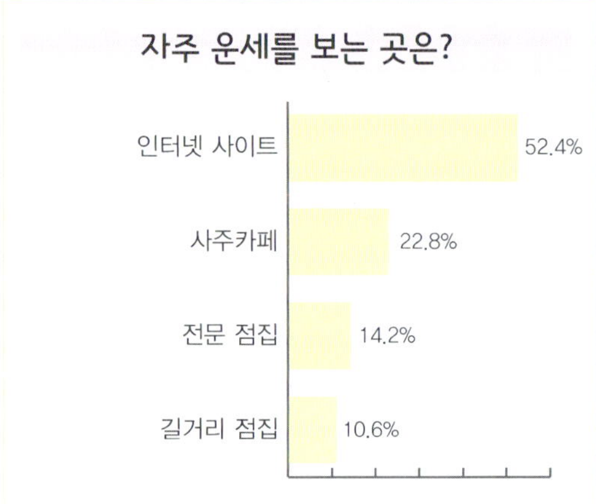

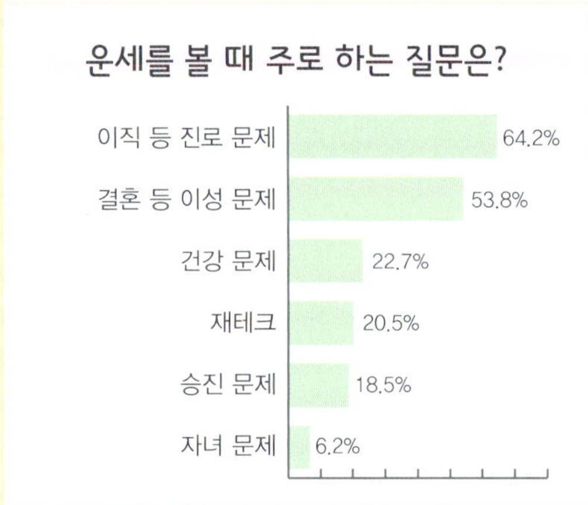

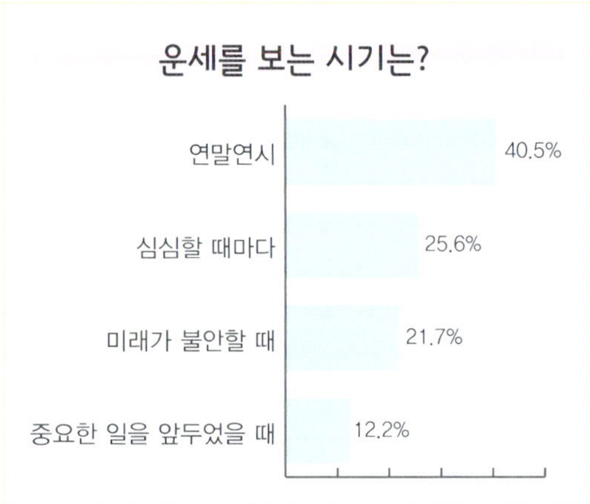

1) 사람들이 운세를 보는 이유에는 어떤 것들이 있습니까?

2) 사람들은 주로 어디에서 운세를 봅니까? 어떤 질문을 많이 합니까?

2. 미신을 믿는 것에 대한 자신의 의견을 이야기해 봅시다.

긍정적인 면	부정적인 면
① 심리적인 안정을 얻을 수 있다.	① 과학적인 근거가 없다.
②	②
③	③
④	④

새 단어: 대비하다 사주카페 점집 이직 재테크 승진 연말연시 앞두다

읽고 쓰기

1. 다음 글을 읽고 질문에 대답해 봅시다.

생활 속의 미신

한국인들은 일상생활에서 "다리를 떨면 복이 나간다", "남의 옷을 먼저 입어 보면 대신 죽는다"와 같은 말들을 종종 사용한다. 이는 다리를 떨거나 남의 옷을 먼저 입어 보는 것 등을 좋지 않게 여기는 데서 생긴 말인데, 이러한 말들을 '금기어'라고 한다.

언어는 그 나라의 문화를 담고 있으니 만큼 금기어에도 한국인의 생활과 문화가 담겨 있다. 예를 들어 "아침에 까마귀가 울면 재수없다"라는 말에는 까마귀를 불길한 새로 여기는 한국인들의 의식이 들어 있다. 이 외에도 "누워 있는 사람을 넘어다니면 그 사람이 빨리 죽는다"라는 말에는 부모로부터 물려받은 몸을 소중히 여기려는 의식이 들어 있고, "제사 음식은 미리 먹어 보지 않는다"라는 말에는 조상을 공경하는 마음이 들어있다.

이러한 금기어는 현대에도 끊임없이 만들어지고 있다. 가장 대표적인 것이 시험과 관련된 금기어들인데, 예를 들어 "시험날 미역국을 먹으면 시험에 떨어진다"라는 말은 한국인이라면 누구나 믿고 있는 금기어이다. 미역의 미끄러운 성질 때문에 시험에 떨어질 거라고 생각하는 것이다. 또 "시험 전날 손톱이나 발톱을 깎으면 공부한 게 잘려 나간다"라는 말은 시험 때 하지 말아야 할 행동에 대한 것이다. 그러나 이와 같은 금기어는 과학적 근거가 전혀 없는 것들이 많다. 특히 "공짜를 좋아하면 대머리가 된다"나 "두 번째 발가락이 엄지발가락보다 길면 어머니가 아버지보다 먼저 돌아가신다"와 같은 말은 아무런 근거가 없다.

그러나 대부분의 금기어는 조상들이 수많은 경험을 하면서 얻어 낸 것이니 만큼 그 안에는 조상들의 지혜가 담겨 있는 것이 많다. 예를 들어 "밤에 손톱을 깎으면 좋지 않다"라는 말은 전기가 없던 시절에 손톱을 깎다가 다칠까 봐 이를 못하게 한 것이다. 또 "새벽잠이 없으면 부자로 산다"라는 말은 일찍 일어나 부지런히 일하면 부자가 될 수 있다는 희망을 담고 있다. 그러므로 금기어는 지금보다 더 나은 삶을 살 수 있게 하려는 가르침과 더 나은 미래에 대한 바람을 나타낸다고 할 수 있다.

1) 한국인의 의식을 보여주는 금기어에는 어떤 것들이 있습니까?
2) 시험과 관련된 금기어에는 어떤 것들이 있습니까?

2. 미신에 대한 자신의 생각과 그 이유에 대해 써 봅시다.

새 단어: 다리를 떨다 종종 여기다 금기어 까마귀 재수 불길하다 의식 공경하다 성질 공짜

듣기 지문

제1과 현대인의 여가 생활 〈1〉

1. 다음 대화를 잘 듣고 맞으면 ○, 틀리면 ×표 하십시오.

1) 여자: 지난주에 왜 낚시하러 안 나왔어? 동호회 사람들이 다들 기다렸는데…….
남자: 미안해. 갑자기 어머니가 편찮으셔서 병원에 모시고 가는 바람에 못 갔어. 다음 모임 때는 꼭 나갈게.

2) 여자: 한국 사람들은 일하랴 자기 계발 하랴 바빠서 그런지 특별한 여가 생활을 즐기지 못하는 사람들이 많은 것 같아요. 신문에서 보니까 여가 활동으로 TV 시청을 가장 많이 한대요.
남자: 그래요? 주말에 등산하는 사람들이 많아서 저는 여가 활동으로 등산을 가장 많이 하는 줄 알았어요.

2. 다음 대화를 잘 듣고 질문에 대답하십시오.

1) 여자: 한솔 씨, 연휴 동안 잘 지냈어요?
남자: 네. 친구하고 3박 4일 동안 제주도에서 자전거 여행을 했어요.
여자: 자전거 여행요? 제주도는 날씨도 더웠을 텐데 힘들지 않았어요?
남자: 아니요. 자전거를 타다가 넘어지는 바람에 조금 다치기는 했지만 아주 즐거운 여행이었어요. 제니 씨는 연휴에 뭘 했어요?
여자: 저는 시험 준비하랴 아르바이트하랴 너무 바빴어요. 다음에 시간이 나면 저도 제주도에서 자전거 여행을 한번 해 보고 싶네요.
남자: 방학 때 제주도에 다시 가려고 하는데 그때 제니 씨도 같이 가요.

2) 남자: 요즘은 대부분의 회사들이 주말에 근무를 안 하니까 예전보다 여가를 즐기는 사람들이 많아진 것 같아요.
여자: 그런데 여가 시간을 어떻게 보내야 할지 모르겠다고 하는 사람들도 많아요.
남자: 왜요? 요즘은 옛날과 다르게 교통수단도 발달하고 인터넷도 발달해서 여가 생활을 더욱 다양하게 즐길 수 있는데요.
여자: 평소에 회사 다니랴 집안일 하랴 바빠서 여가 생활에 대해 생각을 못 하겠죠.
남자: 조금 시간을 내서 봉사 활동이나 사회 활동 같은 것을 해 보는 것도 좋을텐데요.
여자: 그러게요. 찾아보면 의미 있게 보낼 수 있는 방법도 많겠네요.

3. 다음을 잘 듣고 질문에 대답하십시오.

현대인들은 일하랴 자기 계발 하랴 바쁘게 생활하고 있지만 바쁜 생활 속에서도 취미 생활을 하며 여가를 즐기는 사람들이 많다. 그렇다면 한국인들은 여가 시간에 어떤 취미 활동을 많이 하고 있을까? 한국리서치에서 '한국인의 취미 Top 5'를 조사한 결과, 10대와 20대가 가장 좋아하는 취미 활동은 '음악 감상'인 것으로 나타났으며, 이 외에 컴퓨터나 인터넷과 관련된 활동들도 많았다. 30대는 '독서', '운동', '음악 감상', '영화 관람', '낚시'의 순이었고, 40대는 '등산', '독서', '운동', '여행', '낚시'의 순으로 나타났다. 50대가 가장 좋아하는 취미 활동은 '등산'이었는데 '산책', '독서', '노래 부르기', '음악 감상'이 그 뒤를 이었다.

제1과 현대인의 여가 생활 〈2〉

1. 다음 대화를 잘 듣고 맞으면 ○, 틀리면 ×표 하십시오.

1) 남자: 살 뺀다고 요가 학원에 열심히 다니더니 요즘에는 왜 자주 안 가요?
여자: 별로 효과가 없어서 그만두려고요. 요가 수업이 끝나고 나면 힘들어서 많이 먹게 되니까 운동을 해 봤자 소용이 없어요.

2) 남자: 왕강 씨가 옛날에는 모든 일에 의욕이 없어 보이더니 동호회 활동을 시작하고부터는 삶의 활력을 찾은 것 같아요.
여자: 동호회 활동을 하면 취미 생활도 즐길 수 있고 사람들도 많이 만날 수 있으니까 생활에 활력이 생기죠. 특히 한국에서 혼자 생활하는 외국인들한테 좋은 여가 활동이 될 것 같아요.

2. 다음 대화를 잘 듣고 질문에 대답하십시오.

1) 여자: 오빠, 미안한데 돈 좀 빌려 줄 수 있어?
남자: 돈을 빌려 달라고? 갑자기 어디에 쓰려고 그러는데?
여자: 꼭 가고 싶은 콘서트가 있는데 용돈이 부족해서 입장권을 못 사고 있거든.
남자: 지난주에도 콘서트 보러 가더니 이번 주에도 또 가려고? 너는 콘서트를 너무 좋아해서 큰일이다. 근데 나도 이번 달에 책 사느라고 돈을 많이 써서 용돈이 하나도 안 남았어.

여자: 그럼, 안 되겠네. 엄마한테 다음 달 용돈을 미리 달라고 말해 볼까?

남자: 말씀드려 봤자 안 된다고 하실걸. 콘서트는 다음에 가.

2) 남자: 현대인들은 다들 바쁘게 생활해서 여가 생활을 할 여유가 없는 것 같아요.

여자: 아무리 바빠도 시간을 내서 여가 생활을 해야 하지 않을까요?

남자: 평일에 늦게까지 일하니까 주말에 여가를 즐기기가 쉽지 않죠.

여자: 그래도 여가 활동을 하면 활력이 생겨서 일도 더 잘할 수 있을 텐데요.

남자: 바쁘게 생활할 때는 여가 활동을 해 봤자 더 피곤하기만 해요. 사실 저도 집에서 그냥 쉬는 게 제일 좋던데요.

여자: 피곤해도 여가 활동을 하면 기분 전환도 할 수 있고 스트레스도 해소할 수 있어서 훨씬 좋아요.

3. 다음을 잘 듣고 질문에 대답하십시오.

문화체육관광부에서 '한국인의 여가 생활'에 대한 설문 조사를 실시한 결과 여가 생활에 대한 만족도가 매우 낮은 것으로 나타났다. 여가 생활에 대한 불만족 이유로는 '여가 시간 부족'이 45.9%로 가장 높았는데, 주 5일 근무제가 시행되고 있지만 주말에도 바쁘게 일하는 경우가 많아 실제로는 여가 시간이 부족하다고 느끼는 사람이 많기 때문이다. 다음으로 '경제적 부담'을 선택한 사람은 45.6%였는데 예전에 비해 여가 활동에 쓰는 돈이 많아져서 경제적으로 부담스러워하는 사람이 많기 때문이다. 이 외에도 여가 프로그램 부족, 여가 시설 부족, 함께 즐길 사람 부족, 자기 설계 부족 등이 불만족 이유로 조사됐다.

제2과 적성과 직업 〈1〉

1. 다음 대화를 잘 듣고 맞으면 ○, 틀리면 ×표 하십시오.

1) 남자: 저는 외국어도 배울 겸 전공 공부도 할 겸 외국에서 대학원을 다니려고 하는데 부모님께서는 졸업하고 바로 취직하라고 하셔서 고민이에요.

여자: 부모님의 의견도 중요하지만 자신이 원하는 일을 하는 것이 무엇보다 중요해. 꼭 가고 싶다면 부모님께 앞으로의 계획을 잘 말씀드리고 한번 도전해 봐.

2) 여자: 저는 수의사가 되고 싶은데 얼마 전 적성 검사에서는 수의사가 제 적성에 맞지 않는다는 결과가 나왔어요. 어떻게 하면 좋을까요?

남자: 검사 결과가 그렇게 나왔다면 수의사가 정말 자신한테 잘 맞는 일인지 다시 생각해 보는 것이 좋겠네요. 그래도 꼭 수의사가 되고 싶다면 더 이상 고민하지 말고 수의사가 되기 위해 필요한 것들부터 잘 준비해 두세요.

2. 다음 대화를 잘 듣고 질문에 대답하십시오.

1) 남자: 한국 고등학생들이 가장 선호하는 직업이 뭔지 아세요?

여자: 글쎄요. 의사나 변호사 같은 전문직 아닐까요?

남자: 신문에서 보니까 교사가 1위고 그 다음이 공무원, 경찰관, 간호사 순이었어요.

여자: 그래요? 고등학생들도 안정적인 직업을 원하는 사람이 많은가 보네요.

남자: 제 생각에는 부모님의 영향이 큰 것 같아요. 부모님이 자녀에게 바라는 직업도 교사하고 공무원이 가장 많았거든요.

여자: 경제적인 이유도 있지 않을까요? 갈수록 취업하기가 힘들어지니까 사람들이 점점 안정적인 직업을 찾게 되는 것 같아요.

2) 여자: 저는 미래에 아나운서가 되고 싶은데 어떤 것들을 준비해야 하나요?

남자: 아나운서가 되려면 많은 지식을 쌓아 두어야 합니다. 그러기 위해서는 학교 공부뿐만 아니라 다양한 분야의 책을 읽어 두는 것이 좋습니다.

여자: 평소에 발음 연습도 많이 해 두어야겠지요?

남자: 네. 말하기를 정확하게 하려면 발음 연습도 꾸준히 하는 것이 좋습니다.

여자: 근데 제 전공이 미술 교육인데 취업할 때 문제가 없을까요?

남자: 아나운서가 되려면 복잡한 시험들을 봐야 하지만 특별한 전공이 정해져 있는 것은 아니니까 괜찮을 것 같습니다.

3. 다음을 잘 듣고 질문에 대답하십시오.

구직자들은 면접을 볼 때 경쟁자들과 함께 보는 '그룹 면접'보다는 혼자 보는 '개인 면접'을 더 선호하는 것으로 나타났다. 한 취업 포털 사이트에서 구직자 1,355명을 대상으로 "가장 자신 있게 볼 수 있는 면접 방식은 무엇입니까?"라는 질문의 설문 조사를 실시하였는데 70%가 '개인 면접'을 선택했다. 개인 면접을 선호하는 이유로는 '개인적인 답변을 편하게 할 수 있어서'라는 응답이 가장 많았고, 그 다음으로는 '객관적인 평가를 해 줄 것 같아서', '경쟁자가 있으면 부담되어서', '말할 기회가 많아져서' 등이 있었다. 또 구직자들이 가장 어려워하는 면접은 '외국어 면접'인 것으로 나타났는데, 외국어 면접을 잘 보려면 면접 때 긴장하지 않도록 평소에 많은 연습을 해 두는 것이 중요하다.

제2과 적성과 직업 〈2〉

1. 다음 대화를 잘 듣고 맞으면 ○, 틀리면 ×표 하십시오.

1) 남자: 신문에서 보니까 한국에서 직업에 대한 만족도가 가장 높은 직업은 초등학교 교장 선생님이라고 해요.
여자: 그래요? 사회적으로 존경도 많이 받고 보람도 커서 그런 것 같네요. 저도 초등학교 선생님이 꿈인데 힘들더라도 제 꿈을 꼭 이루고 싶어요.

2) 여자: 한국에서 직업의 수가 얼마나 되는지 아세요? 지난번에 인터넷에서 봤는데 9천여 개나 된대요. 그런데 직업의 수는 많아도 직업에 대한 만족도는 별로 높지 않다고 하네요.
남자: 당연히 그렇겠죠. 사실 자신이 원하는 직업을 선택하더라도 그 직업에 백 퍼센트 만족하는 사람은 없잖아요.

2. 다음 대화를 잘 듣고 질문에 대답하십시오.

1) 여자: 기업에서 직원을 뽑을 때 어떤 사람을 선호한다고 생각하세요?
남자: 보나 마나 성실한 사람이겠죠. 성실한 사람은 뭐든지 열심히 하잖아요.
여자: 저도 그럴 줄 알았는데 한 조사 결과를 보니까 어떤 일을 하더라도 자신감을 갖고 도전하는 사람이라고 해요.
남자: 그래요? 기업들마다 자신감과 도전 의식을 중요하게 생각하나 보네요. 앞으로 좋은 회사에 취직하려면 자신감부터 키워야겠는데요.
여자: 네. 그리고 회사에서 동료들과 잘 지내는 사람도 많이 선호한대요.
남자: 사실 회사 일도 잘해야겠지만 다른 사람들과 잘 지내는 것도 중요하죠.

2) 여자: 요즘 취업하기가 힘들어서 취업 재수생이 많아지고 있대요.
남자: 제가 듣기에는 취업이 되었는데도 자기가 원하는 회사에 들어가려고 취업 재수를 선택하는 사람들도 많다고 하던데요.
여자: 그렇지만 기업에서는 취업 재수생을 별로 좋아하지 않는다고 해요. 나이가 많으면 상사나 동료와의 관계가 불편해질 거라고 생각해서 그런가 봐요.
남자: 그래도 그런 이유 때문에 취업 재수를 포기하면 나중에 후회할 것 같아요.
여자: 맞아요. 자기가 정말 들어가고 싶은 회사가 있다면 힘들더라도 취업 재수를 하는 것도 나쁘지 않다고 생각해요.
남자: 처음부터 자기가 원하는 직장에 들어갈 수 있으면 가장 좋을 텐데요.

3. 다음을 잘 듣고 질문에 대답하십시오.

한국 대학생들이 직업을 고를 때 가장 중요하게 생각하는 것은 무엇일까? 한 취업 전문 사이트의 조사 결과를 보면 1위는 '내가 즐겁게 할 수 있는 일'인 것으로 나타났다. 자신이 즐겁게 할 수 있는 일을 하면 아무리 힘들더라도 포기하지 않고 열심히 할 수 있기 때문이라고 한다. 2위는 '내가 발전할 수 있는 일'이었고, 3위는 '내가 꿈꿔 온 일', 4위는 '내가 잘할 수 있는 일', 5위는 '많은 돈을 벌 수 있는 일'이었다. 그 외에 '보람을 느낄 수 있는 일'과 '오래 할 수 있는 일', '사람들이 부러워하는 일' 등이 있었다.

제3과 음식과 요리 〈1〉

1. 다음 대화를 잘 듣고 맞으면 ○, 틀리면 ×표 하십시오.

1) 여자: 왕강 씨, 오늘도 또 삼겹살 먹어요? 왕강 씨는 굽거나 튀긴 음식을 너무 자주 먹네요. 음식은 삶거나 쪄서 먹는 게 건강에 더 좋대요.
남자: 그러고 보니 저는 튀긴 음식을 정말 자주 먹는 것 같아요. 어렸을 때부터 습관이 돼서 바꾸기가 힘들겠지만 건강을 생각해서 좀 줄여야겠어요.

2) 남자: 저는 외국인들이 한국 음식은 매워서 잘 못 먹을 거라고 생각했는데 요코 씨는 한국 음식을 정말 잘 드시네요.
여자: 그럼요. 평소에 김치찌개나 순두부찌개 같은 매운 음식을 자주 사 먹을 뿐만 아니라 시간이 있으면 직접 만들어서 먹기도 해요. 맛있는 한국 음식을 먹으려거든 저희 집에 오세요. 제가 맛있게 만들어 드릴게요.

2. 다음 대화를 잘 듣고 질문에 대답하십시오.

1) 남자: 어제 오랜만에 친구하고 맥주 한잔했는데 그동안 쌓인 스트레스가 확 풀렸어요.
여자: 요즘 스트레스를 받는 일이 많았나 봐요. 그런데

왕강 씨, 매운 음식이 스트레스 해소에 도움이 된다는 거 아세요?

남자: 정말이에요? 저는 처음 듣는 이야기인데요.

여자: 매운 음식을 먹으면 우울한 기분도 사라지고 스트레스도 풀린다는 연구 결과도 있어요. 스트레스를 풀려면 불닭 같은 매운 음식을 드셔 보세요.

남자: 그래서 한국 친구들이 화가 나는 일이 있으면 매운 음식을 먹으러 가는군요.

여자: 네. 너무 많이 먹으면 건강에 안 좋지만 기분 전환을 위해서 일주일에 한두 번 정도는 맵게 먹어도 괜찮을 것 같아요.

2) 남자: 요즘 한국 음식이 세계 여러 나라에 많이 알려진 것 같아요.

여자: 많이 알려졌을 뿐만 아니라 한국 음식을 좋아하는 외국인들도 점점 많아지고 있다고 해요.

남자: 그런데 한국 음식을 먹고 싶어도 메뉴가 영어로 쓰여 있지 않아서 주문하기가 힘들다고 하는 사람들이 있던데요.

여자: 그렇군요. 한국 음식을 좀 더 세계화하기 위해서는 외국인의 입장에서 생각해 볼 필요가 있겠네요.

남자: 요즘에는 한국 음식을 외국 음식과 혼합해서 새롭게 개발한 퓨전 음식이 많은데 외국인들에게 인기가 많다고 해요.

여자: 그러고 보니 학교 앞 퓨전 식당에도 외국 손님이 아주 많던데요.

3. 다음을 잘 듣고 질문에 대답하십시오.

최근 김치나 비빔밥 같은 한국 음식이 외국인들에게 많은 인기를 끌고 있다. 한국 음식은 맛도 있을 뿐만 아니라 영양가도 높고 건강에도 좋아서 외국인들도 자주 찾게 된다고 하는데, 한국에서 생활하는 유학생이나 결혼 이민자가 많아지면서 길에서 쉽게 사 먹을 수 있는 길거리 음식들도 외국인들에게 많은 사랑을 받고 있다. 최근 서울시에서 국내에 사는 외국인 1,984명을 대상으로 한국 음식에 대한 설문 조사를 실시한 결과 외국인들이 가장 즐겨 먹는 길거리 음식은 '떡볶이'인 것으로 나타났다. 맵지만 달콤한 맛이 외국인들의 입에도 잘 맞기 때문이라고 한다. 떡볶이 외에도 '닭꼬치'와 '순대', '튀김' 등이 인기였다.

제3과 음식과 요리 〈2〉

1. 다음 대화를 잘 듣고 맞으면 ○, 틀리면 ×표 하십시오.

1) 남자: 한국 음식에는 마늘과 고춧가루가 많이 들어가서 그런지 제가 느끼기에는 매운 맛밖에 없는 것 같아요.

여자: 매운 맛밖에 없다니요? 매운 양념이 많이 들어가기는 하지만 갈비탕이나 잡채처럼 맵지 않고 맛있는 음식들도 많이 있어요.

2) 여자: 저는 음식을 조금 짜게 먹는 편이어서 건강이 걱정돼요. 그래서 요즘에는 싱겁게 먹으려고 노력 중이에요.

남자: 저도 평소에 짜고 매운 음식을 즐겨 먹는 데다가 식사도 자주 걸러서 위장병에 걸렸어요. 요즘은 병원에서 죽만 먹으라고 해서 날마다 먹고 있는데 밥을 못 먹으니까 힘이 없어서 쓰러질 지경이에요.

2. 다음 대화를 잘 듣고 질문에 대답하십시오.

1) 남자: 제니 씨는 한국 음식 중에서 뭘 제일 좋아해요?

여자: 저는 떡볶이를 제일 좋아해요. 처음 먹을 때는 너무 매워서 입에 불이 날 지경이었는데 계속 먹으니까 매운 맛에 점점 빠지게 되는 것 같아요.

남자: 그럼 혹시, 신당동 떡볶이축제에 가 보셨어요? 저는 작년에 처음 가 봤는데 싼 가격에 다양한 떡볶이를 맛볼 수 있어서 아주 좋았어요.

여자: 그래요? 저도 가 보고 싶은데 올해는 언제 축제가 열려요?

남자: 이번 주말부터 시작한다고 하는데 같이 가시겠어요?

여자: 네. 거기에 가서 맛있는 떡볶이도 먹고 축제도 즐기면 좋겠네요.

2) 여자: 어제 기숙사 식당에서 청국장찌개가 나왔는데 냄새가 너무 심해서 숨을 못 쉴 지경이었어요.

남자: 청국장은 발효 식품 중에서도 냄새가 좀 많이 나는 편이죠. 그래도 건강에 아주 좋은 식품이고 한국 사람들 중에는 좋아하는 사람도 많아요.

여자: 아무리 건강에 좋더라도 냄새가 그렇게 심하게 나면 저 같은 외국 사람들은 먹기가 힘들 것 같아요.

남자: 제니 씨 말처럼 청국장 같은 발효 식품은 냄새가 많이 나는 것이 문제인데요. 요즘에는 냄새가 나지 않도록 만들어서 팔기도 해요.

여자: 그거 좋은 방법이네요. 한국 음식을 세계화하려면 그런 노력이 필요할 것 같아요.

3. 다음을 잘 듣고 질문에 대답하십시오.

비빔밥은 한국의 대표적인 음식인데 1990년대 대한항공에서 비빔밥을 기내식으로 선보이며 많은 외국인들에게 알려지기 시작했다. 이제는 외국 항공사의 기내식으로도 나올 만큼 세계적인 음식이 되었는데, 맛도 있을 뿐만 아니라 건강에도 좋아서 외국인들도 자주 찾는 메뉴가 되었다. 최근에는 다이어트 식품으로도 인기를 끌고 있는데 대부분의 재료가 야채로 이루어져 있어 살이 찌는 것을 걱정할 필요가 없기 때문이다. 비빔밥은 남은 반찬을 버리지 않고 밥에 넣어 함께 비벼 먹던 것에서 시작되었는데 콩나물, 시금치, 버섯, 고추장, 고기, 김치 등 안 들어가는 재료가 없다. 또 특별한 요리법이 없고 자신의 입맛에 맞게 재료를 넣으면 되기 때문에 누구든지 쉽게 만들어 먹을 수 있다.

제4과 생활 정보 〈1〉

1. 다음 대화를 잘 듣고 맞으면 ○, 틀리면 ×표 하십시오.

1) 남자: 한국에 처음 왔을 때 지하철 노약자석에 앉아 있었더니 맞은편에 앉아 계시던 할아버지께서 저를 이상하게 쳐다보셨어요.
여자: 한국에서는 노약자석이 비어 있어도 젊은 사람들은 그 자리에 앉지 않거든요. 그래서 이상하게 보셨을 거예요.

2) 여자: 주말에 친구하고 콘서트를 보러 갔는데 사람들이 공연장에 서로 먼저 들어가려고 하는 바람에 작은 사고가 났어요. 무료 공연이라 좌석이 정해져 있지 않으니까 빨리 들어가서 먼저 좋은 자리에 앉으려고 그랬던 것 같아요.
남자: 아무리 빨리 들어가고 싶더라도 질서는 지켜야죠. 공공장소에서 차례를 지키지 않으면 큰 사고가 나는 수도 있어요.

2. 다음 대화를 잘 듣고 질문에 대답하십시오.

1) 여자: 어, 벌써 3시네. 은행 문 닫기 전에 빨리 은행부터 갔다 와야겠다.
남자: 갑자기 은행에는 무슨 일로 가는데?
여자: 깜빡 잊고 지난달 전화 요금을 안 냈더니 연체료를 내라고 연락이 왔거든.
남자: 자동이체 신청 안 했어? 공과금 자동이체를 신청하면 정해진 날짜에 통장에서 돈이 빠져 나가니까 은행에 직접 가지 않아도 돼.
여자: 그래? 자동이체 신청은 어떻게 하는 거야?
남자: 신분증하고 통장을 가지고 은행에 가서 신청하면 돼. 자동이체로 해 놓으면 매달 전화 요금 내는 걸 신경 쓰지 않아도 되니까 편하고 좋을 거야.

2) 남자: 주말에 친구들하고 남이섬에 놀러 가기로 했는데 뭘 타고 가야 돼요? 버스나 기차를 타면 되나요?
여자: 전철을 타고 가지 그래요? 지난번에 춘천까지 전철을 타고 가 봤더니 생각보다 아주 빠르고 편리하던데요.
남자: 그래요? 저는 전철이 거기까지 가는 줄 몰랐어요.
여자: 요즘은 서울에서 가까운 지역 중에 전철로 갈 수 있는 곳이 많아졌어요.
남자: 그렇군요. 전철을 이용하면 차가 막힐 걱정이 없어서 좋겠네요.
여자: 그래서 저는 버스보다는 전철을 많이 이용해요.

3. 다음을 잘 듣고 질문에 대답하십시오.

서울 지하철 유실물 센터의 조사 결과를 보면 지하철 이용객들이 지하철에 가장 많이 놓고 내리는 물건은 '가방'인 것으로 나타났다. 노트북이나 스마트폰 같은 전자제품은 2위였고 3위는 의류, 4위는 서류였다. 유실물 중 주인이 다시 찾아간 물건은 전자제품과 가방이 가장 많았는데, 전자제품과 가방은 승객들이 물건을 잃어버리자마자 바로 신고하기 때문이다. 지하철에서 물건을 잃어버렸을 때는 열차 번호와 지하철에서 내린 시간, 지하철에서 내린 위치 등을 기억해 가까운 지하철 역무실이나 유실물 센터에 신고하면 쉽게 찾을 수 있다. 그렇지만 의류나 귀금속은 발견한 사람이 그냥 가지고 가는 경우가 많기 때문에 빨리 신고를 해도 못 찾는 수도 있다.

제4과 생활 정보 〈2〉

1. 다음 대화를 잘 듣고 맞으면 ○, 틀리면 ×표 하십시오.

1) 남자: 요즘 자꾸 살이 찌는 것 같아서 요가나 수영을 배워 볼까 하는데 이 근처에 혹시 괜찮은 곳이 있나요?
여자: 학교 근처에 있는 구민센터에 한번 가 보세요. 값도 싸고 프로그램도 다양해서 사람들이 많이 이용한다고들 해요.

2) 남자: (심하게 기침한다) 일주일 동안 약을 먹어도 감기가 낫지 않아요. 병원에 가야 할 것 같은데 외국인한테는 진료비가 많이 비싼가요?
여자: 보험 가입이 안 되어 있으면 일반 병원은 진료비가 비쌀 거예요. 하지만 외국인 등록증이 있으면 보건소에서 외국인들도 싸게 진료를 받을 수 있어요. 계속 약을 먹을 바에야 보건소에 가서 주사라도 한 대 맞으세요.

2. 다음 대화를 잘 듣고 질문에 대답하십시오.

1) 여자: 오늘 왜 그렇게 피곤해 보여요?
남자: 출입국관리사무소에 갔다 왔더니 너무 피곤해요. 친구들이 늦게 가면 오래 기다려야 한다고들 해서 일찍 갔는데도 사람이 많아서 하루 종일 기다렸거든요.
여자: 인터넷으로 예약하고 가지 그랬어요?
남자: 인터넷으로도 예약이 돼요?
여자: 그럼요. 출입국관리사무소 사이트에 들어가서 ID와 비밀번호를 만들고 가고 싶은 날짜를 예약하면 돼요.
남자: 정말 좋은 정보네요. 다음에는 꼭 이용해 봐야겠어요.

2) 여자: 학교 도서관 이용해 본 적 있어요?
남자: 저는 숙제하거나 시험공부할 때 자주 이용해요.
여자: 그런데 어학원 학생증으로도 도서관 이용이 가능해요?
남자: 그럼요. 책을 빌릴 수는 없지만 도서관에 들어가서 공부할 수는 있어요. 그리고 저도 아직 이용해 본 적은 없지만 1층 정보 검색실에 가면 영화나 드라마 CD도 빌려서 볼 수 있다고들 해요.
여자: 그래요? 그럼 심심할 때 영화도 보고 책도 볼 수 있어서 좋겠네요.
남자: 지하에 내려가면 조용하게 공부할 수 있는 곳도 있으니까 시험 기간에 한번 이용해 보세요.

3. 다음을 잘 듣고 질문에 대답하십시오.

서울시는 지난해 12월부터 올 2월까지 서울에서 3개월 이상 생활한 외국인 900명을 대상으로 교통 환경, 주거 환경, 의료 환경, 문화 환경, 교육 환경 등 5개 분야의 '서울 생활 만족도'를 조사했다. 조사 결과 외국인의 서울 생활 만족도는 5점 만점에 3.81점이었다. 그중 교통 환경은 4.03점으로 2년 연속 가장 높은 만족도를 보였고, 주거 환경은 3.55점으로 지난해에 비해 조금 높아졌지만 가장 낮은 만족도를 보였다. 그 밖에 의료 환경은 3.68점으로 지난해와 같은 점수를 받았고, 문화 환경과 교육 환경은 각각 3.99점, 3.78점이었다. 서울 생활에서 어떤 점이 불편하게 느껴지냐는 질문에 대해서는 의료 환경의 경우 비싼 진료비와 외국어 서비스의 부족을 들었고 교육 환경의 경우 비싼 학비를 가장 많이 꼽았다.

제5과 한국의 명소 〈1〉

1. 다음 대화를 잘 듣고 맞으면 ○, 틀리면 ×표 하십시오.

1) 여자: 부모님이 한국에 여행 오셨다면서요? 어제도 수업 끝나자마자 나가는 것 같던데 어제는 어디에 갔다 왔어요?
남자: 선생님께서 서울타워를 추천하시길래 갔다 왔어요. 저도 남산은 처음 가 봤는데 케이블카도 타고 서울 시내도 구경하고 정말 좋았어요.

2) 남자: 지난주 문화수업 때 래프팅을 하러 갔다고 들었는데 어디로 래프팅 하러 갔다 왔어요?
여자: 강원도 영월에 있는 동강에 갔다 왔는데 동강의 경치가 아름답다고 하더니 정말 최고였어요. 서울에서 가까우니까 당일 코스로 갔다 올 수도 있어서 아주 좋던데요.

2. 다음 대화를 잘 듣고 질문에 대답하십시오.

1) 남자: 이번에 한국에 놀러 온 제니 씨 친구는 한국 여행이 처음이에요?
여자: 네. 한국에 처음 왔는데 어제는 쇼핑을 하고 싶어 하길래 명동도 가고 동대문시장에도 갔다 왔어요.
남자: 쇼핑만 하고 왔어요?
여자: 아니요. 쇼핑하다가 배가 고파서 명동 칼국수도 먹었어요. 명동 칼국수가 유명하다고 하더니 식당에 발 디딜 틈도 없을 만큼 사람이 많던데요.
남자: 친구도 맛있다고 하던가요?
여자: 네. 아주 맛있게 먹었어요. 어제는 시간이 부족해서 구경을 많이 못 했는데 오늘은 여기저기 더 구경하러 다닐 생각이에요.

2) 여자: 주말에 시간 있어요? 시간 있으면 같이 인사동에 가요.
남자: 인사동에는 왜요? 뭐 특별한 일이라도 있어요?
여자: 요즘 인사동에서 전시회가 많이 열리길래 다녀오려고 하는데 같이 안 갈래요?
남자: 그래요? 저도 가고 싶어요. 그런데 다음 주에 한국어 말하기 대회를 준비해야 해서 시간이 안 될 것 같은데 어떡하죠?
여자: 그럼, 대회가 끝나고 나서 같이 갈까요?
남자: 좋아요. 제가 다음 주에 다시 연락할게요.

3. 다음을 잘 듣고 질문에 대답하십시오.

한국관광공사는 작년 한 해 동안 한국 여행을 하고 돌아가는 외국인 관광객들에게 한국에서 여행할 때 가장 좋았던 점이 무엇인지에 대한 설문 조사를 실시하였다. 조사 결과 '사람들이 친절하다'를 선택한 응답자가 가장 많았다. 그 다음으로 '음식이 맛있다', '안전하다', '활기에 차 있다', '전통문화를 느낄 수 있다', '쇼핑하기 좋다', '경제가 발달한 나라이다', '거리가 깨끗하다', '날씨가 좋다' 등의 대답이 있었다. 한국관광공사에서는 외국인 관광객들이 한국 여행을 좀 더 즐겁게 할 수 있도록 불편한 점을 개선해 나갈 계획이라고 한다.

제5과 한국의 명소 〈2〉

1. 다음 대화를 잘 듣고 맞으면 ○, 틀리면 ×표 하십시오.

1) 여자: 제주도는 외국인들이 가장 많이 찾는 관광 명소라고 해서 가 보려고 하는데 여름에 갈 건지 가을에 갈 건지 아직 결정을 못 했어요.
   남자: 제주도는 사계절 모두 아름다워서 언제 가도 좋을 거예요. 여름에는 바다 구경을 할 수 있어서 좋고 가을에는 아름다운 단풍을 구경할 수 있거든요.

2) 여자: 이번에 부산에 여행 가면 남포동에 가 보려고 해요. 볼거리가 아주 많다고 들었거든요.
   남자: 남포동도 좋지만 해운대야말로 부산의 명소라고 할 수 있어요. 여름에 가면 바다에서 수영도 할 수 있고 부산국제영화제도 볼 수 있어서 좋을 거예요.

2. 다음 대화를 잘 듣고 질문에 대답하십시오.

1) 남자: 제니 씨, 이번 문화수업에서 전주에 간대요.
   여자: 그래요? 전주에 가면 한옥마을도 구경하고 전주 비빔밥도 먹어 볼 수 있어서 좋겠네요.
   남자: 네. 전주야말로 한국 전통 음식을 맛볼 수 있는 대표적인 도시니까 이번에 같이 가서 맛있는 한국 음식을 많이 먹어 봐요.
   여자: 근데 얼마 전에 신문에서 보니까 전주가 새로운 음식을 많이 개발하는 도시로 지정됐다고 해요.
   남자: 그래요? 전주는 먹을 만한 음식이 많다고 하더니 이런 노력 덕분인가 봐요.
   여자: 맞아요. 이번 기회에 비빔밥뿐만 아니라 다른 음식들도 맛보고 싶네요.

2) 가이드: 경주는 야외 박물관이라고 할 만큼 전통문화가 많이 남아 있는 도시입니다. 앞으로 저와 함께 이틀 동안 즐거운 여행을 하시기 바랍니다.
   남　자: 어디부터 갈 거죠? 불국사부터 갈 건지 석굴암부터 갈 건지 알고 싶은데요.
   가이드: 네. 우선 불국사에 가도록 하겠습니다.
   남　자: 그럼, 석가탑과 다보탑을 볼 수 있겠군요.
   가이드: 네. 불국사는 석가탑과 다보탑 등이 있는 불교 예술의 대표적인 유적지라고 할 수 있습니다. 이번 기회에 한국의 불교문화를 잘 느껴 보실 수 있을 겁니다.
   남　자: 수학여행 때처럼 마음이 설레는데요. 빨리 갔으면 좋겠어요.

3. 다음을 잘 듣고 질문에 대답하십시오.

경기도는 영화와 드라마 촬영 장소로 유명하다. 이 중 세계문화유산인 수원 화성이야말로 TV 드라마와 영화의 단골 촬영장인데, 드라마 '대장금'이 방영된 이후 더 많은 관광객들이 수원 화성을 찾고 있다. 경기도가 촬영 장소로 인기를 끄는 이유는 서울과 가까운 데다가 교통도 편리해서 이동 시간이 짧기 때문이다. 또 도시와 농촌이 함께 있는 지역이어서 다양한 장면을 촬영할 수 있다. 이처럼 경기도가 드라마 촬영 장소로 유명해지면서 경기도를 찾는 외국인 관광객 수도 매년 꾸준히 늘고 있다.

제6과 세대 차이 〈1〉

1. 다음 대화를 잘 듣고 맞으면 ○, 틀리면 ×표 하십시오.

1) 여자: 아빠, 주말마다 집에서 주무시지만 말고 엄마랑 취미 생활도 좀 즐기세요. 제 친구 부모님들은 같이 공연도 보러 가고 자주 여행도 다니곤 하신대요.
   남자: 밖에 나가면 힘도 들고 돈만 쓰는데 뭐 하러 나가? 우리 나이에는 그냥 이렇게 집에서 쉬는 게 제일이야.

2) 여자: 요즘 신입 사원들은 업무에 대한 질문도 문자메시지로 하고 서류도 이메일로 보내던데, 그런 건 직접 와서 해야 되는 거 아닌가요?
   남자: 저도 처음에는 예의가 없다고 생각했는데 지내고 보니까 그게 더 빠르고 편하던데요. 이제 우리도 요즘 세대의 문화에 익숙해지지 않고서는 함께 일을 해 나갈 수 없을 것 같아요.

2. 다음 대화를 잘 듣고 맞는 것에 ☑표 하십시오.

1) 여자: 선배, 이 노래 한번 들어 보실래요? 요즘 아주 인기가 많은 곡인데…….
   남자: 난 요즘 노래들은 별로야. 예전에는 유행하는 노래를 즐겨 듣곤 했는데 요즘 노래들은 시끄럽기만 하고 가사도 못 알아듣겠어.
   여자: 듣고 보면 좋은 노래들이 얼마나 많은데요. 노래 실력이나 춤 실력이 뛰어난 가수들도 정말 많고요.
   남자: 난 가수들 얼굴도 다 비슷비슷하게 생겨서 누가 누군지도 모르겠던데. 사실 요즘은 코미디 프로그램을 봐도 별로 재미있지도 않아.

여자: 저도 처음 볼 때는 그랬어요. 요즘 코미디 프로그램들은 여러 번 보지 않고서는 재미를 느낄 수 없거든요. 근데 몇 번 보니까 볼 만하던데요.

남자: 내가 나이가 들어서 그런가? 이런 데서도 세대 차이가 느껴지네.

2) 남자: 요즘은 다들 스마트폰을 쓰는데 선생님은 아직도 옛날 휴대전화를 쓰시네요.

여자: 고장도 안 났는데 계속 써야죠.

남자: 스마트폰이 있으면 인터넷도 할 수 있고 얼마나 편리한데요. 재미있고 신기한 기능도 많고요.

여자: 기능은 많지만 사용하기가 복잡하고 전화 요금도 많이 나오잖아요.

남자: 물론 요금이 좀 비싸기는 하지만 좋은 점이 더 많아요.

여자: 휴대전화는 통화만 잘 되면 되죠. 새로운 제품이 나올 때마다 매번 바꿀 필요는 없다고 생각해요.

남자: 요즘은 새로운 모델이 나오면 다들 금방금방 바꾸곤 하는데요. 이번 기회에 선생님도 한번 바꿔 보세요. 직접 써 보지 않고서는 좋은지 안 좋은지 알 수 없잖아요.

3. 다음을 잘 듣고 질문에 대답하십시오.

최근 LC경제연구원에서 '한국인의 라이프 스타일'에 대한 설문 조사를 실시하였다. 조사 결과 기성세대와 신세대는 생활 방식에서 많은 차이가 있는 것으로 나타났다. 우선 옷차림의 경우 40~50대 기성세대는 단정해 보이는 옷을 선호하였으나, 20~30대의 신세대는 편하게 입을 수 있는 옷을 좋아한다고 응답하였다. 음식의 경우에도 기성세대는 건강에 좋고 가격도 비싸지 않은 음식을 자주 먹는다고 하였으나, 신세대는 값은 비싸더라도 분위기가 좋은 식당을 자주 찾곤 한다고 하였다. 집과 자동차가 꼭 있어야 하냐는 질문에 대해서도 40~50대는 집은 반드시 있어야 한다고 응답하였으나, 20~30대는 집은 전세로 살아도 괜찮지만 자동차는 꼭 있어야 한다고 응답하여 큰 차이를 보였다.

제6과 세대 차이 〈2〉

1. 다음 대화를 잘 듣고 질문에 대답하십시오.

1) 남자: 은영 씨는 부모님과 대화를 많이 하는 편이에요?

여자: 옛날에는 자주 이야기했는데 요즘은 의견이 다를 때가 많아서 별로 안 해요.

남자: 부모님하고 세대 차이를 느낄 때가 많아요?

여자: 네. 저희 부모님께서 좀 보수적인 편이시거든요. 이야기해 봤자 싸울 게 뻔하니까 자꾸 대화를 피하게 돼요.

2) 어머니: 너 또 해외여행 가려고 그러니? 앞으로 결혼도 하고 집도 사려면 돈이 많이 들 텐데 그렇게 여행하면서 돈을 다 써 버리면 언제 돈을 모아서 결혼할 수 있겠어?

아 들: 행복하게 살려고 열심히 돈을 버는 건데 하고 싶은 건 하면서 살아야죠. 돈을 모으느라고 인생의 즐거움을 다 포기한다면 나중에 후회할 게 뻔해요.

2. 다음 대화를 잘 듣고 여자의 생각으로 맞는 것을 고르십시오.

1) 남자: 과장님께서 오늘 회식한다고 한 사람도 빠지지 말고 참석하래요.

여자: 저는 오늘 약속이 있어서 못 갈 것 같은데 어떡하죠?

남자: 오랜만의 회식인데 중요한 약속이 아니면 취소하지 그래요? 회식에 빠진다고 하면 과장님께서도 싫어하실 게 뻔한데…….

여자: 오래 전에 약속한 거라서 갑자기 취소하기는 힘들 것 같아요.

남자: 회식도 업무의 연장이잖아요. 직장 생활을 하면 가끔 개인 생활은 포기해야 할 때도 있기 마련이에요.

여자: 하지만 저는 회식이 업무의 연장이라고 생각하지는 않아요. 근무 시간이 끝났으니까 회식에는 참석하지 않아도 되는 거 아닌가요?

2) 남자: 요즘 가정에서나 사회에서나 세대 차이가 큰 문제래요.

여자: 세대마다 생활 방식도 다르고 가치관도 다르기 마련이잖아요.

남자: 제 생각에는 나이 든 세대든 젊은 세대든 같은 세대끼리만 어울리려고 하는 게 더 큰 문제인 것 같아요.

여자: 그렇지만 저는 약간의 세대 차이는 필요하다고 생각해요.

남자: 세대 차이가 필요하다니요? 그러면 갈등도 점점 커질 게 뻔하잖아요.

여자: 사실 세대 차이가 없다면 그게 더 큰 문제죠. 젊은 사람들이 나이 든 사람들이 하는 걸 무조건 따라하기만 한다면 우리 사회는 발전할 수 없을 거예요.

3. 다음을 잘 듣고 질문에 대답하십시오.

여자: 여러분, 안녕하십니까? 오늘은 사회문제연구소 김승일 소장님을 모시고 이야기 나눠 보도록 하겠습니다. 요즘 우리 사회의 세대 간 갈등이 심각하다는 이야기들을 많이 하는데요. 소장님께서는 어떻게 생각하시나요?

남자: 어느 시대나 세대 갈등은 있기 마련인데요. 요즘 우리 사회가 빠른 속도로 변화하고 있기 때문에 세대 차이도 점점 커지고 세대 갈등도 갈수록 심각해진다고 할 수 있습니다. 최근 서울의 한 버스에서 반말을 한다는 이유로 20대 젊은이가 할아버지를 폭행한 사건이 있었는데요. 이처럼 공공장소에서 나이 든 세대와 젊은 세대 사이에 갈등이 자주 생기는 것은 우리 사회의 가치관이 달라졌기 때문입니다. 중요한 것은 각 세대가 서로의 생각과 가치관을 이해하고 받아들이지 않는다면 세대 갈등은 더 심각해질 게 뻔하다는 것입니다. 그런 점에서 위 세대와 아래 세대 모두 서로를 이해하기 위해 더 많이 노력해야 합니다.

제7과 옛날이야기 〈1〉

1. 다음 대화를 잘 듣고 맞으면 ○, 틀리면 ×표 하십시오.

1) 여자: 오늘 수업 시간에 한국 옛날이야기를 한 편 읽었는데 정말 재미있었어요. 친구들도 처음에는 읽는 둥 마는 둥 하다가 나중에는 다들 열심히 읽고 많이 웃었어요. 한국인들의 유머를 느낄 수 있는 이야기였던 것 같아요.

남자: 교훈적인 내용을 재미있게 보여 주는 게 옛날이야기의 매력이죠. 옛날이야기는 아이들은 물론이고 어른들한테도 재미와 감동을 주는 것이 많아요.

2) 여자: 전래 동화는 아이들을 대상으로 해서 그런지 행복한 결말이 많은 것 같아요. 결말을 예상할 수 있어서 재미없다고 하는 사람도 있지만 저는 행복한 느낌이 들어서 좋아요.

남자: 전래 동화는 물론이고 영화든 드라마든 해피 엔딩으로 끝나면 좋죠. 근데 전래 동화라고 해서 다 해피엔딩으로 끝나는 건 아니에요. 한국의 전래 동화 중에서 '선녀와 나무꾼' 같은 경우에는 마지막에 주인공인 나무꾼이 사랑하는 아내와 헤어지거든요.

2. 다음 대화를 잘 듣고 맞는 것에 ☑표 하십시오.

1) 남자: 제니 씨, 어제 영화 잘 봤어요? 동화라서 보는 둥 마는 둥 한 거 아니에요?

여자: 아니에요. 얼마나 재미있게 봤는데요.

남자: 그래요? 저는 원작이 동화여서 재미없을 줄 알았어요. 근데 외국에서는 전래 동화를 영화로 많이 만드는 것 같아요.

여자: 영화는 물론이고 뮤지컬로도 많이 제작해요. 한국에서도 한국의 옛날이야기를 영화로 만들면 재미있을 텐데요.

남자: 한국에서는 인형극이나 뮤지컬로 만들어서 공연하는 경우가 많은데 영화로 제작하는 것도 좋겠네요.

여자: 네. 그러면 외국인들도 전래 동화를 더 쉽고 재미있게 감상할 수 있을 거예요.

2) 여자: 마이클 씨, 요즘 한국 전래 동화를 많이 보네요.

남자: 네, 보면 볼수록 재미도 있고 한국어 공부에도 도움이 돼요. 여러 가지 물건이나 동물들 이름은 물론이고 감정을 표현하는 말들도 많이 나오거든요.

여자: 동화책에는 그림도 같이 나오니까 단어 공부하기가 더 쉽죠.

남자: 네. 예전에는 새 단어를 배워도 외우기가 힘들어서 공부를 하는 둥 마는 둥 했는데 요즘에는 단어 공부가 재미있어졌어요.

여자: 다행이네요. 근데 전래 동화를 보면 한국 문화도 많이 배우게 되지 않아요?

남자: 맞아요. 사실 옛날이야기들을 읽으면서 새롭게 알게 된 한국 전통문화가 많아요.

3. 다음을 잘 듣고 질문에 대답하십시오.

옛날 어느 마을에 마음 착한 박 씨 할아버지와 할머니가 살고 있었습니다. 어느 날 새 한 마리가 할아버지네 마당에 떨어져 다리를 다치게 되었는데 할아버지와 할머니는 새를 잘 치료해 주었습니다. 며칠 후 할아버지가 산으로 나무를 하러 갔다가 그 새를 다시 만나 따라갔는데 그곳에 샘이 하나 있었습니다. 목이 말랐던 할아버지는 샘물을 꿀꺽꿀꺽 마시고 집으로 돌아갔습니다. 그런데 할머니는 할아버지의 모습을 보고 깜짝 놀랐습니다. 할아버지가 젊은 청년이 되어 있었기 때문입니다. 할아버지는 산에서 있었던 일을 이야기하고 할머니를 샘으로 데려가 그 물을 마시게 했습니다. 그러자 할머니도 젊고 예쁜 모습으로 변했습니다. 이웃집에 살던 허 씨 할아버지도 박 씨 할아버지의 말을 듣고 그 샘으로 달려갔습니다. 다음 날 할아버지와 할머니는 허 씨 할아버지가 보이지 않아 샘으로 찾아갔는데 허 씨 할아버지는 보이지 않고 아기가 울고 있었습니다. 욕심이 많은 허 씨 할아버지는 물을 너무 많이 마셔서 아기가 되었던 것입니다. 아이가 없던 할아버지와 할머니는 그 아기를 키우면서 행복하게 살았습니다.

제7과 옛날이야기 〈2〉

1. 다음 대화를 잘 듣고 맞으면 ○, 틀리면 ×표 하십시오.

1) 남자: 수업 시간에 여러 나라의 전래 동화를 비교해서 발표하기로 했는데요. 조사해 보니까 나라마다 비슷한 주제가 많던데요. 착한 사람은 복을 받고 나쁜 사람은 벌을 받는다는 내용이 대부분이었어요.

여자: 전래 동화치고 나쁜 사람이 잘 되는 이야기는 없죠. 사실 나쁜 사람이 벌을 받기는커녕 행복하게 산다면 그건 너무 슬픈 일이잖아요.

2) 여자: 한국의 옛날이야기에는 왕자나 공주가 별로 안 나오는 것 같아요. 유명한 동화치고 왕자나 공주가 등장하지 않는 작품은 별로 없는데요.

남자: 그러고 보니까 정말 그러네요. 한국의 전래 동화 주인공들은 왕자나 공주는커녕 대부분 평범한 사람들인 경우가 많죠. 그렇기 때문에 사람들이 주인공을 더 친숙하게 느끼게 되는 거 아닐까요?

2. 다음 대화를 잘 듣고 질문에 대답하십시오.

1) 남자: 한국에도 '신데렐라'하고 비슷한 옛날이야기가 있다면서요?

여자: 아, '콩쥐 팥쥐' 말씀이시군요. 내용은 물론이고 등장인물도 거의 비슷해요. 새어머니와 새 언니가 콩쥐를 괴롭히는 이야기거든요.

남자: 그래요? 그럼, 왕자님이랑 결혼하게 되는 것도 똑같나요?

여자: 왕자님은 아니지만 그 마을의 원님하고 결혼해서 행복하게 살게 돼요. 마을 잔치에 갔다가 신발을 잃어버렸는데 그 신발 덕분에 원님하고 결혼을 하게 되는 것은 똑같고요.

남자: 와, 정말 신기하네요. 그러고 보니까 '신데렐라' 이야기는 어느 나라에나 다 있나 봐요. 제가 알아본 나라치고 그 이야기가 없는 나라가 없었어요.

여자: 사람들이 꿈꾸고 희망하는 것이 어느 나라나 비슷하기 때문이겠죠.

2) 여자: 한솔 씨, 읽을 만한 한국 전래 동화가 있으면 좀 추천해 주세요.

남자: 저는 어렸을 때 '금도끼 은도끼'를 재미있게 읽었어요.

여자: '금도끼 은도끼'요? 그건 무슨 내용인데요?

남자: 한 욕심 많은 나무꾼이 금도끼를 얻으려고 거짓말을 했다가 금도끼는커녕 자신이 가지고 있던 도끼까지 다 잃게 된다는 내용이에요.

여자: 아, 거짓말하지 말고 정직하게 살아야 한다는 이야기군요.

남자: 네, 맞아요. 근데 다른 주제도 있어요. 인생을 살면서 쓸데없는 욕심을 부리면 안 된다는 거죠. 저도 어릴 때 그 이야기를 읽으면서 욕심은 나쁘다는 것과 사람은 정직하게 살아야 한다는 걸 배웠던 것 같아요.

3. 다음을 잘 듣고 질문에 대답하십시오.

어린이 여러분, 안녕하세요? 오늘은 한국 사람치고 모르는 사람이 없을 정도로 유명한 이야기를 하나 해 드릴게요. 옛날 옛날 깊은 산속에 홀어머니와 남매가 살고 있었어요. 하루는 어머니가 밤늦게 일을 끝내고 산을 넘어오고 있었는데, 갑자기 큰 호랑이가 나타나서 떡을 주지 않으면 잡아먹겠다고 했어요. 어머니는 얼른 떡을 주었지만 호랑이는 어머니까지 잡아먹어 버렸지요. 그리고는 어머니의 옷을 입고 남매가 있는 집으로 가서 어머니의 목소리를 흉내 내며 문을 열어 달라고 했어요. 목소리가 이상하다고 느낀 남매는 손을 보여 달라고 했어요. 손을 보고 호랑이라는 것을 알게 된 남매는 뒷문으로 도망쳐 나무 위로 올라갔어요. 그러자 호랑이도 나무 위로 올라오기 시작했지요. 남매는 하늘을 보며 살려 달라고 빌었는데 그때 하늘에서 긴 줄이 내려왔고 남매는 그 줄을 타고 하늘로 올라갔어요. 나무 위로 올라온 호랑이도 하늘을 보며 빌기 시작했는데 이번에도 하늘에서 긴 줄이 내려왔어요. 하지만 그것은 썩은 줄이었어요. 썩은 줄을 잡고 올라가던 호랑이는 줄이 끊어지는 바람에 땅에 떨어져 죽게 되었지요. 한편 하늘로 올라간 오빠는 달이 되고 동생은 해가 되었다고 합니다.

제8과 인간관계 〈1〉

1. 다음 대화를 잘 듣고 맞으면 ○, 틀리면 ×표 하십시오.

1) 남자: 저는 요즘 제 성격 때문에 고민이에요. 제가 자기주장이 좀 강해서 그런지 사람들이 절 불편하게 생각하는 것 같아요.

여자: 자기주장이 강한 게 나쁜 건 아니지만 다른 사람들이 불편하게 느끼거나 오해할 수도 있죠. 그렇게 고민되면 말할 때 표정이나 말투를 좀 부드럽게 해 보면 어때요? 그러면 사람들도 좀 편하게 느끼지 않을까요?

2) 여자: 저는 한국에서 산 지 벌써 1년이 다 되어 가는데 아직도 한국 사람들과 대화할 때 어려움을 많이 느껴요. 특히 높임말과 호칭은 너무 복잡해서 자주 실수하게 돼요.

남자: 한국은 예의를 중요하게 생각하는 나라이기 때문에 높임말이 다른 나라보다 많이 발달한 편이죠. 외국인들한테는 좀 까다롭게 느껴질 수도 있겠지만 한국에서 인간관계를 잘하려면 높임말과 호칭은 아주 중요해요.

2. 다음 대화를 잘 듣고 맞는 것에 ☑표 하십시오.

1) 여자: 신문에서 보니까 친구가 많은 사람이 그렇지 않은 사람보다 더 오래 산대요.
남자: 그래요? 인간관계가 건강에도 영향을 주나 보죠?
여자: 네. 직장에서 실내 공기나 작업 환경보다 인간관계가 직원들의 건강에 더 큰 영향을 준다는 조사 결과도 있어요.
남자: 인간관계가 좋으면 행복감을 많이 느끼게 돼서 그런가 보네요. 사실 친구와 연락도 끊은 채 외롭게 살아가는 건 불행한 일이죠.
여자: 맞아요. 여성이 남성보다 오래 사는 이유 중 하나도 여성이 인간관계에 더 적극적이기 때문이래요.
남자: 듣고 보니 맞는 얘기 같네요. 저도 오늘부터 친구를 많이 사귀어야겠어요.

2) 남자: 선배, 졸업할 때가 되니까 기분이 어때요?
여자: 음, 사회생활에 대한 기대감도 있지만 사실 섭섭한 마음이 더 커.
남자: 저도 선배님들하고 헤어진다고 생각하니까 벌써부터 기분이 이상해요.
여자: 생각해 보면 친구들하고 선배님들, 후배들이 있어서 대학 생활이 정말 행복했던 것 같아. 다 잊지 못할 추억이 될 거야.
남자: 저도 그래요. 나중에 졸업하고 나면 대학에서 배운 지식들보다 그동안 쌓아 왔던 인간관계가 저한테는 더 큰 재산이 될 것 같아요.
여자: 맞아. 앞으로 사회에서 좋은 사람들을 만날 수도 있겠지만 학교에서 만난 친구들만큼 좋은 사람들을 만나기는 힘들 것 같아.

3. 다음을 잘 듣고 질문에 대답하십시오.

취업 포털 인쿠르트의 설문 조사 결과를 보면 직장인 다섯 명 중 네 명은 직장 생활을 하면서 인간관계 때문에 갈등을 겪고 있는 것으로 나타났다. 성별로는 남성 응답자의 84.9%, 여성 응답자의 78%가 갈등을 경험했다고 말해 남성이 여성에 비해 더 많은 갈등을 겪고 있는 것으로 조사됐다. 또 인간관계 때문에 직장을 그만둘 수도 있다고 응답한 비율은 남녀 모두 높게 나타났다. 직장 내 인간관계에 가장 큰 영향을 주는 요인으로는 '개인적 성격'과 '직장 분위기'를 많이 꼽았다. 또 직장에서 인간관계의 어려움을 느끼는 대상으로는 상사가 46.2%로 1위였고 동료가 28.1%, 다른 부서 직원이 16.5%로 그 뒤를 이었다. 갈등을 해소하는 방법으로는 '자주 대화하기'가 47.7%, '본인의 노력'이 34.2%, '직장 분위기의 개선'이 10.8%로 나타났다.

제8과 인간관계 〈2〉

1. 다음 대화를 잘 듣고 맞으면 ○, 틀리면 ×표 하십시오.

1) 여자: 인생에서 가족이나 친구만큼 소중한 사람은 없겠지만 가끔 가족이나 친구가 저를 더 힘들게 할 때도 있어요. 편해서 그런지 상처를 주는 말도 너무 쉽게 하고요. 괜찮은 척하고 그냥 웃어 버리지만 사실 정말 속상해요.
남자: 친하면 뭐든지 이해할 거라고 생각해서 그런 것 같아요. 가까울수록 더 예의를 지켜야 좋은 관계를 유지할 수 있는데 사실 그렇지 못한 경우가 많죠.

2) 여자: 요즘 동아리 친구 때문에 너무 스트레스가 쌓여요. 같이 행사 준비를 하고 있는데 서로 생각이 달라서 일할 때마다 자주 싸우거든요. 제 생각을 말하려고 해도 제 말은 들은 척도 안 해요.
남자: 사람마다 사고방식이 다르니까 일하면서 의견이 안 맞을 수도 있죠. 너무 자기주장만 하지 말고 친구의 이야기에 좀 더 귀를 기울여 보세요. 서로 조금씩 양보하고 배려해야 즐겁게 일할 수 있어요.

2. 다음 대화를 잘 듣고 여자의 생각으로 맞는 것을 고르십시오.

1) 여자: 오랜만이다. 고등학교 졸업하고 처음 보지? 대학 공부는 힘들지 않아?
남자: 공부보다 학과 행사나 동아리 모임이 너무 많아서 좀 힘들어.
여자: 학교에서 이런저런 활동을 많이 하는 모양이구나.
남자: 학과 활동이나 동아리 활동을 해야 인간관계를 넓힐 수 있다고 해서 많이 참여하고 있는데 사실 공부할 시간이 부족해서 걱정이야.
여자: 다양한 모임에서 많은 사람을 만나는 것도 좋지만 너한테 꼭 필요한 모임인지 다시 한 번 생각해 보는 게 좋지 않을까?
남자: 사실 나도 어떨 때는 시간이 좀 아깝다는 생각이 들어서 앞으로는 모임을 좀 줄여 보려고 해.

2) 남자: 요즘 젊은 사람들은 옛날에 비해 인간관계를 더 중요시하는 것 같아요. 서로 연락하고 지내는 사람도 많고 모임도 자주 하잖아요.

여자: 알고 지내는 사람은 많아도 진심을 나눌 수 있는 사람은 별로 없을걸요.
남자: 다들 자기 생활이 바쁘니까 서로 관심을 갖고 지내기가 힘들잖아요. 사실 저도 너무 부담스러운 느낌이 들면 바쁜 척하고 피할 때도 있어요.
여자: 그런 걸 과연 바람직한 인간관계라고 할 수 있을까요?
남자: 요즘은 서로 적당한 거리를 두어야 오히려 더 오랫동안 좋은 관계를 유지할 수 있어요. 저는 그런 것도 별로 나쁘지 않다고 생각해요.
여자: 다들 그렇게 가벼운 관계만 좋아하니까 현대인들이 외로운 거 아닐까요?

3. 다음을 잘 듣고 질문에 대답하십시오.

청소년 여러분, 안녕하십니까? 오늘 이 시간에는 성공적인 인간관계에 대해 이야기하려고 합니다. 보통, 인간관계를 성공의 열쇠 혹은 행복의 열쇠라고들 하는데요, 여러분은 이렇게 중요한 인간관계를 얼마나 잘해 나가고 계십니까? 인간관계를 잘 맺으려면 무엇보다 다른 사람과의 소통이 중요할 텐데요. 오늘은 제가 성공적인 인간관계를 위한 소통의 기술 세 가지를 말씀드리겠습니다. 첫째는 자신의 말을 줄이고 상대방의 말에 귀를 기울이는 것입니다. 사람은 누구나 자신의 말을 잘 들어주는 사람에게 마음을 열게 마련이니까요. 둘째는 상대방에 대한 긍정적인 마음을 잃지 않는 것입니다. 상대방을 비판하는 대신 칭찬을 먼저 한다면 상대방의 마음을 쉽게 얻을 수 있습니다. 셋째는 거절해야 할 때는 분명하게 'No'라고 하는 것입니다. 그래야 다른 사람과의 관계에서 스트레스를 받지 않고 좋은 관계를 이어갈 수 있습니다. 이 세 가지 방법을 잘 실천한다면 여러분은 성공적인 인간관계, 성공적인 인생을 만들어 갈 수 있을 것입니다.

제9과 정보 시대 〈1〉

1. 다음 대화를 잘 듣고 맞으면 ○, 틀리면 ×표 하십시오.

1) 여자: 요즘 스마트폰을 쓰는 사람들이 많잖아요. 근데 사람들이 스마트폰으로 통화를 하는 것보다는 어플리케이션 같은 다른 서비스를 이용하는 경우가 더 많대요.
남자: 사실 저도 그런걸요. 스마트폰은 예전의 일반 휴대전화와는 다르잖아요. 저도 전화 통화는 거의 안 하고 보통 카카오톡으로 문자메시지를 보낼 때가 많은데 훨씬 편하고 좋은 것 같아요. 스마트폰을 안 샀더라면 정말 후회할 뻔했어요.

2) 남자: 점심 때 친구가 통장 만드는 걸 도와 달라고 해서 같이 은행에 갔다 왔는데 이제는 신청서를 쓸 필요가 없던데요. 기계에서 바로 신청할 수 있어서 기다릴 필요도 없고 아주 편했어요.
여자: 요즘은 은행이든 회사든 대부분 전자 문서로 작성하는걸요. 덕분에 업무 처리 속도도 빨라지고 일하기도 편해졌어요. 이런 첨단 기술들이 좀 더 일찍 나왔더라면 정말 좋았을 텐데요.

2. 다음 대화를 잘 듣고 맞지 않는 것에 ☑표 하십시오.

1) 남자: 은영 씨는 아직도 종이 책을 읽으시네요. 그런 무거운 책을 가지고 다니려면 불편하지 않아요?
여자: 습관이 돼서 별로 불편하지는 않은데 다른 짐이 있을 때는 좀 무겁기는 해요.
남자: 그럼, 종이 책 대신 전자책을 읽지 그래요? 많은 책을 어디에서든지 편리하게 읽을 수 있잖아요.
여자: 그렇기는 한데 같은 가격이라면 전자책보다는 종이 책을 사서 보는 게 아깝지 않을 것 같아서요.
남자: 가격이 똑같다니요? 전자책이 훨씬 싼걸요. 인터넷 서점에 들어가면 종이 책보다 아주 싼 가격에 구입할 수 있어요.
여자: 그래요? 그럴 줄 알았더라면 전자책을 사서 볼 걸 그랬네요.

2) 여자: 요즘은 정말 정보가 중요한 시대인 것 같아요. 정보를 많이 알면 알수록 어떤 일이든지 쉽게 할 수 있으니까요.
남자: 그래서 현대사회를 정보 시대라고들 하잖아요. 근데 인터넷이 발달하면서 정보를 얻는 방법도 많이 달라진 것 같아요.
여자: 네. 최근에는 SNS를 이용해서 정보를 주고받는 사람들이 많대요.
남자: SNS에서 많은 사람들과 정보를 공유할 수 있기 때문이겠죠. 요즘은 SNS를 광고에 이용하는 기업들도 많은걸요.
여자: 저도 그런 광고를 이용해 본 적이 있는데 1:1로 대화가 가능하니까 필요한 정보를 빨리 얻을 수 있어서 좋았어요.
남자: 그래서 시청이나 구청 같은 공공 기관에서도 SNS로 1:1 서비스를 하고 있대요.

3. 다음을 잘 듣고 질문에 대답하십시오.

세대별로 선호하는 소셜 네트워크 서비스에 차이가 있다는 조사 결과가 나왔다. 한국미디어가 전국의 남녀 1,310명을 대상으로 실시한 'SNS 사용자 의식 조사 보고서'를 보면 20대가 가장 선호하는 SNS는 페이스북인 것으로 나타났다. 30대의 경우에는 트위터를 선호한다는 응답이 가장 많았고, 40대는 블로그에 대한 선호도가 가장 높았다. 또 전체 응답자 중 83.6%가 현재 SNS를 이용하고 있다고 했는데, SNS를 이용하는 주된 이유는 '친목과 인맥 관리' 그리고 '정보 교류'인 것으로 나타났다. 하지만 사용 목적에 따라 선호하는 SNS는 다르게 나타났다. 재미 목적으로는 '미투데이'를, 정보 교류 목적으로는 '트위터'를, 친목과 인맥 관리 목적으로는 '싸이월드'를 가장 많이 꼽았다. 업무 목적으로는 '페이스북'에 대한 선호도가 가장 높게 나타났다.

제9과 정보 시대 〈2〉

1. 다음 대화를 잘 듣고 맞으면 ○, 틀리면 ×표 하십시오.

1) 여자: 요즘 취업 준비를 하고 있는데 정보를 얻기가 쉽지 않네요. 취업 사이트에 날마다 들어가다시피 하고 있는데 정보가 다양하지는 않은 것 같아요.

남자: 다양한 정보를 얻기엔 SNS가 좋지 않아요? 요즘 취업을 목적으로 하는 SNS도 많은데 취업 정보도 공유할 수 있고 인맥도 쌓을 수 있어서 도움이 될 거예요. 이력서를 올려놓으면 직원을 채용하려는 회사에서 연락이 오기도 한대요.

2) 남자: 저는 요즘 인터넷 사용 시간을 줄이려고 노력 중이에요. 집에 있으면 하루 종일 인터넷만 하다시피 하거든요. 그러다가 보니까 집중력이 떨어져서 공부에도 방해가 되는 것 같아요.

여자: 잘 생각했어요. 한번 인터넷에 깊이 빠지면 끊기가 어렵잖아요. 요즘 스마트폰이나 SNS에 중독돼서 학교생활이나 직장 생활도 제대로 못 하고 인간관계에도 어려움을 느끼는 사람들이 아주 많대요.

2. 다음 대화를 잘 듣고 여자의 생각으로 맞지 않는 것을 고르십시오.

1) 여자: 저희 회사는 지난달부터 스마트 워킹을 시작했는데 출퇴근 시간도 줄이고 근무도 자유롭게 할 수 있어서 참 좋아요.

남자: 그래도 업무를 보기엔 불편한 점이 많지 않아요?

여자: 성수 씨도 아시다시피 요즘은 정보 기기가 발달해서 전혀 안 그래요. 문서도 바로바로 주고받을 수 있고 필요할 때는 영상 회의도 할 수 있거든요.

남자: 생각해 보니까 종이도 절약하고 전기도 아낄 수 있어서 좋겠네요.

여자: 무엇보다 직원들의 만족도가 아주 높아요. 그래서 요즘은 업무 효과도 높이고 에너지도 절약하기 위해 스마트 워킹을 시작하는 회사들이 많아졌대요.

남자: 저희 회사도 그렇게 하면 좋겠어요.

2) 남자: 은영 씨도 페이스북이나 트위터 같은 SNS를 자주 이용하세요?

여자: 예전에는 거의 날마다 들어가다시피 했는데 요즘에는 잘 안 해요.

남자: 왜요? 정보를 찾거나 친구를 사귀기엔 SNS가 가장 편하고 좋잖아요.

여자: 그렇기는 한데 왕강 씨도 아시다시피 SNS에서는 사생활을 침해 받을 때가 많잖아요. 제 개인 정보가 유출될 가능성도 높고요.

남자: 그건 그래요. 사실 저도 제가 인터넷에 올린 글이나 사진들을 아무나 다 본다고 생각하면 기분이 좀 안 좋아요.

여자: 어떤 사람들은 지하철이나 버스에서 스마트폰으로 다른 사람의 동영상을 찍어서 인터넷에 올리기도 하잖아요. 그럴 때는 SNS가 좀 무섭게 느껴져요.

3. 다음을 잘 듣고 질문에 대답하십시오.

여자: 오늘 이 시간에는 '아름다운 인터넷 세상 만들기 운동 본부'의 김영환 본부장님을 모시고 말씀 나눠 보겠습니다. 안녕하세요? 최근 사이버 범죄가 크게 늘고 있다고 들었는데요. 그 원인과 예방에 대해 한 말씀 해 주시기 바랍니다.

남자: 네. 다들 아시다시피 인터넷은 익명성을 특성으로 합니다. 그 때문에 사이버 범죄가 점점 증가하고 있는데요. 한국인터넷진흥원의 조사 결과를 보면 인터넷 이용자의 46%가 언어폭력을 경험했고, 32.6%가 개인 정보 유출이나 사생활 침해를 경험했다고 합니다. 물론 인터넷에 거짓 정보를 올리는 것도 큰 문제라고 할 수 있고요. 하지만 가장 심각한 것은 악성 댓글인데요. 최근에는 그냥 재미로 악성 댓글을 다는 사람들도 많아지고 있어서 더욱 심각한 사회문제로 생각되고 있습니다. 이런 사이버 범죄를 예방하기 위해서는 인터넷 사용자들이 서로 네티켓을 잘 지키고 자신의 개인 정보를 잘 관리하는 것이 무엇보다 중요합니다.

제10과 고민과 상담 〈1〉

1. 다음 대화를 잘 듣고 맞으면 ○, 틀리면 ×표 하십시오.

1) 여자: 요즘 취업 때문에 고민이에요. 여기저기 이력서를 많이 냈는데 다 떨어졌거든요. 그것 때문에 스트레

스도 많이 쌓이고 기분도 정말 우울해요.

남자: 취업 준비를 할 때는 누구나 스트레스를 받는 법이야. 요즘 취업하는 게 하늘의 별 따기라고 하잖아. 입사 시험에 자꾸 떨어져서 속상하겠지만 취업 연습을 했다고 치고 긍정적으로 생각하면 스트레스를 덜 받을 거야.

2) 여자: 저는 성격이 소심해서 작은 일도 결정을 못 하고 계속 고민할 때가 많아요. 이런 성격을 고치고 싶은데 어떻게 하면 좋을까요?

남자: 좀 답답하게 느껴질 수도 있겠지만 저는 고민을 많이 하는 게 꼭 나쁜 것은 아니라고 생각해요. 고민을 하면서 생각도 깊어지고 실수를 안 하게 되잖아요.

2. 다음 대화를 잘 듣고 질문에 대답하십시오.

1) 여자: 혹시 '고민 탈출'이라는 프로그램 본 적 있어요?

남자: 일반인들이 나와서 자기 고민에 대해 이야기하는 토크쇼 말이죠?

여자: 네. 저는 그 프로그램을 자주 보는데요. 거기에 나오는 고민들이 제가 느끼는 고민들하고 똑같아서 깜짝 놀랄 때가 많아요.

남자: 사람들은 다 비슷한 고민을 하면서 사는 법이죠. 누구나 느끼는 고민들이 나오기 때문에 그 프로그램이 인기가 많은가 봐요.

여자: 그런 것 같아요. 혼자 고민할 때는 큰 문제라고 생각되던 것도 여러 사람들하고 같이 이야기하면 작게 느껴지기도 하잖아요.

남자: 맞아요. 사실 별일 아니라고 치면 큰 고민거리가 아닐 수도 있죠.

2) 남자: 여러분, 안녕하십니까? 오늘 이 자리에는 한양대학교 김지연 교수님께서 나와 계십니다. 교수님, 안녕하세요? 오랫동안 학생 상담을 해 오셨는데요. 요즘 학생들은 어떤 고민거리들을 많이 가지고 있나요?

여자: 대인 관계에 대한 고민들이 가장 많습니다. 많은 학생들이 친구를 사귀거나 선후배와 관계를 맺는 것에 어려움을 느끼거든요.

남자: 대인 관계에 어려움을 느끼는 특별한 이유가 있을까요?

여자: 요즘 학생들이 인터넷 세대이기 때문인데요. 어렸을 때부터 혼자 인터넷을 하는 것에 익숙해지게 되면 인간관계를 맺기가 어려운 법이죠.

남자: 그럼, 이런 학생들에게 어떤 조언을 많이 해 주시나요?

여자: 학과 활동이나 동아리 활동을 해 보라고 권하고 있어요. 이런 문제는 많은 사람들을 만나면서 해결할 수밖에 없거든요.

3. 다음을 잘 듣고 질문에 대답하십시오.

앵커: 청소년 때는 누구나 고민이 많은 법인데요, 최근 우리 사회의 청소년들은 어떤 고민들을 가지고 있는지 강은희 기자가 취재했습니다.

기자: 최근 통계청에서 실시한 조사 결과를 보면 청소년들의 고민 1위는 공부, 2위는 직업, 3위는 외모인 것으로 나타났습니다. 취업 문이 좁아지면서 직업 선택도 청소년들의 큰 고민거리 중 하나가 되었는데요. 청소년들이 가장 선호하는 직업 1위가 공무원인 것도 이러한 변화를 잘 보여줍니다. 또 청소년들의 70%는 고민 때문에 많은 스트레스를 받고 있다고 응답했는데 이는 2년 사이에 10%나 늘어난 것입니다. 하지만 고민을 털어놓아야 할 대상인 부모님과의 대화 시간은 매우 짧은 것으로 나타났습니다. 청소년들의 절반은 하루에 한 시간도 부모님과 이야기를 나누지 않는다고 했는데요. 가정에서 청소년들에게 좀 더 많은 관심을 기울여야 할 것으로 보입니다. HBS 뉴스 강은희입니다.

제10과 고민과 상담 〈2〉

1. 다음 대화를 잘 듣고 맞으면 ○, 틀리면 ×표 하십시오.

1) 남자: 제니 씨는 고민이 있을 때 누구한테 조언을 구해요? 저는 어렸을 때는 아버지한테 고민 상담을 했는데 요즘은 친구들한테 더 많이 이야기하게 돼요.

여자: 저 같은 경우에는 항상 언니한테 상담해요. 고민을 털어놓고 싶을 때 언니만큼 편한 사람이 없거든요. 아무리 어려운 문제라도 언니하고 이야기하다가 보면 쉽게 해결되곤 해요.

2) 여자: 한국에서 혼자 유학 생활을 하다가 보면 힘든 일도 많고 고민되는 일도 많을 텐데 그럴 때는 어떻게 해요?

남자: 선생님이나 한국 친구들한테 도움을 부탁하기도 하지만 저는 학교 안에 있는 국제지원센터를 많이 이용해요. 외국인 유학생들을 위한 상담센터인데 학교 생활이나 한국 생활에서 생기는 문제들을 해결하는 데 많은 도움을 주거든요.

2. 다음 대화를 잘 듣고 맞지 않는 것에 ☑표 하십시오.

1) 여자: 요즘 우리 아들 때문에 너무 속상해요. 집에 오면 자기 방에 들어가서 나오지도 않고 저하고는 대화도 하지 않으려고 해요.
남자: 원래 사춘기 때는 부모 말을 안 듣기 마련이죠. 좀 지나면 괜찮아질 거예요.
여자: 그러면 다행이지만 제가 느끼기에는 점점 더 심해지는 것 같아요. 아이하고 잘 지내고 싶은데 어떻게 해야 할지 모르겠어요.
남자: 그런 문제는 청소년상담센터를 이용해 보세요. 무료로 전화 상담을 해 주는 곳인데 상담을 받다 보면 좋은 방법이 생길 거예요.
여자: 청소년상담센터라면 청소년들만 상담 받을 수 있는 거 아니에요?
남자: 부모님이나 선생님들도 이용할 수 있어요. 전화 대신 문자 서비스나 홈페이지 게시판을 이용해도 되고요.

2) 남자: 안녕하세요? 상담을 좀 하고 싶어서 왔는데요.
여자: 네. 어서 오세요. 어떤 고민이든지 좋으니까 편하게 말씀하세요.
남자: 저는 사람들 앞에서 발표를 하는 게 너무 힘들어요. 발표 때마다 떨리고 긴장돼서 숨도 못 쉴 지경이에요.
여자: 자신감이 부족해서 그런 것 같네요. 계속 그렇게 지내면 앞으로 학교생활이나 직장 생활을 하기가 힘들 거예요.
남자: 저도 그것 때문에 고민이에요. 어떻게 하면 자신감을 갖고 발표할 수 있을까요?
여자: 자신감을 키우는 데에는 연습만큼 좋은 것이 없어요. 모르는 사람들 앞에서 발표하는 게 두렵다면 우선 친한 친구들 앞에서 발표 연습을 해 보세요. 그러다가 보면 다른 사람들 앞에서도 잘하게 될 거예요.

3. 다음을 잘 듣고 질문에 대답하십시오.

최근 각 대학에서는 학생들이 생활에서 겪는 어려움을 잘 극복할 수 있도록 도와주는 다양한 프로그램들을 실시하고 있다. 한양대학교의 경우에는 재학생이 다른 학생의 고민을 들어주는 '또래 상담사' 프로그램을 운영 중이다. 학교 상담사가 되기를 희망하는 학생이 상담 센터 홈페이지에 자신의 이메일 주소와 연락처를 올려놓으면 상담 받기를 원하는 학생이 직접 연락을 한다. 고민을 털어놓을 만한 친구가 없는 학생들에게 '상담 친구'를 만들어 주기 위한 것인데, 상담사와 상담자 모두 매우 만족하는 것으로 나타났다. 상담사의 경우 또래 친구에게 도움을 줄 수 있어서 큰 보람을 느낀다고 하였고, 상담자의 경우 상담을 하다가 보면 고민거리도 해결되고 친구도 사귈 수 있어서 좋다고 하였다.

제11과 전통 명절 <1>

1. 다음 대화를 잘 듣고 맞으면 ○, 틀리면 ×표 하십시오.

1) 남자: 설 연휴에 고향에 잘 다녀오셨어요? 저는 비행기표를 못 구해서 고향에는 못 가고 그냥 친구들하고 민속촌에 갔다 왔어요.
여자: 저도 비행기표를 못 구해서 버스를 타고 갔는데 고향에 갈 때 갑자기 폭설이 내리는 통에 고속도로에서 꼼짝도 못 했어요. 그렇다고 고향에 안 갈 수는 없으니까 가기는 했는데 평소보다 네 시간이나 더 걸렸어요.

2) 여자: 이번에는 명절 연휴도 짧은데 시골 할아버지 댁까지 내려갈 생각을 하니까 벌써부터 힘들어요. 게다가 차례 음식도 많이 준비해야 해서 연휴 내내 부엌에서 살다시피 할 거예요. 명절 때마다 왜 그렇게 음식을 많이 준비해야 하는지 모르겠어요.
남자: 그렇다고 해서 차례를 안 지낼 수는 없잖아요. 큰 명절은 일 년에 두 번밖에 없으니까 기분 좋게 다녀오세요. 오랜만에 친척들도 만나고 좋잖아요.

2. 다음 대화를 잘 듣고 질문에 대답하십시오.

1) 남자: 한국에도 단오가 있다고 들었는데 단오 때는 보통 뭘 해요? 전통적인 풍습이나 놀이가 있나요?
여자: 옛날에는 단오 때가 되면 남자들은 씨름을 하고 여자들은 그네타기를 하곤 했는데 요즘에는 그런 놀이들이 많이 사라져 가고 있어요.
남자: 그럼, 앞으로 단오는 없어질 수도 있겠네요.
여자: 그렇다고 해서 전통 명절이 없어지지는 않죠. 요즘에도 해마다 강릉에서 단오제가 열리는걸요.
남자: 그래요? 단오제에 참가하면 어떤 것들을 할 수 있어요?
여자: 부채 만들기나 탈 만들기 같은 다양한 체험 프로그램들을 즐길 수 있어요. 그리고 그 지역의 먹거리도 맛볼 수 있고요.

2) 남자: 은영 씨 집에서는 추석 때 송편을 직접 만들어 먹어요?
여자: 네. 요즘은 사서 먹는 집도 많지만 저희 집은 해마다 송편을 빚어요. 가족들이 많아서 시간도 많이 안 걸리거든요.
남자: 예전에 송편을 먹어 본 적이 있는데 그 안에 들어가는 재료가 꽤 다양하던데요. 은영 씨 집에서는 보통 어떤 재료를 넣어요?

여자: 저희 집은 보통 팥이나 깨를 넣어서 달콤하게 만들어요.
남자: 근데 송편을 예쁘게 빚으면 예쁜 딸을 낳는다고 하던데 정말인가요?
여자: 네. 송편을 정성스럽게 빚으라는 의미에서 그런 말을 해요. 근데 저는 회사에 갑자기 급한 일이 생기는 통에 이번 추석에는 송편도 못 만들고 회사에서 일만 하게 됐어요.

3. 다음을 잘 듣고 질문에 대답하십시오.

남산한옥마을을 찾아 주신 관람객 여러분들께 안내 말씀 드리겠습니다. 추석 연휴를 맞이하여 저희 남산한옥마을에서는 다양한 행사를 준비해 놓고 있습니다. 행사에 참가하여 각종 체험을 해 보고 유익한 공연도 보시기 바랍니다. 추석 연휴 3일간 진행되는 이번 행사에는 관람객이 참여할 수 있는 체험 프로그램들이 많이 있는데요. 씨름 경기 체험 및 농기구 체험, 한지 손거울 만들기 체험 등이 마련되어 있습니다. 행사장 곳곳에서 연기자들의 재미있는 공연도 볼 수 있고 전통주와 떡, 한과 등 많은 먹거리도 맛볼 수 있습니다. 또한 외국인 관광객들에게는 한복 입는 법과 절하는 법을 가르쳐 주는 프로그램도 운영하고 있으니 관람객 여러분의 많은 참여 바랍니다.

제11과 전통 명절 〈2〉

1. 다음 대화를 잘 듣고 맞으면 ○, 틀리면 ×표 하십시오.

1) 여자: 신문을 보니까 이번 명절에는 연휴가 길어서 그런지 해외여행을 가는 사람들이 많다고 해요. 다들 차례를 안 지내나 봐요.
남자: 그럴 리가 없지요. 차례를 지내고 여행을 가는 게 아닐까요? 대부분의 한국 사람들은 명절에 꼭 조상을 모시거든요.

2) 여자: 여보, 명절을 쇠고 나니까 너무 피곤해서 아무것도 못 하겠어요. 작년까지는 조금 쉬고 나면 괜찮아졌는데 올해는 시간이 지나도 피로가 잘 안 풀리네요.
남자: 명절 쇠느라고 고생 많았어요. 다음 명절에는 내가 많이 도와줄게요. 그렇게 무리하다가는 병 나겠어요.

2. 다음 대화를 잘 듣고 질문에 대답하십시오.

1) 여자: 설날에 혼자 한국에 있어서 가족들 생각이 많이 났겠네요.
남자: 네. 외국에 혼자 있는데 가족 생각이 안 날 리가 없지요.
여자: 친구들하고 떡국은 드셨어요?
남자: 아니요. 설날이라 고향에 돌아간 친구들이 많아서 저 혼자 집에서 라면만 끓여 먹었어요.
여자: 저한테 전화하지 그랬어요? 떡국을 많이 끓였는데 같이 먹을 사람이 없어서 많이 남았었거든요.
남자: 그래요? 근데 은영 씨는 떡국도 끓일 줄 알아요?
여자: 한국 음식은 보통 손이 많이 가는 음식이 많지만 떡국은 떡과 고기 국물만 있으면 되니까 누구나 쉽게 끓일 수 있어요.

2) 여자: 왕강 씨 고향에서는 설날에 뭐 해요? 한국처럼 차례를 지내나요?
남자: 친척들과 모여서 이야기하고 음식 먹는 건 똑같지만 차례는 안 지내요.
여자: 중국 사람들은 명절을 쇠러 고향에 많이 가요? 요즘 한국은 명절에 고향에 가는 대신에 여행을 가는 사람들이 많아졌어요.
남자: 그래요? 설날이나 추석 같은 명절에는 고향에 가야 하는 거 아닌가요? 여행은 설날이 아니어도 갈 수 있잖아요. 그렇게 전통적인 명절을 잊고 지내다가는 아름다운 풍습이 다 사라질 거예요.
여자: 그러게요. 사실 저도 이번 설 연휴가 너무 짧고 일도 많아서 고향에 안 가려고 했는데 좀 힘들더라도 고향에 다녀와야겠어요.
남자: 은영 씨는 고향에 갈 수 있어서 좋겠네요. 저도 한국에 오기 전에는 꼭 가족들하고 같이 명절을 쇠었는데 이번에는 고향에 못 가서 너무 아쉬워요.

3. 다음을 잘 듣고 질문에 대답하십시오.

추석은 다른 말로 한가위라고도 한다. '한'이라는 말은 '크다'라는 뜻이고 '가위'라는 말은 '가운데'라는 뜻을 가진 옛말인데 한가위는 8월의 한가운데에 있는 큰 날이라는 뜻이다. 추석은 아주 오래 전부터 내려온 큰 명절인데 추석에는 일 년 동안 농사를 지은 햇곡식과 햇과일로 조상들께 차례를 지내고, 이웃들과 음식을 나눠 먹으면서 즐겁게 지낸다. 이날 아침에는 조상들께 차례를 지낸 후에 산소에 찾아가 성묘를 한다. 추석은 온 가족이 모여 즐겁게 지내는 날이고 조상들께 감사하는 마음을 잊지 않는 날이다.

제12과 사건과 사고 〈1〉

1. 다음 대화를 잘 듣고 맞으면 ○, 틀리면 ×표 하십시오.

1) 남자: 얼마 전 신문 기사에서 '묻지 마 범죄'가 계속 일어나서 사회적 문제가 된다기에 읽어 봤는데 '묻지 마 범죄'가 정확히 무슨 뜻인지 모르겠어요.

여자: 아, 그건 전혀 모르는 사람을 상대로 아무 이유 없이 범죄를 저지르는 것을 의미해요. 대부분의 '묻지 마 범죄'는 사회에 대한 불만으로 일어난다고 하던데 언제 어디에서 이런 사건이 일어날지 모르니까 큰 문제죠.

2) 여자: 요즘은 정말 무서운 세상이에요. 어제 뉴스에서 봤는데, 또 이웃사촌 간에 살인 사건이 일어났대요. 같이 술 마시다가 벌어진 일이라고 하는데 왜 이런 범죄들이 점점 많아지는지 모르겠어요.

남자: 그러게요. 최근 경찰에서 발표한 자료에 따르면 지난 5년 동안 살인, 강도 같은 강력 범죄들이 두 배 이상 늘었다고 해요.

2. 다음 대화를 잘 듣고 질문에 대답하십시오.

1) 남자: 어제 야구장에 잘 다녀왔어요?

여자: 네. 근데 어제 큰일 날 뻔했어요. 제가 응원하느라고 정신이 없어서 다른 사람이 제 가방에서 지갑을 꺼내려고 하는 것도 몰랐거든요.

남자: 그럼, 지갑을 도둑 맞았어요?

여자: 잃어버릴 뻔했는데 옆에 계시던 어떤 아저씨가 소매치기범을 잡으셔서 다행히 지갑을 찾을 수 있었어요. 그 아저씨 말씀에 따르면 소매치기범의 행동이 이상해서 계속 지켜봤대요.

남자: 그랬군요. 응원도 좋지만 가방도 잘 챙겨야죠. 소매치기를 하는 사람도 나쁘지만 조심하지 않는 사람에게도 책임이 있어요.

여자: 네. 다음부터는 조심해야겠어요.

2) 여자: 어제 출근하자마자 이상한 전화를 받았어요.

남자: 무슨 전화였는데요?

여자: 경찰서라고 하면서 전화가 왔는데요. 제 개인 정보가 유출돼서 통장에서 돈이 인출되고 있다고 하면서 통장 계좌 번호와 비밀번호를 알려 주면 인출되는 것을 막아 주겠다고 했어요.

남자: 요즘 전화 금융 사기범들 때문에 피해를 입는 사람들이 많다고 하던데 그 전화를 받았군요. 설마 계좌 번호를 가르쳐 준 건 아니죠?

여자: 물론이죠. 그렇지만 그 순간에 좀 당황해서 계좌 번호를 말할 뻔했어요. 경찰서라기에 처음에는 그 사람이 하는 말을 믿었거든요.

남자: 아무튼 별일 없어서 다행이지만 다들 조심해야 할 것 같아요.

3. 다음을 잘 듣고 질문에 대답하십시오.

올해 발생한 범죄 건수는 총 175만여 건으로 지난해보다 3만여 건 감소했다. 경찰청 자료에 따르면 살인, 강도, 교통 범죄 건수는 지난해에 비해 감소했지만 절도, 폭력 등은 증가했다고 한다. 범죄 발생 건수는 폭력 범죄가 가장 많았고 이어 절도, 교통 범죄, 강간, 강도, 살인 등의 순으로 높게 나타났다. 범죄자의 특성을 보면 강간, 강도, 절도는 가해자와 피해자가 모르는 사람인 경우가 대부분이었지만, 살인은 친척, 친구, 애인, 이웃 등 아는 사람인 경우가 많았다. 범죄를 저지른 이유를 보면 살인과 강간, 폭력은 계획 없이 우연히 발생한 경우가 많았고, 강도와 절도, 사기는 이익을 얻기 위한 경우가 가장 많았다.

제12과 사건과 사고 〈2〉

1. 다음 대화를 잘 듣고 맞으면 ○, 틀리면 ×표 하십시오.

1) 남자: 요즘 여기저기에서 화재사고가 자주 일어나는 것 같아요. 뉴스에서 보니까 어제도 왕십리에 있는 아파트에서 큰 화재사고가 일어났던데요.

여자: 뉴스 보셨군요. 우리 아파트 옆 동에서 일어난 화재 사고였어요. 어제 그 화재 때문에 밤새 한숨도 못 자고 말았어요. 우리 집은 피해가 없었지만 많이 놀랐거든요.

2) 여자: 이번 주말에 친구들하고 바다에 놀러 가기로 했는데 비 소식이 있어서 걱정이에요. 비가 많이 오면 물놀이하기가 힘들 것 같은데 이미 약속을 해서 안 갈 수가 없어요.

남자: 비가 올 때 물놀이를 하면 위험하니까 조심해서 다녀오세요. 제 친구도 얼마 전에 계곡에 놀러 갔다가 갑자기 내린 폭우로 인해 큰 사고가 날 뻔했대요.

2. 다음 대화를 잘 듣고 질문에 대답하십시오.

1) 여자: 한솔 씨, 어떻게 하다가 그렇게 다리를 다쳤어요?

남자: 지난 주말에 동호회에서 등산을 갔다가 미끄러져서 다리를 다치고 말았어요.

여자: 많이 다친 것 같은데 좀 조심하지 그랬어요?

남자: 산에서 내려올 때 갑자기 소나기가 내리는 바람에 미끄러워서 내려오기가 힘들었거든요. 등산화를 안 신고 갔더라면 더 큰일 날 뻔했어요.

여자: 등산을 할 때는 등산복도 입고 등산화도 제대로 신고 가야 해요.

남자: 저는 별로 중요하게 생각하지 않았는데 앞으로는

잘 챙겨서 다녀야겠어요.

2) 남자: 어젯밤 인기 가수 문제남 씨가 고속도로에서 음주 운전을 하고 가다가 추돌 사고를 냈다고 합니다. 자세한 소식은 이미영 기자가 보도해 드리겠습니다.

여자: 네, 여기는 사고 현장입니다. 지금 제 뒤로 여러 대의 사고 차량들이 보이실 텐데요. 다행히 인명 피해는 없는 것으로 확인됐습니다.

남자: 문제남 씨가 음주 운전을 했다던데 사실인가요?

여자: 네. 경찰 조사에 따르면 문제남 씨는 어젯밤 회식 자리에서 맥주 두 병을 마시고 직접 운전을 하고 집으로 돌아가다가 사고를 냈다고 합니다.

남자: 그럼, 이번 사건으로 가수 활동에도 영향이 있겠네요.

여자: 네, 그렇습니다. 문제남 씨는 이번 음주 사고의 책임을 지고 올해 예정된 모든 공연 일정을 취소하고 반성하는 시간을 갖겠다고 밝혔습니다.

3. 다음을 잘 듣고 질문에 대답하십시오.

자전거로 출퇴근하는 사람들이 늘면서 자전거 사고가 빠르게 늘고 있다. 경찰 조사에 따르면 올해 자전거 관련 교통사고는 모두 1,117건이 일어나 65명이 사망하고 1,128명이 다쳤다고 한다. 자전거로 인한 인명피해는 인도에서 난 사고가 58건, 횡단보도에서 일어난 사고가 51건, 골목에서 일어난 사고가 33건, 차도에서 일어난 사고가 29건 등이었다. 특히 인도에서 발생한 사건이 가장 많았는데 그 이유는 아직까지 사람들은 자전거를 차가 아니라고 생각해서 인도로 다니는 경우가 많기 때문이다. 영등포 경찰서 경찰관은 자전거 운전자들이 우측통행 등 안전 운전에 신경을 써야 한다고 말했다.

제13과 재미있는 한국어 〈1〉

1. 다음 대화를 잘 듣고 맞으면 ○, 틀리면 ×표 하십시오.

1) 여자: 저 어제 친구 만나러 나간 김에 컴퓨터 학원에 등록하고 왔어요. 친구가 좋은 회사에 취직하려면 컴퓨터 자격증은 필수니 만큼 배워 두는 게 좋다고 해서요.

남자: 지난번에는 친구가 영어 배우자고 해서 영어 학원에 다닐 거라고 하지 않았어요? 매번 그렇게 친구 말만 듣지 말고 자기한테 필요한 건 스스로 결정하도록 하세요. 은영 씨는 정말 귀가 얇아서 걱정이네요.

2) 남자: 다음 주가 추석 연휴인데 회사에서 보너스가 나오겠지? 보너스 받으면 이번 기회에 노트북도 하나 사고, 노트북을 사는 김에 휴대폰도 바꾸고 싶어.

여자: 떡 줄 사람은 생각지도 않는데 김칫국부터 마시지 마. 내가 알기에는 요즘 회사 사정이 어려워서 보너스가 안 나온다고 하던데…….

2. 다음 대화를 잘 듣고 맞는 것에 ☑표 하십시오.

1) 남자: 한국어는 단어 공부하기가 왜 이렇게 힘들어요? 시험에 관용어하고 속담까지 나온다고 하는데 어떻게 다 공부해야 할지 모르겠어요.

여자: 그걸 다 외우려고 하니까 힘든 거죠. 관용어나 속담은 생활에서 많이 사용하느니 만큼 평소에 생활하면서 자주 사용하다가 보면 자연스럽게 외우게 돼요.

남자: 저도 그러고 싶지만 언제 어떻게 써야 할지 잘 모르겠어요.

여자: 예를 들면 왕강 씨는 사람들 앞에서 항상 자기가 잘생겼다고 말하니까 '얼굴이 두껍다'고 할 수 있죠.

남자: 뭐라고요? 그럼 제니 씨는 영화배우 장근석을 좋아하지만 사귈 수는 없으니까 '그림의 떡'이라고 할 수 있겠네요.

여자: 그렇죠. 그렇게 쓰면 되니까 외우려고만 하지 마세요.

2) 여자: 이번에 새로 들어온 신입 사원 때문에 답답해 죽겠어요.

남자: 왜요? 지난번 회식 때 보니까 성격도 좋고 일도 잘 할 것 같던데요.

여자: 일을 잘하기는커녕 제대로 할 줄 아는 게 하나도 없다니까요. 불안해서 일을 맡길 수가 없어요.

남자: 신입 사원이니 만큼 회사 업무에 익숙하지 않은 건 당연하죠. 우리가 신입 사원일 때도 선배들한테 일 못 한다는 말을 많이 들었잖아요.

여자: 우리도 그랬나요? 개구리 올챙이 적 생각 못 한다더니 그 말이 맞나 봐요. 옛날 생각해서 앞으로는 좀 친절하게 해 줘야겠어요.

남자: 말이 나온 김에 오늘 점심 때 밥이라도 좀 사 주지 그래요? 아마 힘이 나서 더 열심히 일할 거예요.

3. 다음을 잘 듣고 질문에 대답하십시오.

한국 사람들은 미워하는 사람일수록 오히려 더 잘 해 주어야 한다는 의미로 '미운 놈 떡 하나 더 준다'라는 속담을 사용합니다. 그렇다면 이 속담은 어떻게 생기게 되었을까요? 옛날에 시어머니 때문에 힘들게 생활하던 며느리가 있었습니다. 시어머니가 너무 미웠던 며느리는 몰래 도사를 찾아가서 시어머니가 빨리 돌아가실 수 있는 방법이 무엇인지 물었습니다. 도사는 시어머니가 가장 좋아하는 음식을 하루에 세 번씩 해 드리면 백 일 후에 병으로 돌아가실 거라고 했습니다. 그 말을 듣고 며느리는 날마다 맛있는 떡을 만들어 시어머니께 드렸습니다. 시어머니는 며느리가 맛있는 떡을 해 주느니 만큼 더 이상 며느리를 미워할 수 없었고 오히려 사람들에게 며느리를 칭찬하기 시작했습니다. 백 일이 가까워졌을 때 며느리는 자신을 칭찬해 주는 시어머니가 정말로 죽으면 어떻게 하나 걱정이 됐습니다. 그래서 다시 도사를 찾아가 시어머니를 살려 달라고 빌었습니다. 그 말을 들은 도사는 빙그레 웃으면서 "미운 시어머니는 벌써 죽었지?"라고 했습니다. 도사의 말대로 미운 시어머니는 죽고 자신을 사랑해 주는 고마운 시어머니가 생긴 것이었습니다.

제13과 재미있는 한국어 〈2〉

1. 다음 대화를 잘 듣고 맞으면 ○, 틀리면 ×표 하십시오.

1) 남자: 요코 씨, 한국에서는 라면이나 국수를 먹을 때 그렇게 후루룩후루룩 소리를 내면 안 돼요. 식사할 때 크게 소리를 내면서 먹는 건 예의가 아니거든요.

여자: 그래요? 일본에서는 맛있게 먹는 것처럼 들리고 해서 라면이나 국수를 먹을 때는 후루룩후루룩 소리를 내면서 먹어요. 한국과 일본은 식사 예절에서도 생각보다 차이가 많네요.

2) 여자: 한국 사람들은 동물을 아주 귀엽게 부르는 것 같아요. 아까 길에서 아이들이 고양이를 보고 '야옹이'라고 하던데 정말 귀여웠어요.

남자: 아, 그건 고양이 울음소리를 흉내낸 말이에요. 한국에서는 동물을 부를 때 이름 대신 의성어나 의태어를 사용할 때가 많거든요. 흉내말을 사용해서 부르면 더 귀엽게 느껴지고 해서 강아지나 고양이의 이름을 '멍멍이'나 '야옹이'라고 해요.

2. 다음 대화를 잘 듣고 질문에 대답하십시오.

1) 여자: 왕강 씨, 배가 많이 고팠군요. 그렇게 급하게 먹으면 체할 텐데 천천히 드세요.

남자: 괜찮아요. 아침밥을 안 먹고 왔더니 아까부터 계속 배에서 꼬르륵꼬르륵 소리가 났거든요. 사실 그것 때문에 박물관 구경도 제대로 못 했어요.

여자: 금강산도 식후경이라고 하잖아요. 그러니까 아침밥을 먹고 오지 그랬어요? 아침을 굶으면 점심에 과식하게 돼서 건강에 안 좋아요.

남자: 아침을 거르는 게 건강에 나쁜 줄 알면서도 늦게 일어날 때가 많으니까 잘 안 먹게 돼요. 제니 씨는 아침밥을 잘 챙겨 먹어요?

여자: 그럼요. 공부를 하든 일을 하든 밥을 먹어야 힘이 나죠.

남자: 저도 내일부터는 일찍 일어나서 아침밥을 꼭 챙겨 먹어야겠어요.

2) 남자: 한국어를 공부하면서 뭐가 가장 재미있었어요?

여자: 저는 의성어하고 의태어가 제일 재미있었어요. 흉내말을 넣어서 말하면 같은 말을 하더라도 더 재미있게 표현할 수 있고 해서 좋은 것 같아요.

남자: 하지만 외국인이 공부하기엔 좀 어렵지 않아요? 의미를 정확하게 알기가 쉽지 않을 것 같은데요.

여자: 그건 그래요. 사실 수업 시간에 배운 의태어 중에서 '끄덕끄덕'하고 '꾸벅꾸벅'은 발음이 비슷해서 그런지 지금도 계속 헷갈려요.

남자: '끄덕끄덕'은 알겠다는 의미에서 고개를 위아래로 가볍게 움직이는 모양이고 '꾸벅꾸벅'은 졸면서 고개를 아래로 떨어뜨리는 모양을 말하는 거예요.

여자: 그렇군요. 앞으로 사용할 때 잘 구분해서 써야겠어요.

3. 다음을 잘 듣고 질문에 대답하십시오.

옛날 어느 마을에 가난한 나무꾼이 살고 있었습니다. 어느 날 나무꾼은 산에서 나무를 하다가 연못 속에 도끼를 풍덩 빠뜨리고 말았습니다. 하나밖에 없는 도끼를 잃어버린 나무꾼은 엉엉 울기 시작했습니다. 그때 연못에서 산신령이 '펑' 하고 나타났습니다. 산신령은 나무꾼에게 울고 있는 이유를 묻고 나서 도끼를 찾아 주겠다고 했습니다. 잠시 후 산신령은 연못에서 반짝반짝 빛나는 금도끼를 가지고 나와 나무꾼에게 보여주며 그의 도끼가 맞는지 물었습니다. 나무꾼은 자신의 도끼는 그런 비싼 도끼가 아니라고 했습니다. 다시 연못 속으로 들어간 산신령은 얼마 후 반짝반짝 빛나는 은도끼를 들고 나와 그의 도끼가 맞는지 물었습니다. 나무꾼은 이번에도 자신의 도끼가 아니라고 했습니다. 산신령은 다시 연못 속으로 들어가 이번에는 쇠도끼를 들고 나왔습니다. 나무꾼은 그 쇠도끼를 보고 자신의 도끼가 맞다고 했습니다. 산신령은 가난하면서도 욕심이 없는 나무꾼의 마음에 감동을 받아 금도끼와 은도끼까지 모두 선물로 주었습니다.

제14과 역사 속의 인물 〈1〉

1. 다음 대화를 잘 듣고 맞으면 ○, 틀리면 ×표 하십시오.

1) 남자: 한국의 지폐에도 한국 사람들에게 존경 받는 인물들이 들어 있죠? 저는 만 원짜리에 있는 세종대왕은 알겠는데 오천 원과 천 원짜리에 있는 분들은 잘 모르겠어요. 역사적으로 어떤 업적을 남긴 분들이에요?

여자: 이이와 이황이라는 조선시대의 학자예요. 정치가이기도 했지만 학문에 더 힘을 쓰셨던 분들이죠. 평생 동안 많은 책을 쓰셨는데 그 책은 후배 학자들에게 큰 영향을 줬어요. 유학자로 유명하기로는 두 분을 따를 사람이 없죠.

2) 여자: 마이클 씨, 이 책 보셨어요? '역사 속의 장군'이라는 책인데 고구려 을지문덕 장군을 삼국시대 최고의 장군이라고 했네요. 삼국시대에는 고구려, 백제, 신라가 전쟁을 자주 했는데 그때 큰 업적을 남겼던 장군이래요.

남자: 그래요? 저는 을지문덕 장군에 대해서는 처음 들었어요. 안 그래도 삼국시대의 역사가 궁금했는데 저도 그 책을 한번 읽어 보고 싶네요. 다 읽는 대로 좀 빌려 주세요.

2. 다음 대화를 잘 듣고 맞지 않는 것에 ☑표 하십시오.

1) 여자: 한국은 역사적으로 여성보다 남성을 더 중시했던 것 같아요.

남자: 조선시대에는 유교의 영향 때문에 남성이 사회의 중심에 있었던 게 사실이죠.

여자: 오늘 수업 시간에 한국의 역사 속 인물들에 대해 배웠는데 거의 다 남자밖에 없어서 좀 아쉬운 마음이 들었어요.

남자: 남성들이 사회적으로 더 많은 활동을 했기 때문에 그럴 거예요. 하지만 그 당시에도 신사임당처럼 뛰어난 능력을 가진 여성들이 많았어요.

여자: 아, 오만 원짜리 지폐에 있는 분요?

남자: 네. 이이의 어머니이기도 한데 조선시대 때 자식을 잘 교육시키기로는 신사임당을 따를 사람이 없었대요. 또 당시의 대표적인 여성 예술가이기도 하고요.

2) 남자: 과거에는 신분 때문에 자신의 재능을 발휘하지 못한 사람들이 많았다고 하죠?

여자: 신분 사회였으니 만큼 그럴 수밖에 없었겠죠. 하지만 장영실처럼 자신의 신분을 극복하고 훌륭한 업적을 남긴 사람들도 있어요.

남자: 장영실이라면 세종대왕 때의 유명한 발명왕 말인가요?

여자: 네. 조선시대 발명가로는 장영실을 따를 사람이 없죠. 그래서 지금도 장영실상을 만들어 훌륭한 기술을 발명한 사람들에게 주고 있어요.

남자: 그렇군요. 그런데 장영실이 발명한 발명품에는 어떤 것들이 있어요?

여자: 대표적인 것은 '자격루'라는 물시계예요. 그 당시 다른 나라에도 물시계가 있었지만 '자격루'는 자동으로 시간을 알려 주는 기능이 있었대요.

3. 다음을 잘 듣고 질문에 대답하십시오.

안녕하세요? 오늘 한국의 역사 인물 시간에는 조선 중기의 대표적인 서예가인 한석봉에 대해 소개해 드리겠습니다. 다들 아시다시피 한석봉은 글씨를 잘 써서 크게 출세한 인물인데요. 조선시대에 글씨를 잘 쓰기로는 한석봉을 따를 사람이 없었다고 합니다. 당시 국가의 주요 문서와 외교 문서는 모두 한석봉이 기록할 정도였습니다. 그런데 한석봉이 뛰어난 서예가가 될 수 있었던 것은 훌륭한 어머니가 계셨기 때문입니다. 한석봉의 어머니는 가난한 환경에서도 떡을 팔아 아들을 공부시켰습니다. 절에서 4년 정도 공부를 한 한석봉은 어머니가 보고 싶기도 하고 어느 정도 공부를 끝냈다고 생각해서 집으로 돌아갔습니다. 절에서 돌아온 한석봉에게 어머니는 불을 끈 채 자신은 떡을 썰고 한석봉에게는 글씨를 쓰게 했습니다. 얼마 후에 불을 켜 보니 어머니의 떡은 보기 좋게 썰어져 있었지만 한석봉의 글씨는 엉망이었습니다. 어머니는 아들을 크게 혼내고 다시 절로 돌려보냈지요. 그 후 한석봉은 10년 동안 열심히 공부해서 조선시대 최고의 서예가가 되었습니다. 중국에 맹자의 어머니가 있었다면 조선에는 한석봉의 어머니가 있었습니다.

제14과 역사 속의 인물 〈2〉

1. 다음 대화를 잘 듣고 맞으면 ○, 틀리면 ×표 하십시오.

1) 여자: 어, 오드리 헵번 나오는 영화네요. 저도 같이 보면 안 돼요?

남자: 네, 그래요. 지금 막 시작하려던 참이었어요. 근데 오드리 헵번을 좋아하나 봐요?

여자: 네. 오드리 헵번은 특별한 배우였잖아요. 젊을 때는 배우로 아름답고 화려한 삶을 살았지만 나이가 든 후에는 세계 여러 나라를 다니면서 봉사 활동을 많이 했거든요.

남자: 그래요? 그래서 지금까지도 많은 사람들에게 존경을 받는군요.

2) 여자: 얼마 전에 넬슨 만델라 대통령에 대한 다큐멘터리를 봤는데 정말 훌륭한 분이었어요. 흑인들이 백인들과 동등하게 살아갈 수 있도록 많은 노력을 했을 뿐만 아니라 흑인 최초로 대통령이 되기도 했대요.

남자: 오랫동안 감옥 생활을 하면서도 흑인들을 위해 끊임없이 노력한 분이죠. 노벨 평화상도 받을 만큼 큰 업적을 남긴 분이에요. 저도 그분처럼 다른 사람들을 위해 조금이나마 도움이 되는 삶을 살고 싶어요.

2. 다음 대화를 잘 듣고 질문에 대답하십시오.

1) 여자: 이건 누구 사진이에요? 어디에서 많이 본 것 같은데…….

남자: 테레사 수녀님이잖아요. '가난한 사람들의 어머니'라고 할 만큼 평생을 어려운 이웃들을 위해 사셨던 분이에요.

여자: 그래요? 수녀님 중에는 남들을 위해 사시는 분들이 많은가 봐요.

남자: 그런 분들이 많죠. 특히 테레사 수녀님은 직접 거리로 나가서 가난하고 아픈 사람들을 돌보면서 사셨어요. 각박한 현대사회에서 작은 힘으로나마 사랑을 실천하셨던 분이죠.

여자: 그렇군요. 연세가 많으신 것 같은데 지금도 봉사 활동을 하고 계세요?

남자: 아니요. 1997년에 돌아가셨어요. 테레사 수녀님이 돌아가셨을 때 그동안 도움을 받았던 많은 사람들이 눈물을 흘렸죠. 조금 더 오래 사셨더라면 좋았을 텐데 정말 안타까워요.

2) 남자: 인도 지폐에는 모두 간디 사진만 들어있던데 간디는 인도 사람들에게 매우 특별한 분이었나 봐요?

여자: 네. 간디는 평생 동안 인도의 독립을 위해서 노력했기 때문에 '인도의 아버지'라고 불리는 분이에요.

남자: 그렇군요. 근데 간디는 독립 운동을 하면서 어떻게 비폭력을 실천할 수 있었죠? 독립 운동을 하다가 보면 폭력을 사용할 수밖에 없었을 것 같은데요.

여자: 독립 운동을 한다고 해서 꼭 폭력을 사용해야 하는 건 아니잖아요. 간디의 비폭력주의가 오히려 인도인들을 하나로 모을 수 있었던걸요.

남자: 그렇게 비폭력을 주장하던 간디가 총에 맞아 죽은 건 정말 슬픈 일이네요.

여자: 맞아요. 간디가 죽은 후에 인도 사람들은 모두 큰 슬픔에 빠졌어요. 하지만 지폐에나마 그의 이름이 남게 되어 다행이에요.

3. 다음을 잘 듣고 질문에 대답하십시오.

대학생들은 대한민국에서 존경 받는 사람이 되기 위해 가장 먼저 갖추어야 할 조건으로 '윤리 의식'을 꼽았다. 아르바이트 전문 사이트인 알바코리아가 대학생 1,202명에게 '내 인생의 스승'을 주제로 설문 조사를 실시한 결과, 존경받는 사람의 첫 번째 조건으로 '윤리 의식'을 꼽은 응답자가 35.4%로 가장 많았다. '경제력'이 15.6%로 다음 순위를 차지했다. '인간미'를 꼽은 응답자는 13.4%였고 '자기 관리'나 '사회적 지위'를 꼽은 사람들은 10% 미만이었다. "대한민국에서 가장 존경할 만한 직업은 무엇인가"라는 질문에 대해서는 '소방관'이 가장 많은 응답을 얻었다. 다음으로는 '교사', 'CEO' 순이었다. 또 "인생의 스승을 만난 적이 있는가"라는 질문에 대해서는 86.1%가 '있다'라고 응답했으며, '인생의 스승이 누구인가'라는 질문에 대해서는 52.6%가 '부모님'을 꼽았다.

제15과 미신 〈1〉

1. 다음 대화를 잘 듣고 맞으면 ○, 틀리면 ×표 하십시오.

1) 여자: 뭘 그렇게 열심히 보고 계세요? 재미있는 기사라도 났어요?

남자: 사실 신문 기사를 보는 게 아니라 운세를 보고 있었어요. 한국 신문에는 날마다 띠별로 '오늘의 운세'가 나오는데 혹시 나쁜 일이 생길까 봐 확인하지 않을 수 없거든요. 옛날부터 습관이 돼서 그런지 아침에 운세를 보지 않으면 하루 종일 마음이 불안해요.

2) 남자: 이게 뭐예요? 무슨 그림 같기도 하고 글씨 같기도 하고……. 어디에서 받은 거예요?

여자: 어? 그거 보면 안 돼요! 부적이란 말이에요. 할머니께서 점 보러 가셨다가 받아 오신 건데 다른 사람이 보면 효과가 없다고 했어요. 제가 취직이 안될까 봐 걱정이 돼서 점집에 다녀오셨거든요. 아무도 보면 안 된다고 했는데 어떡해요?

2. 다음 대화를 잘 듣고 맞지 않는 것에 ☑표 하십시오.

1) 남자: 은영 씨는 미신을 믿는 편이세요?

여자: 많이 믿는 것은 아니지만 완전히 무시할 수도 없는 것 같아요.

남자: 저는 요즘처럼 과학이 발달한 시대에도 미신을 믿고 따르는 사람들을 보면 정말 이해를 못 하겠어

요. 미신은 아무런 과학적 근거가 없잖아요.

여자: 물론 그렇기는 하지만 관습이기 때문에 따르지 않을 수 없는 것도 있어요. 예를 들면 한국에서는 빨간색으로 이름을 쓰면 빨리 죽을까 봐 빨간색으로 이름을 안 쓰는 사람들이 많아요.

남자: 그것도 자기가 믿지 않는다면 상관없는 거 아닌가요?

여자: 그래도 다른 사람의 이름을 빨간색으로 쓰면 상대방이 기분 나빠할 수도 있으니까 따르지 않을 수가 없어요.

2) 여자: 안녕하세요? 사주를 좀 보러 왔는데요. 1990년 8월 10일생이고 아침 7시에 태어났어요.

남자: 어디 봅시다. 성격이 좀 내성적이고 소극적인 편이시군요.

여자: 어? 맞아요. 사실 좋아하는 선배가 있는데 부끄러워서 고백도 못 하고 있어요.

남자: 근데 올해는 남자 운이 없네요. 고백해 봤자 잘 안 될 테니까 내년까지 기다려 보는 게 좋겠는데요.

여자: 정말요? 아주 오랫동안 짝사랑해 왔는데 무슨 좋은 방법이 없을까요?

남자: 그 남자분한테 다른 여자가 생길까 봐 걱정돼서 그러지요? 다른 여자는 없으니까 안심하세요. 내년에 고백하면 잘될 겁니다. 그리고 주변을 한번 잘 살펴보세요. 당신을 좋아하는 연하남도 한 명 있을 거예요.

3. 다음을 잘 듣고 질문에 대답하십시오.

최근 별자리 운세가 큰 인기를 끌면서 여성 잡지나 인터넷 사이트는 물론이고 사주 카페나 영화관, 백화점에도 별자리 운세를 봐 주는 곳이 점점 늘어나고 있다. 특히 젊은 여성들이 별자리 운세를 가장 많이 보는 것으로 나타났는데 매달 자신의 별자리 운세를 보면서 조심해야 하는 날과 행운이 있는 날, 연애운 등을 확인한다. 중요한 일을 앞두고 있을 때는 안 좋은 일이 생길까 봐 믿지 않을 수 없다는 사람들도 있다. 그러나 수많은 사람들의 운명을 12개의 별자리로 설명하는 것은 불가능하니 만큼 별자리 운세의 내용을 그대로 믿는 사람은 사실 많지 않다. 대부분의 사람들은 별자리 운세를 심심풀이나 재미있는 이벤트 정도로 생각한다. 사주팔자로 운명을 점치던 옛날과는 달리 현대에는 미신도 하나의 놀이로 여겨지고 있는 것이다.

제15과 미신 〈2〉

1. 다음 대화를 잘 듣고 맞으면 ○, 틀리면 ×표 하십시오.

1) 여자1: 선생님, 저 큰일 났어요. 어제 친구 결혼식에 갔다가 친구가 하도 부탁해서 부케를 받아 버렸거든요. 부케 받고 6개월 안에 결혼을 못 하면 3년 동안 결혼 못 한다고 들었는데 정말이에요?

여자2: 에이, 그건 다 미신이에요. 저도 결혼 전에 부케를 여러 개 받은걸요. 부케 받고 2년 후에 남자 친구 만나서 결혼도 잘 했고요. 제 경험으로 봐서는 그건 말도 안 되는 미신이니까 전혀 걱정할 필요 없어요.

2) 여자: 한국에서는 말띠 여자들은 성격이 강하다고 생각해서 별로 좋아하지 않는다면서요? 제 친구들로 봐서는 전혀 그렇지 않은 것 같은데 정말 그렇게 생각하는 사람들이 많은가요?

남자: 보통 때는 잘 안 믿으면서도 출산이나 결혼을 할 때는 그런 것을 믿는 사람도 있는 것 같아요. 신문에서 보니까 말띠 해에 딸을 낳을까 봐 걱정하는 부모들도 있대요. 말띠 해에 딸을 낳느니 차라리 병원에 가서 한 달 일찍 낳도록 하겠다는 사람도 봤어요.

2. 다음 대화를 잘 듣고 맞지 않는 것에 ☑표 하십시오.

1) 여자: 너 오늘 얼굴이 왜 그래? 수염은 왜 그렇게 기르고 있는 거야?

남자: 난 시험 보기 전에는 면도를 안 해. 고등학교 때 면도하고 시험을 봤다가 시험을 크게 망친 적이 있거든.

여자: 뭐? 말도 안 돼. 면도 때문에 시험을 망칠 리가 없잖아.

남자: 물론 꼭 그것 때문이라고 생각하는 건 아니지만 지금은 습관이 돼서 시험 전에 면도를 하면 마음이 불안해. 불안해하다가 시험을 망치느니 차라리 면도를 안 하는 게 낫지.

여자: 시험에 대한 스트레스가 너무 심해서 그런 건 아닐까? 떨어질까 봐 걱정하는 마음을 버리고 잘 볼 수 있다는 자신감을 갖고 시험을 보도록 해 봐.

남자: 알았어. 그렇게 해 볼게.

2) 남자: 요즘 어머니 때문에 걱정이에요. 미신을 너무 많이 믿으시는 것 같은데 어떻게 하면 좋을지 모르겠어요.

여자: 저희 어머니도 자주 점집에 가시는데 점을 보고 나면 마음이 놓이신대요.

남자: 사실 다음 주에 해외 출장을 가야 하는데 어머니께서 이상한 꿈을 꾸셨다면서 출장을 취소하라고 하셔서 문제예요.

여자: 연세가 많으신 분들은 꿈이 안 좋으면 나쁜 일이

생길까 봐 걱정하시곤하죠. 출장을 미룰 수 없다면 어머니한테 부적이라도 써 달라고 하세요.

남자: 네? 부적이라니요? 그런 쓸데없는 미신에 돈을 쓰느니 차라리 그 돈으로 어려운 사람을 돕겠어요.

여자: 부적이라도 써서 어머니 마음을 편안하게 해 드리면 좋잖아요.

3. 다음을 잘 듣고 질문에 대답하십시오.

요즘 같은 연말연시에는 입학시험과 취업난, 그리고 경제에 대한 불안감 때문에 점집을 찾는 사람들이 많다. 삶에 대한 불안감이 커지면서 점집을 찾아 해결 방법을 찾으려고 하는 것인데, 사실 점집에서 들은 것을 그대로 믿는 사람은 별로 없다고 한다. 그런데도 많은 사람들이 점집을 찾는 이유는 무엇일까? 대부분의 사람들은 미래를 확인하기 위해 점집을 찾기보다는 위로를 받기 위해 점집을 찾는 경우가 더 많다. 한 정신과 의사에 따르면 사람들이 점을 보는 이유는 자기 생각에 동의해 주는 사람을 만나서 위로 받고 싶기 때문이라고 한다. 그래서 점을 보는 사람들 중에는 자신이 원하는 답이 나올 때까지 점집을 찾아다니는 경우도 있고, 자기가 생각한 대로 말해 주는 점쟁이를 가장 용하다고 생각하는 경우도 많다. 점집을 찾는 또 다른 이유는 점쟁이에게 고민을 털어놓고 해결 방법을 찾는 과정에서 자신의 생각을 정리할 수 있을 뿐만 아니라 스트레스를 풀 수 있기 때문이다. 이런 이유로 첨단과학이 발달한 현대에도 점집을 찾는 사람은 여전히 줄어들지 않고 있다.

듣기 해답

제1과 현대인의 여가 생활 〈1〉

1. 1) (×) 2) (×)
2. 1) 자전거를 타다가 넘어지는 바람에 다쳤다.
   2) 교통수단도 발달하고 인터넷도 발달해서
3. 1) ① 음악 감상, ② 음악 감상, ③ 독서, ④ 등산, ⑤ 독서, ⑥ 등산, ⑦ 독서
   2) 일하랴 자기 계발하랴 바쁘게 생활하기 때문에

제1과 현대인의 여가 생활 〈2〉

1. 1) (○) 2) (○)
2. 1) 용돈이 부족해서 콘서트 입장권을 못 사고 있기 때문에
   2) 여가 활동을 해 봤자 더 피곤하기만 하기 때문에
3. 1) ① 여가 시간 부족, ② 함께 즐길 사람 부족
   2) (□ □ □ ☑)

제2과 적성과 직업 〈1〉

1. 1) (○) 2) (×)
2. 1) 한국 고등학생들이 가장 선호하는 직업
   2) ① 많은 지식을 쌓아 둔다,
   ② 발음 연습을 꾸준히 해 둔다.
3. 1) (□ ☑ □ □)
   2) 외국어 면접

제2과 적성과 직업 〈2〉

1. 1) (×) 2) (×)
2. 1) 어떤 일을 하더라도 자신감을 갖고 도전하는 사람
   2) 나이가 많으면 상사나 동료와의 관계가 불편해질 거라고 생각해서
3. 1) (□ □ □ ☑)
   2) ②, ⑤, ①, ③, ④

제3과 음식과 요리 〈1〉

1. 1) (○) 2) (○)
2. 1) 매운 음식을 먹어 보라고 했다.
   2) 메뉴가 영어로 쓰여 있지 않아서
3. 1) 떡볶이
   2) 맛도 있을 뿐만 아니라 영양가도 높고 건강에도 좋아서

제3과 음식과 요리 〈2〉

1. 1) (×) 2) (×)
2. 1) 신당동 떡볶이 축제에 갈 것이다.
   2) ① 건강에 아주 좋다, ② 냄새가 많이 난다.
3. 1) (□ □ □ ☑)
   2) 특별한 요리법이 없고 자신의 입맛에 맞게 재료를 넣으면 되기 때문에

제4과 생활 정보 〈1〉

1. 1) (○) 2) (×)
2. 1) 전화요금 연체료를 내기 위해서
   2) 차가 막힐 걱정이 없어서 좋다.
3. 1) ① 가방, ② 전자제품
   2) 열차 번호와 지하철에서 내린 시간, 내린 위치를 기억해서 가까운 지하철 역무실이나 유실물 센터에 신고하면 쉽게 찾을 수 있다.

제4과 생활 정보 〈2〉

1. 1) (○) 2) (○)
2. 1) 친구들이 늦게 가면 오래 기다려야 한다고들 해서
   2) 영화나 드라마 CD를 빌려서 볼 수 있다.
3. 1) 교통 환경
   2) ① 비싼 진료비, ② 외국어 서비스의 부족
   3) 비싼 학비

제5과 한국의 명소 〈1〉

1. 1) (×) 2) (○)
2. 1) 쇼핑하고 명동 칼국수를 먹었다.
   2) 전시회가 열려서
3. 1) 한국에서 여행할 때 가장 좋았던 점
   2) 사람들이 친절하다.

제5과 한국의 명소 〈2〉

1. 1) (×) 2) (×)
2. 1) 새로운 음식을 많이 개발하는 도시
   2) 야외 박물관이라고 할 만큼 전통 문화가 많이 남아 있는 도시
3. 1) 수원 화성
   2) ① 서울과 가까운 데다가 교통도 편리해서 이동 시간이 짧기 때문에,
   ② 도시와 농촌이 함께 있는 지역이어서 다양한 장면을 촬영할 수 있기 때문에

제6과 세대 차이 〈1〉

1. 1) (×) 2) (×)
2. 1) (ㅁ ㅁ ㅁ ☑) 2) (ㅁ ☑ ㅁ ㅁ)
3. 1) 한국인의 라이프스타일
 2) ① 단정해 보이는 옷, ② 값은 비싸더라도 분위기가 좋은 식당, ③ 집은 전세로 살아도 되지만 자동차는 꼭 있어야 한다.

제6과 세대 차이 〈2〉

1. 1) 이야기해 봤자 싸울 게 뻔해서
 2) 행복하게 살기 위해서
2. 1) (ㅁ ㅁ ㅁ ☑) 2) (ㅁ ㅁ ☑ ㅁ)
3. 1) 요즘 우리 사회가 빠른 속도로 변화하고 있기 때문에
 2) 20대 젊은이가 반말을 한다는 이유로 할아버지를 폭행한 사건
 3) 윗세대와 아랫세대 모두 서로를 이해하기 위해 더 많이 노력해야 한다.

제7과 옛날이야기 〈1〉

1. 1) (○) 2) (×)
2. 1) (☑ ㅁ) 2) (ㅁ ☑)
3. 1) 주제: 욕심을 부리지 말자, ② 어느 마을, ④ 할아버지는 목이 말라서 샘물을 마셨다, ⑥ 할머니도 샘물을 마시고 젊어졌다, ⑧ 할아버지와 할머니는 허씨 할아버지를 찾으러 샘에 샀다, ⑩ 할아버지와 할머니는 아기를 키우면서 행복하게 살았다.

제7과 옛날이야기 〈2〉

1. 1) (○) 2) (○)
2. 1) 사람들이 꿈꾸고 희망하는 것이 나라마다 비슷하기 때문이다.
 2) 정직하게 살자, 욕심을 부리지 말자
3. 1) 1→3→2→4→6→7→5→8
 2) 해와 달이 된 오누이

제8과 인간관계 〈1〉

1. 1) (×) 2) (○)
2. 1) (☑ ㅁ ㅁ ㅁ) 2) (ㅁ ☑ ㅁ ㅁ)
3. 1) ① 개인적 성격
 2) ① 상사, ② 동료, ④ 자주 대화하기, ⑤ 본인의 노력

제8과 인간관계 〈2〉

1. 1) (×) 2) (×)
2. 1) (ㅁ ☑ ㅁ ㅁ) 2) (ㅁ ☑ ㅁ ㅁ)
3. 1) 성공의 열쇠, 행복의 열쇠
 2) 첫째: 상대방의 말에 귀를 기울인다, 셋째: 거절해야 할 때는 분명하게 'No'라고 한다.

제9과 정보 시대 〈1〉

1. 1) (○) 2) (×)
2. 1) (ㅁ ㅁ ☑ ㅁ) 2) (ㅁ ㅁ ㅁ ☑)
3. 1) 20대: 페이스북, 30대: 트위터, 40대: 블로그
 2) ② 정보 교류
 3) 트위터: 정보 교류, 페이스북: 업무

제9과 정보 시대 〈2〉

1. 1) (×) 2) (×)
2. 1) (ㅁ ☑ ㅁ ㅁ) 2) (ㅁ ㅁ ㅁ ☑)
3. 1) 익명성
 2) ② 개인 정보 유출이나 사생활 침해, ④ 악성 댓글
 3) ① 네티켓을 잘 지킨다.

제10과 고민과 상담 〈1〉

1. 1) (○) 2) (×)
2. 1) 누구나 느끼는 고민들이 나오기 때문에
 2) 고민: 대인관계, 이유: 요즘 학생들은 인터넷 세대여서 어렸을 때부터 혼자 인터넷을 하는 것에 익숙하기 때문에
3. 1) (ㅁ ㅁ ㅁ ☑)
 2) 취업문이 좁아져서

제10과 고민과 상담 〈2〉

1. 1) (○) 2) (○)
2. 1) (ㅁ ㅁ ㅁ ☑) 2) (ㅁ ☑ ㅁ ㅁ)
3. 1) 재학생이 다른 학생의 고민을 들어주는 프로그램
 2) 고민을 털어놓을 만한 친구가 없는 학생들에게 상담 친구를 만들어 주기 위해
 3) 또래 친구에게 도움을 줄 수 있어서 보람을 느낀다.

제11과 전통 명절 〈1〉

1. 1) (×) 2) (○)
2. 1) 부채 만들기나 탈 만들기 같은 다양한 체험 프로그램을 즐길 수 있다.
 2) 회사에 갑자기 급한 일이 생기는 통에
3. 1) (ㅁ ☑ ㅁ ㅁ)
 2) 한복 입는 법과 절하는 법을 가르쳐 주는 프로그램

제11과 전통 명절 〈2〉

1. 1) (×)　　2) (×)
2. 1) 고향에 돌아간 친구들이 많아서
   2) 연휴가 너무 짧고 일도 많아서
3. 1) 8월의 한가운데 있는 큰 날
   2) (□ □ □ ☑)

제12과 사건과 사고 〈1〉

1. 1) (×)　　2) (○)
2. 1) 지갑을 도둑 맞을 뻔했다.
   2) 통장 계좌번호와 비밀번호
3. 1) ① 살인, ② 폭력
   2) ① 가해자와 피해자가 모르는 사람인 경우가 많다,
   ② 가해자와 피해자가 아는 사람인 경우가 많다.

제12과 사건과 사고 〈2〉

1. 1) (×)　　2) (×)
2. 1) 등산을 갔다가 미끄러져서 다리를 다치고 말았다.
   2) 음주운전
3. 1) 자전거로 출퇴근하는 사람들이 늘어서
   2) 장소: 인도, 이유: 사람들이 자전거를 차가 아니라고 생각해서 인도로 다니는 경우가 많기 때문에)

제13과 재미있는 한국어 〈1〉

1. 1) (×)　　2) (×)
2. 1) (□ □ ☑ □)　　2) (□ □ ☑ □)
3. 1) 시어머니가 빨리 돌아가실 수 있는 방법을 물어보기 위해서
   2) 시어머니가 가장 좋아하는 음식을 하루에 세 번씩 해 드리라고 했다.
   3) 미워하는 사람일수록 오히려 더 잘 해 주어야 한다.

제13과 재미있는 한국어 〈2〉

1. 1) (○)　　2) (○)
2. 1) 배가 고파서
   2) 같은 말을 하더라도 더 재미있게 표현할 수 있다.
3. 1) ① 풍덩, ② 엉엉, ③ 펑, ④ 반짝반짝
   2) 가난하면서도 욕심이 없는 나무꾼의 마음에 감동을 받아서

제14과 역사 속의 인물 〈1〉

1. 1) (×)　　2) (○)
2. 1) (□ □ ☑ □)　　2) (□ □ ☑ □)
3. 1) 글씨를 잘 써서
   2) 국가의 주요 문서와 외교 문서를 기록하는 일
   3) 훌륭한 어머니가 계셨기 때문에
   4) 한석봉의 글씨 쓰는 실력이 아직 부족하다고 생각해서

제14과 역사 속의 인물 〈2〉

1. 1) (×)　　2) (○)
2. 1) 직접 거리로 나가서 가난하고 아픈 사람을 돌보면서 사셨던 분
   2) 평생 동안 인도의 독립을 위해서 노력했기 때문에
3. 1) 경제력

제15과 미신 〈1〉

1. 1) (○)　　2) (○)
2. 1) (□ ☑ □ □)　　2) (□ □ ☑ □)
3. 1) ① 조심해야 하는 날, ③ 연애운
   2) 안 좋은 일이 생길까 봐
   3) 심심풀이나 재미있는 이벤트 정도로 생각한다.

제15과 미신 〈2〉

1. 1) (×)　　2) (×)
2. 1) (□ □ ☑ □)　　2) (□ □ □ ☑)
3. 1) 입학시험과 취업난 그리고 경제에 대한 불안감 때문에
   2) ① 위로를 받기 위해, ② 점쟁이에게 고민을 털어놓고 해결 방법을 찾는 과정에서 자신의 생각을 정리할 수 있을 뿐만 아니라 스트레스를 풀 수 있기 때문에

어휘 색인

ㅈ

문법 색인

ㄱ

ㄴ

ㄷ

ㅇ

ㅈ

ㅊ

자료 출처

—

교통 관련
지하철 : By Subway06 (Own work) [CC-BY-3.0 (http://creativecommons.org/licenses/by/3.0)], via Wikimedia Commons
버스 : By Korail2012 (Own work) [CC-BY-SA-3.0 (http://creativecommons.org/licenses/by-sa/3.0)], via Wikimedia Commons
다산 콜센터 : "자료제공 : 다산 콜센터"
외국인 종합 안내 센터 : "자료제공 : 법무부"

서울 지역 명소
명동 : By Own work (Own work) [GFDL (http://www.gnu.org/copyleft/fdl.html) or CC-BY-SA-3.0-2.5-2.0-1.0 (http://creativecommons.org/licenses/by-sa/3.0)], via Wikimedia Commons
북촌 : By Gael Chardon from Paris, France (IMG_8371) [CC-BY-SA-2.0 (http://creativecommons.org/licenses/by-sa/2.0)], via Wikimedia Commons
경복궁 : "자료제공 : 문화재청 서헌강"
서울숲 : Via Wikimedia Commons

다른 지역 명소
해운대 : "자료제공 : 해운대 구청"
전주 한옥마을 : "자료제공 : 전주 한옥 마을"
제주 화산섬, 용암동굴 : "자료제공 : 제주도청 세계자연유산관리단"
한라산 : "자료제공 : 한라산 국립공원"
안동 하회마을 : "자료제공 : 안동시청"

세계 위인
토마스 에디슨 : By unbekannt.Head at de.wikipedia [Public domain], from Wikimedia Commons
공자 : See page for author [Public domain], via Wikimedia Commons
루드비히 판 베토벤 : Joseph Karl Stieler [Public domain], via Wikimedia Commons
에이브라햄 링컨 : By Anthony Berger (http://hdl.loc.gov/loc.pnp/ppmsc.00052) [Public domain], via Wikimedia Commons
마하트마 간디 : See page for author [Public domain], via Wikimedia Commons
테레사 수녀 : By Robert Perez Palou (http://www.robertperezpalou.com/) [CC-BY-3.0 (http://creativecommons.org/licenses/by/3.0)], via Wikimedia Commons
세계 화폐인물 : "자료제공 : 세계화폐연구소"

음식 관련
거대 비빔밥 : "자료제공 : 국립민속박물관"
궁중 떡볶이 출처 : http://board.miznet.daum.net/gaia/do/cook/recipe/mizr/read?articleId=17718&bbsId=MC001

집필

—

이영숙
현 한양대학교 국제교육원 교수
상명대학교 대학원 문학 박사
국제한국어교육학회 부회장
이중언어학회 섭외 이사
《한양 한국어 1~3》(공저)
《몽골인을 위한 종합 한국어 3~6》(공저)
《2012 사회통합프로그램(KIIP) 한국어교육과정 개편 연구》(공동)

조자현
현 한양대학교 국제교육원 한국어 강사
한양대학교 대학원 문학 박사
《한양 한국어 2》(공저)

이경은
현 한양대학교 국제교육원 한국어 강사
한양대학교 대학원 한국어교육 전공 박사 수료
《4컷 cartoon 한국어 의성어·의태어》(공저)

기획 서원남
삽화 김인화
사진 이현국
녹음 김정훈, 최희정, 안정호, 황진희, 김윤정

한양 한국어 4

한양대학교 국제교육원 편

초판 1쇄 발행 2013년 6월 18일 | **초판 5쇄 발행** 2020년 10월 5일
발행인 김우승 | **발행처** 한양대학교출판부
주소 서울 성동구 왕십리로 222 | **전화** 02.2220.1432-4 | **팩스** 02.2220.1435
홈페이지 press.hanyang.ac.kr | **이메일** presshy@hanyang.ac.kr
출판등록 제4-7호(1972.2.29) | **인쇄** 네오프린텍

값 25,000원

ISBN 978.89.7218.428.7 (04710)